池田　潔／前田啓一／文能照之／和田聡子
［編著］

# 地域活性化のデザインとマネジメント

ヒトの想い・行動の描写と専門分析

Design and Management
of Regional Revitalization

晃洋書房

# は し が き

　地域にはさまざまな課題があり、それに向き合うヒトや組織がいる。本書は、ヒトや組織、あるいはそれらを擁する自治体が、どのように地域課題と向き合い、活性化を図ろうとしているのか、さまざまな事例を分析して解読したものである。しかし、単なる事例集ではない。活性化事業をするなかで地域課題の解決を図っていく様子を専門的な視点で分析している。したがって、読者には地域活性化に関心がある自治体職員、実務家、学生はもちろんだが、広く研究者も想定している。

　ところで、これまで地域活性化に関する本は数多く出版されているが、本書は次の点で異なる。今回の執筆者が専門分野の異なる多彩な研究者で構成されていることに加え、地方自治体の審議会や委員会の委員長や委員、NPO の理事長や理事、学長や地域創生学群長などの職にあり、地域活性化に直接携わってきたヒトたちが多く含まれている。そこで今回、地域活性化の当事者、指導者としての立場から、どのような背景や想いで地域活性化に取組んだのかを記載してもらった点である。また、直接の当事者ではない場合も、デプスインタビューや参与観察の手法を用いて、当事者の想いや行動について深く描写している。地域活性化に取り組もうとした背景や想いを知ることは、それぞれの専門的視点で分析を行う上でも有効な記述方法である。

　また、上記、専門分野の視点で分析する際に、時間軸を意識した点である。地域活性化事業が成果を生むには相当な年月を要するが、それを一時点（静的視点）で記述するのは無理がある。それぞれ地域によって活性化に要する年月には長短があるほか、現在も進行中であるなど、終わりのない事業である。記述の際に時間軸を意識することで、事業化の過程を示すことになり、読み手の理解が深まる。


　ところで、本書を出版することになったきっかけは、大阪商業大学の教員である池田　潔、前田啓一と、非常勤講師である文能照之（近畿大学）、和田聡子（大阪学院大学）をメンバーとする、通称「カルテット研究会」での議論による。研究会を重ねる中で、地域活性化に関する本を出版しようということになり、

構成を考えながら執筆者を募っていった。執筆者にはお互いが初顔合わせの人もいたことから、平成30年9月に広島で中間報告を兼ねた合宿を行った。あいにく、大型台風が接近し終了予定を早めての合宿だったが、今となっては懐かしい思い出である。

　出版社への入稿前に、編集会議を2回開催し、編集方針に沿って執筆者の原稿に手を入れた。今回、編者代表を務めているが、無事、出版にこぎつけることができたのは、編者の先生方の協力とあたたかい励ましのおかげである。

　本書では、さまざまなヒトへのヒアリングや、提供していただいた写真、資料によって成り立っている。紙幅の関係でそれぞれのお名前を挙げることはできないが、お世話になった全ての方にこの場を借りて感謝と御礼を申し上げる。また末筆となったが、出版事情の悪いなか、晃洋書房に出版を引き受けていただいた。厚く御礼申し上げる。また、編集部の丸井清泰氏には、我々のためにオリジナルの執筆要綱まで作っていただき、細かな編集作業をしていただいた。それぞれ執筆者の個性あふれる執筆スタイルを、整った体裁のものに仕上げることができたのは丸井氏のおかげである。あらためて感謝申し上げたい。


　　平成から令和を迎えた5月に

　　　　　　　　　　　　　　　　　　　編者代表　池 田　潔

# 目　次

は　し　が　き

## 序　章　問題の所在、分析スタイルと本書の概要 ·················· 1

1　問題の所在　　(1)
2　地域活性化の歴史と近年創設された関係学会　　(3)
3　本書の分析スタイル　　(7)
4　本書の概要　　(11)

## 第Ⅰ部　きめ細かな活動による地域活性化

## 第1章　黒川温泉の活性化に尽力したヒトたちと
　　　　　経営学的分析 ················ 21

は　じ　め　に　　(21)
1　黒川温泉に見るヒトと組織が織りなす活性化　　(21)
2　黒川温泉活性化に活躍した女性陣と現在の取組み　　(31)
お　わ　り　に　　(33)

## 第2章　"あったらいいなをカタチに"、等身大のロール
　　　　　モデルとして輝く広島の女性経営者 ····· 35

は　じ　め　に　　(35)
1　立ち上げからさまざまな事業の構築へ　　(36)
2　セカンドステージへ　　(39)
3　人づくり・人育て　　(44)
お　わ　り　に　　(46)

## 第3章　女性の活躍と地域の未来創造 ····························· 50

は　じ　め　に　　(50)
1　地域と組織の概要　　(51)
2　施設長　藤原たか子氏の経営理念の実現　　(55)
3　組織論からみたマイスター工房八千代　　(61)

## 第4章　北九州の惣菜屋による地域コミュニティ再生に むけた挑戦 ····· 67

は じ め に　(67)

1 ▐　北九州市が抱える深刻な高齢化問題　(68)

2 ▐　団らん処和菜屋による地域の社会的課題解決にむけた挑戦　(69)

3 ▐　和菜屋による仕組づくりとは ──経営学的視点による考察と分析── (74)

お わ り に ──地域活性化にむけた「個」の力──　(79)

---

# 第Ⅱ部　組織や仕組作りによる地域活性化

---

## 第5章　富良野のまち育てにおける「仕組み」と「仕掛け」 ··· 87

は じ め に　(87)

1 ▐　まちづくりに対するソーシャル・イノベーション論の適用　(88)

2 ▐　富良野におけるまちづくりの軌跡　(90)

3 ▐　フラノマルシェの経済的波及効果　(96)

4 ▐　新しい「官・民」連携　(98)

お わ り に　(101)

## 第6章　大阪カタシモワイナリーの地域貢献とさらなる 挑戦 ···· 104

は じ め に　(104)

1 ▐　カタシモワイナリーの歴史的展開と地域創生　(104)

2 ▐　大阪のワイン産業における公民連携　(111)

3 ▐　グローバル時代におけるワイン産業の課題　(113)

お わ り に　(116)

## 第7章　縮小時代の産業集積における新たなネット ワーク形成による地域活性化 ··········· 120

は じ め に　(120)

1 ▐　産業集積と中小企業ネットワーク　(121)

2 産業集積に形成された新たなネットワーク　（123）
お わ り に　（134）

## 第8章　都市農家と市民の協働プラットフォームによる　地域づくり ···· 138

は じ め に　（138）
1 都市農家とは　（138）
2 都市農家と市民による協働システム　（141）
3 東大阪市の協働プラットフォーム形成による地域づくり　（144）
お わ り に　（151）

## 第9章　官民協働でイノベーションの創出に挑む　"ものづくり"のまち八尾 ··············· 154

は じ め に　（154）
1 ものづくりのまち八尾の特徴　（154）
2 地域振興に向けた八尾の支援施策　（157）
3 行政の役割を補完する「有志の会　八尾」の取組み　（161）
4 「みせるばやお」を核としたイノベーションの実現に向けて　（164）
お わ り に ──官民・業種の垣根を越えた取組みの課題──　（168）

# 第Ⅲ部　教育・人材育成を通じた地域活性化

## 第10章　大学と地域の共生　──松本大学によるヒトづくりと産学官連携── ········· 175

は じ め に ──特色GPの採択が大学の転機に──　（175）
1 地域連携の重要性に気付くプロセス　（176）
2 地域連携活動と帰納的教育手法　（179）
3 地域活性化に向けた松本大学の多様な活動　（183）
お わ り に ──今後の大学発展の方向について──　（188）

## 第 11 章 教育プログラムと地域活性化
──兵庫県立大学のコミュニティ・プランナー育成プログラム── … **192**

は じ め に　（192）

1　コミュニティ・プランナー育成プログラムの概要　　（193）

2　CP プログラム修了生の事例　　（197）

3　CP プログラムの意義、教育プログラムと地域活性化との関係性
　　（200）

お わ り に　（204）


## 第 12 章 地域の正式な「担い手」としての学生
──北九州市立大学の実践── …………… **207**

は じ め に　（207）

1　地域と大学双方の課題　　（207）

2　地域創生学群における教育実践の特徴　　（211）

3　地域実践教育は地域に何をもたらしたのか　　（214）

お わ り に　（219）


索　　引　（223）

序　章

# 問題の所在、分析スタイルと本書の概要

## 1　問題の所在

　本書は、ヒトや組織あるいはそれらを擁する自治体が、活性化を計画する地域とどのように向き合い、どのような仕組を形成して活性化を実現するのかを分析している。サブタイトルに「ヒトの想い」と表現しているが、一般的な「人の思い」とは異なり、強い志を持って活動する人物を描いている。また、「地域創生」「地方創生」「地域再生」「地域振興」「地域おこし」「地域づくり」「地域活性化」などの類似した用語が登場するが、言葉を作成・使用している機関、執筆者それぞれに使い方があり、込められた意味にも違いがあることから、これに関して用語の統一はしていない。

　序章では総論として、地域活性化を巡るこれまでの歴史を振り返るとともに、問題の所在や本書の分析スタイルと概要を提示する。まず、地域活性化とは何を意味するのかを考えて見よう。これを定義することは、簡単なようで意外と難しい。そもそも、「地域」の定義は人によってさまざまで、「活性化」についても同様である。地域を考えるときに、「都道府県」レベルの行政区域を単位とする場合もあれば、「市区町村」を単位とする場合、逆に、近畿圏、首都圏といった広域ブロックの地理的範囲を単位とする場合もある。市区町村を単位とする場合でも、このところ広域行政が一部で取り入れられており、隣接する市区町村を1つの圏域として地域と捉える場合があるほか、「小学校区」や「中学校区」など、学校区単位を対象とする場合もある。また、地場産業など伝統産業を研究対象とするときは、江戸時代の「藩」の領域で捉えることが理解しやすいこともある。

　しかし、本書で登場する多くの事例では、行政区域や学校区などあらかじめ定められた地理的範囲を地域として想定していない。ヒトや組織が主体的に関わって活性化しようとする地理的範囲を地域としている（実際に本書で扱う事例では、かなり狭い地理的範囲が対象となっていることが多い）。したがって、その活動

が及ぶ地理的範囲は、当該のヒトや組織の"熱意"や"求心力"によっても異なるほか、時間的経過によって影響する地理的範囲が拡大するなど変化が予想される。

次に「活性化」であるが、質的には上記で想定した地域で暮らす人々が、活き活きと楽しく暮らせる状態を指す。たとえば、以下に示す量的基準を満たさない場合でも、それに携わるヒトが地域貢献的なことへの想いが強く、また、そのヒトの活動によって当該地域の住人たちの満足度が高まれば、その地域は活性化していると捉える。本書では、高齢化した買物難民が、居住地内に創業した惣菜屋のおかげで、QOL（生活の質）が向上したケースなども紹介している。

一方、量的には想定地域の産業が活発に活動し、地域の内外で製品やサービスが取引される結果、流出するよりも流入する「マネー」が多いことや、最終的には地域で雇用が発生し、定住人口が増えるような状態を理想とする。ただし、現実的には日本の総人口は減少傾向にあり、全ての地域で定住人口が増えることを想定するのは無理がある。したがって、質的基準を取り入れて評価することになるが、その場合でも経済的に見て、① 当該地域にマネーが還流するような仕組があること、② その仕組はイベントなど一過性のものではなく、持続性が期待できることが求められる。

さて、詳しくはこのあとに見るが、全国的にはこれまで国が主導する形で地域活性化事業に取組んできた。しかし、それらは期待されたほどにうまくいっているとはいえない。中央で考え、地方で実施するというやり方が制度疲労を起こしているともいえる。したがって、地域活性化を実施する場合、企画するヒトと実行するヒトとの距離が問題となってくる。その意味で、本書で取り上げる事例は、地域に住むヒトが自分たちの地域を良くしたいという想いで始めた事業が大半である。いわば、草の根的に始まった活動だが、地域活性化に必要となる費用も自分たちで調達しており、失敗は許されず、時として腹をくくることも必要となるなど、追い込まれた状態での事業である。とはいえ、当事者たちは悲壮感を漂わせて事業を遂行しているわけではなく、むしろ楽しみながら行っているようにも見える。本書では、そうした真剣さを分析するために、あるいは楽しみながら事業をしていることを知るために、単に活性化の結果を専門的視点で分析するのではなく、携わったヒトの想いや行動も明らかにしている。

序　章　問題の所在、分析スタイルと本書の概要　　3

　なお、本書は多彩な研究者によって構成され、地域を分析しているが、それ
ぞれ異なる分析視角で地域活性化を論じている。その専門領域は中小企業論、
中小企業経営論、国際経済論、ベンチャー企業論、産業組織論、流通システム
論、経営学、教育学、キャリア形成、農業経済学、農業経営学、地域振興論な
どとなっている（詳しくは、執筆者紹介を参照）。

## 2　地域活性化の歴史と近年創設された関係学会

　日本では戦後、国土を総合的に利用、開発、保全し、産業立地の適正化を図
るために「国土総合開発法」（1950年）が制定され、国が主導する形で後進地
域の開発、国土保全、電源開発、食糧増産、工業立地の整備が行われた。本書
のテーマである地域活性化の観点からすれば、1962年の池田勇人内閣時の
「全国総合開発計画（全総計画）」が、国による最初の地域振興であった（後述の
ように、都道府県など地域の側からすると、大分県ではそれよりも早くから地域振興を実施
していた）。その後日本経済は、池田内閣の所得倍増計画を受けて高度経済成長
時代に入ったが、急速な都市化が進み、地域との所得格差が拡大した。このた
め、都市の過大化防止や地域格差是正が課題となり、地域間の均衡ある発展が
目指された。

　この全総計画はその後も策定され、1970年の佐藤栄作内閣時代の「新全総」、
1977年の福田赳夫内閣時代の「三全総」、1987年の中曽根康弘内閣時代の「四
全総」、そして、1998年の橋本龍太郎内閣時代の「21世紀の国土のグランドデ
ザイン（五全総）」と続いた。都合5回にわたり全総計画が策定されたが、その
底流に流れていたのは、都市部への過度な集中を抑制し、国土の均衡ある発展
であった。全総計画は5回で打ち切られたが、近年、「地域再生」や「地方創
生」[3]といった言葉が頻繁に見られるようになり、地域問題が再びクローズアッ
プされている。

　なお、四全総の翌年の1988年から89年の竹下登内閣時代に「ふるさと創
生」事業が行われている。これは、地方自治体が「自ら考え自ら行う地域づく
り事業」として、全国の各市区町村に対し使い道自由の1億円がそれぞれに配
布されたが、使途を巡って議論を呼んだことは記憶に新しい。

## ⑴　小泉内閣の「地域再生」と安倍内閣の「地方創生」

　「地域再生」という言葉は、2003 年 10 月に小泉純一郎内閣時代の経済構造改革の一環として、内閣に「地域再生本部」が設置されたことにはじまる[4]。2005 年 4 月に「地域再生法」が施行されたが、そこでの目的は、近年の急速な少子高齢化の進展、産業構造の変化等の社会経済情勢の変化に対して、地方公共団体が行う自主的かつ自立的な取組みによる地域経済の活性化、地域における雇用機会の創出、その他地域の活力の再生を総合的かつ効果的に推進していくことにあった。本法がねらいとしている地域再生とは、さまざまな課題を抱え困難な状況に直面している地域を、従来のように国が一方的に支援するのではなく、あくまで「自助と自立の精神」「知恵と工夫の競争による活性化」を前提に、「地域が自ら考え行動し、これに対して国が支援する」というものである。地域経済の活性化と地域雇用の創出を図り、持続可能な地域再生を実現するというものだが、自助と自立を重視するなど地方分権を象徴するようなスキームとなっている。

　その後、2014 年 9 月に第二次安倍晋三改造内閣が発足したが、同時に「まち・ひと・しごと創生法」が施行され、それを根拠とする「まち・ひと・しごと創生本部」の設置により「地方創生」がはじまった。そこでは、日本の急速な少子高齢化の進展に的確に対応し、人口減少に歯止めをかけ、首都圏への人口集中（東京一極集中）の是正や、地域におけるワーク・ライフ・バランスを確保して、将来にわたって活力ある日本社会を維持していくことが目的とされた。その実現のため、「まち・ひと・しごと創生総合戦略」が策定され、人口急減・超高齢化という日本が直面する大きな課題に対し、政府一体となって取組み、各地域がそれぞれの特徴を活かした自律的で持続的な社会を創生することがうたわれている[5]。

　この「まち・ひと・しごと創生法」の制定の背景には、小泉内閣時代の「地域再生法」の流れを継承しながらも、2014 年 5 月に発表された「増田レポート[6]」の影響が大きい。すなわち、同レポートでは、今後、少子化の進行に伴う人口減少により、2040 年までに全国約 1800 市町村のうち約半数の市町村（896 市町村）が消滅する恐れがあるとし、40 年時点で 20〜39 歳の女性人口が半減する自治体を「消滅可能性都市」とした[7]。このレポートに関して、賛否両論をはじめとするさまざまな議論が巻き起こったが、国は、① 地方に仕事をつくり、安心して働けるようにする、② 地方への新しいひとの流れを作る、③ 若

い世代の結婚・出産・子育ての希望をかなえる、④ 時代にあった地域をつくり、安心なくらしを守るとともに、地域と地域を連携する、の４つの目標を掲げ、各自治体にも「地方版総合戦略」の策定を求めている。その結果、現在は国と地方自治体が連携して地域振興政策を行うようになっている。

## (2) 大分県の「一村一品運動」に見る地域からの活性化事業

　日本では、当初、国が主導する形で地域振興が行われ、現在は国と地方が連携しながら振興する形となったが、地方が主体的に行ってきた例もある。その代表例が大分県の「一村一品運動」である。一村一品という言葉は、当時、大分県知事だった平松守彦氏が 1979 年に提唱したものだが［平松 1990］、松井［2007］によると、その源流は 1950 年代から大分県の大山町、湯布院町、姫島村などが地域振興に取り組んでいたことに見出すことができ、その活動を県が学び、一村一品運動に仕立てたとある。また、大山町、湯布院町、姫島村などの地域の試みや、大分県の一村一品運動も、国からの支援や指導はほとんどなかったとしている。

　その後、大分県をはじめとして、都道府県が地域おこしに力を入れ始めたのが 1970 年代の後半である。国が農村地域工業導入促進法などによって地域の工業化を支援しようとしたことに呼応し、多くの市町村で企業誘致が地域振興の柱となっていったのである。

## (3) 地域を対象とした相次ぐ学会の設立

　地域を対象とする学会として、古くは 1962 年設立の「日本地域学会」や 1989 年設立の「日本地域経済学会」があるが、近年の地域への関心の高まりを背景に、① 日本地域政策学会（設立：2002 年）、② 地域活性学会（設立：2008 年）、③ 地域デザイン学会（設立：2012 年）、④ 日本地域創生学会（設立：2017 年）など、相次いで設立されている。その概略をそれぞれの設立趣旨から拾うと以下のようである。

　「日本地域政策学会」は、急速に進展する地方分権化とグローバル化の中で、地域政策の分野における国内外の研究成果や実践成果を有機的に結合させつつ、地域政策の実務と研究の新しい統合をめざしている。とりわけ、地方分権という社会的要請に応えるために、地域政策や地域づくりに関する高度な知識と広い視野に立った戦略的な政策立案・実施・評価のあり方、地域経営・組織運営

のための知識や技法を研究することを主な目的としている。メンバーとして、大学教員、自治体職員、企業の地域戦略担当者、地域産業の担い手、研究機関研究員、NPO活動家、地域プロデューサーなど、地域政策や地域づくりに関心を持っている人の参加を広く呼びかけている[8]。

「地域活性学会」は、地域再生法が成立したものの、その政策づくりや実際の活動現場においては、いまだ確固とした理論や方法論がなく、手探りあるいは試行錯誤の状態が続いている。従来の地域経済の活性化関連の学術活動では、疲弊した地域への原因を追究するのみで、その後の解決策を提示するという活動が希薄である。そのため、本学会では学術研究者の分析とともに、地域で実際活動を行っている種々民間団体、さらに制度・予算の面で支援する行政主体の参加も募り、より実践的な政策提言・地域活性化の取組み支援につながる学術研究活動をめざすとしている[9]。

「地域デザイン学会」では、地域とは一方的に支援されるべき対象としての弱者視点からの発想ではなく、むしろ伸び悩む日本の価値をグローバルなレベルで増大させるべき活動主体であるという強者視点からの発想に転換することが重要であるとする。そこで、全国に設定できる各段階かつ多様にゾーニングされる地域に関わるデザイン理論の構築と、これを踏まえた地域振興のための活動の実践を行うとしている[10]。

「日本地域創生学会」では、地域の現状が人口減少や高齢化の進展など、愛着心を持ち住み暮らす人々のモチベーションが低下し、年々、まちの底力が弱体化しているなか、自分たちの力でできる「まち育て」「ひと育て」の構想とその実現を図るとしている。現在、地域創生に関する研究と理論、具体的な事業構想とその実現が喫緊の課題となっている。日本の地域創生は、まず、五感（感動）分析から特性を掘り起こし、地場の基幹産業とつなぎ、よく研くことの機会を得ることが求められているが、その場が日本地域創生学会であり、産学官金公民のさまざまなひとが結びつくことが肝心であるとしている[11]。

## (4) 小　結

　以上、これまで国による地域振興事業と、近年に設立された学会の設立趣旨を見た。安倍内閣の地方創生事業は現在進行形の事業だが、これまでの国主導の事業で、東京一極集中の流れが変わったわけではない。東京が日本の政治経済の中心であり続ける以上、また、世界の主要都市として位置づけられ魅力が

ある以上、そこには多くの人が引き寄せられ新たなビジネスが誕生し、多額の
マネーを創出する結果、さらにそれが新たな人や企業を引き寄せることとなり、
この流れに抗うことは至難のわざである。

　そういう意味では、本書で扱う事例は東京以外の地域であり、そこに住むヒ
トや組織が自分たちの手でより良い地域にしたいという、地域の実態が良く分
かったヒトたちによる草の根的な活動である。また、ほとんどが身銭を切って
取組んでいる事業であり、退路を断っての活動であることからそれなりの成果
が期待できる。もちろん、本書で紹介する事例の中にも「官」が絡むものもあ
り、国や地方自治体の補助金を活用しているものもある。その場合でも、補助
金ありきで事業を始めたのではなく、そもそもの事業開始は地域活性化をした
いというヒトや組織の「想い」が先行しており、あくまでも民主導の事業であ
る。

　次に、近年創設された地域振興や活性化をテーマとする学会の活動について
見よう。学会の設立にはさまざまな動機や目的があるが、近年設立されたもの
は、日本全体が再び地域問題に向き合わなければならなくなった時期と重なっ
ている。メンバーも大学教員以外に、自治体職員、NPO、コンサルタントな
ど地域に関心を持つ幅広い人や組織をメンバーに入れていることや、活動内容
も草の根的な活動を拾い上げ、理論と実践を融合しつつも、活性化に結びつく
ような政策提言を研究、議論する場となるよう、より実践的な活動を志向して
いるといえる。

## 3　本書の分析スタイル

　さて、現在の地域創生や地域振興、あるいは地域活性化は、さまざまな学問
分野が研究対象としており、それぞれにこれまでの豊富な蓄積がある。本書の
執筆者もさまざまな学問分野の専門家から構成されているが、たとえば、筆者
の専門でいえば中小企業経営論や経営学的視点で地域を見ることになる。そこ
では、地域を1つの仮想企業体に見立てビジネスモデル論を適用することや、
他地域と比較して競争優位に立った要因を、経営戦略論を適用して見ることな
どである。こうした分析の仕方は、専門分野が異なっても同じである。しかし、
本書ではそうした専門分野の視点だけで分析するのではない。ヒトの行動や地
域活性化に関わることになった背景や想いの描写にもウェイトを置いている。

それは、専門分野で分析すると、活性化した結果について分析することになるが、事前や途中のヒトの行動や想いを知ることで、なぜそういう地域活性化を計画したのか、どのように他のヒトを巻き込み仕組づくりや組織化をしたのかなど、結果に至る前の段階を知ることができる。こうした前段階の積み重ねが結果に結びつくわけだが、これまでの地域活性化に関する類書ではこの点はあまり強調されていない。以下では基本的な本書のアプローチの仕方について触れておこう。

## ⑴　デプスインタビューや参与観察によるヒトの行動や活性化の想いの描写

　本書の執筆者には、当該地域の活性化の当事者、あるいは統括者として直接的に携わっていたり、極めて近い位置で関与したりしている研究者がいる。たとえば、第3章の執筆者の中村貴子は、事例に登場するマイスター工房の八千代の経営者とは入魂の間柄で、この本の執筆以前からの古い付き合いである。第4章の田代智治は、事例にある和菓屋の経営者とは、北九州市立大学のビジネススクール時代からの付き合いがあり、共同経営者的立場にいることや、第8章の中塚華奈は、NPO法人食と農の研究所の理事として、事例にあげたような都市農村活性化事業に係る行政関係者や農家と日頃から関わっている。さらに第9章の文能照之も、八尾市の中小企業を振興するための八尾市産業振興会議で座長を務めるなど、当事者やそれに近いポジションにあった。第10章の執筆者である住吉廣行は松本大学の学長として、第12章の眞鍋和博は北九州市立大学地域創生学群の設置準備の委員、のちに地域創生学群学類長、学群長として、地域活性化の担い手の1つである大学をどのように変革していくかの統括者であり当事者でもあった。また、第11章の西井進剛は、兵庫県立大学でのCP（コミュニティ・プランナー）やCOC事業（Center of Community：地域再生の核となる大学）の担当教員として、学生とともに地域課題と直に向き合いながら事業を進めていた。

　ところで、調査対象に極めて近い位置で、エスノグラフィーや参与観察の手法を用いてその様子をつぶさに描写することは、これまで人類学や民俗学が得意としてきた。ただし、人類学や民俗学では被験者の方を研究対象として分析するのが通常だが、我々が対象とするのは主に実験者（行為者、アクター）である。すなわち、人類学や民俗学では、特定個人を対象とするよりも民族や地域住民など集団を対象とし、その記述は、たとえばある民族に近代化の波が押し

寄せたとき、あるいは特定地域の観光地化が進んだときに、民族や地域住民の生活がどのように変化したかを、被験者へのインタビューやアンケート調査、エスノグラフィーや参与観察によってあぶり出し、当該民族や地域住民が新たに作り出した社会の特徴を詳らかに考察する内容となっている。

　本書のアプローチは、影響を受けた民族や地域住民を対象とするのではない。影響を与えた側のヒトや組織を直接の対象とするところが従来の人類学や民俗学とは異なるアプローチであり、そこに特徴がある。すなわち、当該地域の活性化に直接携わっている執筆者は参与観察的に考察できるが、そうでない立場であっても当該地域の活性化を図った中心人物にスポットを当て、その人の経歴や人となり、活性化の動機、想いなどを繰り返しインタビューするなどデプスインタビューの手法を用いて記載している。

　こうした手法を導入する理由として、先進事例で行われていることを形だけ真似をしてもうまくいかないことがある。たとえば、シリコンバレーの成功を見て、人工的に産業クラスター[13)]を形成しようとする試みが多くの地域で行われたが、ほとんどの場合うまくいかなかった。それは、産業クラスターを構成する要素の中で、不足している要素を人工的に創設（たとえば、当該地域に研究機関がない場合、それを新設するようなケース）しても、他の要素と有機的な連携ができずに失敗したと考えられる。我々が今回、ヒトの行動や想いを描写するのは、有機的な連携を生み出す基となるのがヒトであり、そのヒトがどのような背景や想いで活性化しようとしたのか、どのように他のヒトや組織を巻き込んでいったのかを知ることで、有機的な連携を築くことになった実態を知ることができる。合わせて、活性化における仕組作りの順序が解明できると考えたからである。

### (2)　時間軸の導入

　本書の2つ目の特徴として、時間軸[14)]の導入を意識したことがある。図1では、地域活性化事業をヒトや組織、さらには自治体などの担い手の側面と、それらが作り出した仕組の側面に注目し、時間軸の中で記述する様子を示している。なお、ヒトと組織の地域活性化に向けた行動は、ヒトが単独で行う場合もあれば、組織で行う場合もあり、1つの円の中に入れて描いている[15)]。

　具体的には以下のようである。すなわち、$t_1$期に地域活性化を強く思うヒトが現れ、この個人が地域活性化に向けて活動を開始（図の①）するが（あるいは

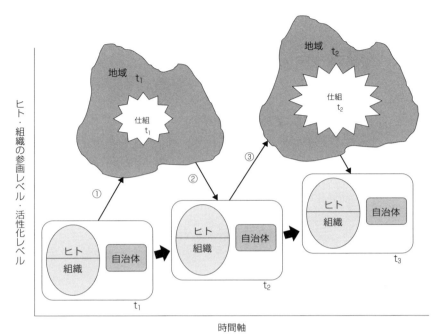

**図1 ヒトと組織が織りなす地域活性化**

出所）筆者作成。

活動開始期から同じ志を持ったヒトと複数ではじめても良いが、この場合は最初から組織が形成されていたことになる）、やがて地域の中でその思いを実現するための「仕組」が地域の中に形成される。こうして、最初の仕組が形成されたことで地域活性化に向けた活動が開始されるが、活動結果はPDCAサイクルが回されヒトにフィードバックされる（図の②）。フィードバックされた情報を元に、ヒトは同調者や協力者を得て「組織」を形成することや、自治体の協力が得られることもある。こうしてパワーアップしたヒトや組織は、次の活性化に向けて新たなステージに移る（図の③と仕組の$t_2$）。

　こうした活動が持続することにより、最初に地域活性化を進めたヒトから次のヒトにバトンタッチされるなど、次のステージに移るが、時間軸を設定することで、企業の事業承継と似た状況が生まれる。誰が、あるいはどのような組織がこの地域活性化の事業を引き継ぐのか、また、地域活性化の軸がぶれないよう、企業の経営理念のようなものが必要となる場合があるほか、最初の地域

序　章　問題の所在、分析スタイルと本書の概要　　11

活性化事業をさらに発展させるために、企業の第二創業時に見られるような革新的な新たな取組みが必要となる。

## 4　本書の概要

　本書は以下の３部から構成されている。

　第Ⅰ部は、きめ細かな活動による地域活性化を取り上げている。草の根的な地域活性化を考える際に、地域にはさまざまなヒトがいるが、多彩なヒトが活躍できる場が存在することや、自らがそうした場を作り出すことが、多様な地域活性化を創出することにつながっており、草の根的な地域活性化の強みとなっている。

　女性が活躍する地域活性化では、起業したケースや、地域活性化のリーダーとして、あるいは縁の下の力持ち的存在ではあるが、きめ細かい作業を通して活性化事業がスムーズに行くように取組んでいるケースが紹介されている。女性の取組みの特徴として、大きな青写真を広げ構想を練るといったものではなく、むしろ身近な課題に等身大で取組むといったスタイルが多く見られることがある。

　第１章では、熊本県阿蘇郡南小国町にある黒川温泉の活性化を取り上げている。「肥後もっこす」という男社会の気風が残る熊本県で、同温泉活性化の中興の祖的な活動をしたヒトを取り上げ、想いや活動を紹介しているほか、縁の下の力持ち的な活動をした「女将の会」や、黒川温泉観光旅館協同組合で初の女性理事長の活動にも触れている。これまでの「黒川温泉一旅館」の理念に加え、新しく「黒川温泉一ふるさと」の理念を作ったこと、その新理念に基づいて「第二村民」活動を始めるなど、これまでの「観る型観光」から「参加型観光」にも力を入れだしている。

　第２章では、広島県広島市でSOHO（Small Office、Home Office）を立ち上げた女性経営者の事例を紹介している。経営者は起業後、仕事上の悩みや孤独感などを経験し、SOHO自身の交流の場作りが必要との想いからSOHO'クラブを設立したことや、大病を患ったことで人生観が変わり、人に役立つ事業を始めたいとの想いから、次々に新しい事業を手がけている。経営者は「人づくり・人育て」を重視しており、同氏のアドバイスを受けた女性が広島市内でカウンセラー事業を起業している。

第3章では、こだわりの地元食材を使って「天船巻き寿司」などを製造販売する兵庫県多可郡多可町のマイスター工房八千代と女性経営者を取り上げている。そこでは、立地場所が田舎ということで、これまで働き口のなかった地元女性を雇用する重要な役割を果たしているなど、地域活性化に貢献していることを紹介している。また、施設長が、採用した人が辞めないように安心して働ける職場作りをしていることや、リーダーシップを発揮している様子を組織論の視点で分析している。

　第4章では、都市部に位置づけられる福岡県北九州市小倉北区の惣菜屋と経営者を紹介している。そこでは、惣菜を買いに来た独居老人など高齢者と、経営者や従業員とが親密にコミュニケーションできる「擬似的家族」の場が提供されており、きめ細かい事業が展開されている。経営者は作業療法士の経歴を持ち、高齢者の孤独や食の安心安全等の課題解決に向けたソーシャル・ビジネスを起業したのである。なお、本ケースは、地域活性化の質的側面での貢献に加え、20人の新規雇用や、ビジネスモデルの別の場所での拡張が計画されるなど、量的側面でも貢献している。

　第Ⅱ部は、組織や仕組を作って地域活性化する事例を取り上げている。本書のモチーフとして、地域に住むヒトが中心となって活性化事業を行っているが、当事者の想いや行動をデプスインタビューや参与観察の手法を用いて描いた上で、専門的分析を行うことがある。開始した事業がサステナブルな事業となるには、周囲のヒトを巻き込み組織に組み入れること、サステナブルになるための仕組づくりが重要である。すなわち、草の根的に行われる地域活性化事業は、地域を想うヒトが活動することで開始されるが、独りよがりの思い込みや単独行動では活動に広がりが期待できない。また、地域活性化のために作られた組織が、一枚岩の組織として継続していくためには、企業と同様、「理念」が重要な役割を果たしている。

　第5章では、北海道富良野市に設立されたフラノマルシェのケースが紹介されている。マルシェ設立に向けて、当初は3人の“まちづくりのスーパーヒーロー”が企画・実行したが、その後紆余曲折を経て事業が拡大していく。原動力となったのが passion、mission、action を原動力にした「まち育て」である。本ケースは、民主導で開始された事業であり、民主導で地域ニーズを汲み上げながら官と情報共有し、官を味方につけていく「新しい官民連携」の仕組を作り上げている。

序　章　問題の所在、分析スタイルと本書の概要　　13

　第6章では、大阪府柏原市にあるカタシモワイナリーのケースが紹介されている。同社は、大阪府が進める「6次産業化」プロジェクトの対象企業として、新たなワイン製造設備を導入し、新商品を開発した。また、同社のブドウ畑の維持・保全のため、地域の人たちにボランティアとして協力してもらうことを通じて、地域を活性化しようとするヒトの裾野拡大につながったことが紹介されている。1914年に創業した同社は、現社長の娘が5代目社長として就任予定であり、今後、女性ならではのきめ細かいカタシモワインのブランド作りなど、マーケティング分野でもさらなる活躍が期待されている。

　第7章では、京都府内のメンバー企業で構成される京都試作ネットのケースが紹介されている。京都試作ネットは、2001年に京都市内で製造業を経営する10人のメンバーで開始された中小企業ネットワークで、グローバル化の進展による空洞化への危機意識が、ネットワークを組んで事業を開始したきっかけとなっている。京都試作ネットが誕生した当時は、全国で多数の中小企業ネットワークが誕生したが、現在でも活発に活動を続けているところは少ない。京都試作ネットの場合は設立時の理念が、新しく入ったメンバーにも正しく継承され、35社に膨らんだメンバーの活動を一枚岩にしていることや、メンバー企業への加入の希望動機として、「将来の課題解決レント」が得られることが大きい。

　第8章では、大阪府東大阪市の都市農業を例に、都市部における緑環境や、生産者の顔の見える農業など、都市農業の大切な役割の再認識と、維持することの重要性が確認された。都市農業を維持していくためには、市民の理解と協働が不可欠であり、市民が参画して都市農業を盛り立てる「産消提携システム」、「地域コミュニティに支持される農業」、「ファームマイレージ運動」が具体的な活動例と共に紹介されている。今後、地産地消を一歩進め、加工食品を商品化して販売する「地産地創」、さらには、自分たちで関与した商品を知人や友人に送る「地産地贈」の展開が期待されている。

　第9章では、大阪府八尾市で官民協働によるイノベーション創出の仕組を作り、活性化を進めているケースが紹介されている。この活動は、一見すると官主導による地域活性化事業のように見えるが、実態は市民、市内企業、大学などと官との協働事業である。市民を代表して、市内の製造業経営者が「八尾市産業振興会議」の委員として活躍するかたわら、同氏の行政、大学教員、農家、中小企業家同友会、市民等への働きかけにより、「みせるばやお」をはじめと

するさまざまなプロジェクトの実施につなげている。

　第Ⅲ部は、大学による教育・人材育成を通じた地域活性化を取り上げている。文部科学省は 2012 年 6 月に「地域再生の核となる大学づくり COC 構想の推進」（地（知）の拠点整備事業）を発表したが、大学も地域活性化の担い手の 1 つとなることが期待された。2013 年 8 月の最初の採択に向けて、全国の大学から 319 件の申請があり、52 件が採択された。採択された事業には、1 件当たり初年度 5800 万円の補助金（補助期間は 5 年）が付いたことで、予算縮小傾向にある多くの大学にとって大変魅力的な事業であった。COC 事業は、「大学が自治体と連携し、全学的に地域を志向した教育・研究・社会貢献を進める大学を支援することで、課題解決に資するさまざまな人材や情報・技術が集まる、地域コミュニティの中核的存在としての大学の機能強化を図ることを目的」[16]としている。さらに、文部科学省は 2015 年度から COC＋事業を新たに開始したが、そこでは「大学が地方公共団体や企業等と協働して、学生にとって魅力ある就職先の創出をするとともに、その地域が求める人材を養成するために必要な教育カリキュラムの改革を断行する大学の取組を支援することで、地方創生の中心となる『ひと』の地方への集積を目的」[17]としている。

　ここから、組織としての大学はまずもって教育機関であり、シンクタンクやコンサルタントのような機能・役割を期待されてはいない。あくまで地域志向の学生を育てることや、地元での就職率を高めることが求められていることがわかる。[18] もっとも、大学教員がいずれかの地域活性化委員会や審議会等の委員として、学識経験者の立場から意見を述べることはある。また、「地域連携センター」のように、直接的に大学周辺の地域活性化を担う部署が設置されている大学もある。しかし、本書で紹介する大学のケースは、学生を通じて地域課題の発掘や課題解決に向けた活性化策を考案するなど、教育の一環としての活動が主となっている。[19] 大学による地域活性化は他の章のケースと異なり、学生への教育活動を通して間接的に地域活性化に関わることが多く、第Ⅲ部として位置づけている。

　第 10 章の長野県の松本大学では、本書の執筆者でもある学長が、ボランティア活動を行った学生が地域住民に育てられている様子を見て、地域課題解決能力を持った学生を育成する方向に舵を切ったこと、地域社会をフィールドに、現場の困りごとの認識から問題点や課題、方策を探る「帰納的教育」行うようになったことを紹介している。

また、地方の私立大学として、地域活性化のためには地域の若者が域内に留まる「ヒトの循環」が重要で、高校生に進学したいと思わせるさまざまな魅力作りを行っている。さらに、大学が立地する近郊に、農業が盛んな安曇野地域があるが、わさび、蕎麦、りんごなど地元の農産物を活用して、農家、食品加工業者、流通業者、商工会などと連携した6次産業化のプログラム（「松本大学地域活性化モデル」事業）を実施している。

　第11章の兵庫県立大学では、同じ公立大学で震災経験のある宮城大学と連携し、地域社会が抱える課題解決と、地域コミュニティの担い手となる「コミュニティ・プランナー（CP）」の育成を目指した教育プログラムの内容が紹介されている。CPプログラムはCOC事業に先行して取り組まれた事業だが、受講生や担当教員が学部横断的に構成されていたこと、CPプログラムが教育プログラムであることを受け入れ地域側もしっかり認識していたこと、教員も他学部の教員と意見交換する中で視野が広がり、複眼的思考で地域課題解決に向けた活動ができたことが記されている。また、大学の地域活性化に関する教育は、地域と多様な関わりの可能性がある「関係人口」の育成に役立つとしている。

　第12章は、福岡県の北九州市立大学において、地域創生学群の創設段階から関与していた本書の執筆者がその内容を紹介している。同学群では、地域に飛び込んで何ができるか、地域の方と共に考えて実践することが方針として示されている。必修科目の「地域創生実習」では、1年次から北九州市近郊の地域に入り込んでさまざまな活動を行っているが、この地域実習は3年間、同一テーマ同一地域で活動するため、受け入れ地域側からも地域運営の正式な担い手として認識されている。こうして地域に根付いた活動をすることで、同学群卒業生の地元就職率が高くなっている。

注
1）たとえば、「北播磨広域定住自立圏共生ビジョン」の構成メンバーは加西市、加東市、西脇市、多可町である。
2）地域の産業を大きく「地域を形成する産業」と「地域に奉仕する産業」に分けたとき、地域を形成する産業（製造業、卸売業、物流業、対事業所サービス業、観光業、農業など）が地域外に商品やサービス提供すれば、その販売代金や利用料金が地域内に流入する。流入した販売代金や利用料金は、地域を形成する産業に携わる人たちが、地域の小売業や対個人サービス業を利用することで、地域に奉仕する産業も潤う〔池田

2014]。

3）兵庫県では地方創生とは呼ばずに「地域創生」と表現しているが、ここでは同様の内容のものとして扱う。

4）「ここまで進んだ小泉改革」（https://www5.cao.go.jp/keizai-shimon/explain/pamphlet/0404.pdf、2018 年 7 月 7 日閲覧）などを基に作成。

5）首相官邸ホームページ（https://www.kantei.go.jp/jp/headline/chihou_sousei/、2018 年 7 月 7 日閲覧）。

6）同レポートの内容は増田［2014］を参照のこと。

7）2040 年までに全国約 1800 市町村のうち約半数の市町村（896 市町村）が消滅する恐れがあるとした。

8）日本地域政策学会「設立趣旨」（https://ncs-gakkai.jp/about/effect/、2018 年 6 月 27 日閲覧）。

9）地域活性学会「設立趣意書」（http://www.hosei-web.jp/chiiki/outline/01.html、2018 年 6 月 27 日閲覧）。

10）地域デザイン学会「設立趣旨」（http://www.zone-design.org/aim.html、2018 年 6 月 27 日閲覧）。

11）日本地域創生学会「設立に当たってのご挨拶」（http://jsle.jp/、2018 年 6 月 27 日閲覧）。

12）ここでのエスノグラフィー、デプスインタビュー、参与観察の違いを記しておこう。エスノグラフィーは質問内容を特に定めず、回答者が意識していない考えを引き出すのを目的とする非構造化インタビューの形式をとるが、デプスインタビューは事前に大まかな質問事項を決めておき、回答者の答えによってさらに詳細に尋ねていく半構造化インタビューの形式をとる。また、エスノグラフィーは対象地域の現場において対象者をインタビューするのに対し、デプスインタビューは現場とは離れた事務所や喫茶店などでインタビューすることが多い。一方、参与観察は、調査者自身が調査対象である社会や集団に加わり、ともに生活をしながら観察する点で、前二者と異なっている。

13）M. E. ポーターによれば、クラスターとは特定分野における関連企業、専門性の高い供給業者、サービス提供者、関連業界に属する企業、大学、業界団体など関連機関が地理的に集中しつつ同時に協力している状態としている。クラスターの要素として要素条件、需要条件、企業戦略・競争環境、関連・支援産業の 4 つに大別されるが、その 4 つを並べてお互いに線を引き、上から見るとダイヤモンドの形に見えることからダイヤモンド・モデルと称されている［Poter 1988］。

14）各地で行われている活性化を見ると、一時のヒトや組織の行動で完成したものはなく、かなりの年月を経て行われるもので、時には最初の意思を受け継いだヒトや組織が何代にもわたって事業を行っているケースも数多くある。

15）組織の条件として、共通の目的を達成するため、複数のヒトが存在し、協働すること

があるが、目的を遂行しようとするヒトとそのための組織とは表裏一体と捉えることができる。

16) http://www.mext.go.jp/a_menu/koutou/kaikaku/coc/1346066.htm、2019 年 3 月 25 日閲覧。

17) http://www.mext.go.jp/a_menu/koutou/kaikaku/coc/、2019 年 3 月 25 日閲覧。

18) 当時、筆者は兵庫県立大学に在籍しており、このプロジェクトの中の 1 つの地域を担当した。のちに全学的なカリキュラムとなり、連携先の地域を活用した教育プログラムの開発が行われたが、筆者が取組みだした頃は、地域に関心のあるゼミ活動としての取組みであった。この点で、松本大学の大学全体としての取組みや、北九州市立大学の地域創生学群としての取組みとは異なる。

19) 松本大学や北九州市立大学地域創生学群では、地域活性化に向けた実践活動も行っている。

## 参考文献

池田潔編著［2014］『地域マネジメント戦略――価値創造の新しいかたち――』同友館。

小磯修二・村上裕一・山﨑幹根［2018］『地方創生を超えて』岩波書店。

平松守彦［1990］『地方からの発想』岩波書店。

増田寛也［2014］『地方消滅――東京一極集中が招く人口急減――』中央公論新社。

松井和久［2007］「日本における地域振興の歴史的展開」、アジア経済研究所・西川芳昭・吉田栄一編『地域振興の制度構築に関する予備的考察』アジア経済研究所。

三上亨［2013］『地域を自立させる人々――持続可能な地域社会の創造――』文眞堂。

Porter, M. E. [1988] *On Competition*, Boston: Harvard Business School Press（竹内弘高訳『競争戦略論Ⅱ』ダイヤモンド社、1999 年）。

# 第 I 部

## きめ細かな活動による地域活性化

## 第1章

# 黒川温泉の活性化に尽力した
# 　　ヒトたちと経営学的分析

## はじめに

　熊本県人の特徴を現す言葉に「肥後もっこす」がある。純粋で正義感が強く、一度決めたら梃子でも動かないほど頑固で妥協しない男性的な性質を指すが、本章に登場する後藤哲也氏[1]はまさにそれを地で行った人である。後藤氏は、阿蘇山の麓に立地する二十数軒の旅館からなる黒川温泉活性化に尽力した中興の祖的な人物として知られるが、本章では氏の人となりを紹介したあと、経営学の視点から分析を行う。

　加えて、時間軸を取り入れて見ることで、活性化の歴史には栄枯盛衰が伴うことも記している。黒川温泉は宿泊客数で見ると、2002年度にピークを迎えたあと減少に転じるが、現在は第三世代による新たな活性化事業が取り組まれている。地域活性化も企業の事業承継と同じように、ヒトからヒトに承継されていくのである。

## 1　黒川温泉に見るヒトと組織が織りなす活性化

### (1)　黒川温泉の概要[2]

　黒川温泉（熊本県阿蘇郡南小国町）は大分県との県境に位置しており、熊本駅から定期バスで2時間半ほどかかるなど交通の便は良くない。江戸時代中期には湯治場として知られたが、立地場所が不便なこともあり、温泉街としてはほとんど無名だった。1964年に「やまなみハイウェイ」が開通し、観光客が一時的に増えたものの、ブームはすぐに去った。そのころ、車社会の到来により、別府や湯布院などの九州のほかの温泉地は隆盛を極めていたが、黒川温泉は寂れた状態が続いていた。

　そうしたなか、黒川温泉にある新明館当主の後藤哲也氏が旅館の裏山を金槌とノミだけで掘削し、最終的には10年の歳月をかけて洞窟風呂を完成させた。

22　第Ⅰ部　きめ細かな活動による地域活性化

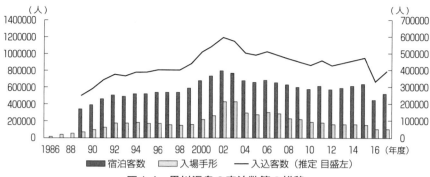

**図 1-1　黒川温泉の宿泊数等の推移**

出所）黒川温泉観光旅館協同組合「2018年度 視察資料」を基に筆者作成。

　周囲の旅館は相変わらず閑古鳥が鳴いていたが、新明館だけはその洞窟風呂のおかげでリピート客も絶えず繁盛していた。当初は後藤氏と距離を置いていた周囲の旅館経営者も後藤氏の教えを乞うて露天風呂を作るようになったほか、85年に後藤氏が黒川温泉観光旅館協同組合理事になってからは、四季の変化が楽しめ、黒川温泉全体が憩いの空間となるよう人工的に植林して雑木林を整備した。1986年には黒川温泉観光旅館組合の組織が「看板班」「環境班」「企画広報班」に再編成され、それぞれが黒川温泉全体の景観づくりに取組みだした。また、「黒川温泉一旅館」という有名なキャッチコピーを作り、黒川温泉全体を「いやしの里」として売り出したことで、ピークの2002年度には39万6720人の宿泊客と119万人の入込客（推定）が訪れるなど、毎年、行きたい温泉の上位にランクづけされるようになった（図1-1）。

　しかし、2003年11月にハンセン病元患者宿泊拒否事件を起こしたこと、露天風呂の収容能力を超えた日帰り客が増え、宿泊客が露天風呂に入りたくても入れない状態となったことから、旅行会社によるツアー客へのまとめ売りを中止した。これを1つの契機として宿泊客数が大幅に減少しだしたところに、2004年10月の新潟県中越大震災、2011年3月の東日本大震災と、日本列島を大震災が立て続けに襲ったことで観光気分に水を差したほか、追い討ちをかけるように2016年4月の熊本地震、同年9月の阿蘇山の噴火などが発生し、宿泊客の減少に拍車をかけた。2018年度の黒川温泉への入込客数（推計）は78万人、宿泊客数26万人とピーク時の7割弱ほどとなっているが、後述の松崎郁洋氏によると、旅館の収容能力的にはこれくらいの数値が適正であるとして

いる。

　黒川温泉観光旅館協同組合では毎年さまざまなイベントを実施している。毎年2回実施される「野みちをゆく」ウォーキングイベントのほか、ホタルツアー、老人会宿泊招待、露天風呂の日、瀬の本高原マラソン大会、川端夜市、お正月振る舞い汁＆やまなみ太鼓初打ち、どんどや等の開催のほか、コンサート、湯あかりイベント、黒川温泉あか牛フェア、看板等の整備、無料 Wi-Fi の設置、各種研修事業、英会話教室などさまざまな取組みを行っている。この活動原資となるのが入湯手形の販売から上がった収益によるもので、1986年に入湯手形を始めたときの枚数は6千枚だったのが2017年度は5万1907枚となっている（ピークの2003年度には21万1900枚）。これによる事業費は2017年度で1億8000万円ほどとなっている。[3]

## (2)　活性化に尽力した後藤哲也氏の素描

　黒川温泉の「山の宿 新明館」「山みず木」オーナーの後藤哲也氏（1931～2018年）は熊本県で生まれ、阿蘇農業学校を中退後、旅館業を事業承継する。20代に洞窟風呂を1人で掘り、30～40代では全国の観光地を訪ねて黒川温泉をいかに「演出」するかの修行に励んでいる。1980年代半ばに黒川温泉の大変革のリーダーを勤めてから脚光を浴び始め、旅館や自治体からアドバイスを求められるようになり、2003年には国土交通省の「観光カリスマ百選」に選ばれている。[4]以下では、後藤［2006］、後藤・松田［2005］、松田［2004］を手がかりに、彼の地域活性化に向けた行動を素描して見よう（写真1-1）。

　「山の宿 新明館」は明治の初めに開業した黒川温泉の老舗旅館であり、祖父が創業したものである。父が獣医だったため、その跡を継ぐために小学校を卒業すると「獣医科」のある阿蘇農業学校へ進学したが、戦争が終わると学校どころではなくなり、15歳頃家の生活を支えるために中退し、家業を手伝っていた。その当時の新明館は、繁盛こそしなかったものの、湯治客が泊まるとその客のために、数キロ離れた農家に鶏や卵などを買出しに出かけていた。

　現在の新明館には、館内の内湯のほかに5つの風呂があり、そのうちの2つが露天風呂である。23歳のとき、露天風呂作りを決意するが、決意したきっかけは、黒川温泉に外部資本による新しい旅館が2軒開業したことによる。後藤氏は新規参入組に危機意識を持ったものの、その頃はまだ「黒川温泉全体」を考える余裕もなく、ただ、「負けたくない。負けちゃいかん」という一心が

写真 1-1　後藤哲也氏
出所）筆者撮影（2005 年 9 月）。

彼を駆り立てた。新明館の特徴は何かと聞かれて、「山菜料理」だけでは売り物にならないと考え、必死に考えた結果が裏山を削って作る「洞窟風呂」だった。洞窟風呂の完成には 10 年近くを要するが、その頃から全国の観光地めぐりを始める。人気の観光地に行って、どんな理由で人が集まるのかを自分の目で探り、よいところがあれば自分の旅館でも取り入れた。その代表が京都や軽井沢であり、日本建築の良さや自然の雰囲気作りを学んだのである。

　観光地巡りをするなかで、都会の人たちはストレス解消のために自然に触れることを求めていることに気づき、それが彼に転機を与えた。しかし、自分の旅館だけを変えて済むかというと済まない。自然を楽しむには雰囲気が一番大切になるが、雰囲気というのは、ある地域ならばその地域全体で感じるものである。黒川温泉でというと、二十数軒あるなかの 1 軒の旅館だけがいくら努力しても自然を楽しめるような雰囲気にはならない。黒川温泉全体が変わって初めて訪れる人がその雰囲気を感じ取れるようになる。その流れを示すと、都会人は自然を求めている → 黒川温泉に「本物」の自然があれば、お客さんが来てくれる → そのために各旅館が自己流で整備した庭園の庭木や、温泉街の針葉樹を取り除き、代わりに温泉地全体に自然を感じさせる仕掛けを施す → そのためには、各旅館が一致団結して取組むことで、黒川温泉全体に自然を感じる「雰囲気」を創造する → 観光客が増え、それに比例して各旅館の利益も増

第1章　黒川温泉の活性化に尽力したヒトたちと経営学的分析　25

える、というものである。しかし、当時の各旅館の考え方はばらばらで、自分の旅館が儲かればそれでよいと思っている人がほとんどであり、彼の考えに同調するヒトはいなかった。

1994年に九州初の本格的なドライブウェーである「やまなみハイウェイ」が完成したことをきっかけに、黒川温泉にもブームが訪れた。しかし、数年後にはお客さんの足はぱったり止まったものの、露天風呂がある新明館だけは客足が衰えることはなかった。やまなみハイウェイのブームが去ってから十数年間、黒川温泉は低迷期を迎えることになるが、その間、それぞれの旅館や組合では目先の利益を考えてイベントをするものの効果は一時的であった。当時の組合の上層部は60代の人がほとんどで、40代の後藤氏は若い方だったが、上層部の人たちの意見が変わることはなかった。後藤氏自身はかつて、黒川温泉一の嫌われ者だったと述懐している。実際、周囲の旅館経営者に黒川温泉全体に対する思いを伝えても相手にされなかったが、1980年代の前半になり、高齢となった周囲の旅館経営者が引退し、若手が承継するケースが相次いだ。

後述するように、その中の1人が後藤氏の元を訪れ、アドバイスを受けたことから流れが変わる。その旅館でも露天風呂を掘ったことをきっかけに、他の二世、三世の旅館経営者も露天風呂作りを始めたのである。こうして、黒川温泉へ行けば露天風呂に入れるといううわさが口コミで広がり、露天風呂づくりがラッシュを迎えた。その結果、黒川温泉の好循環が始まり、露天風呂のある温泉街として一気に人気が広がった。

### (3)　時間軸と経営学のツールを使った黒川温泉の活性化分析
### ① 黒川温泉活性化の時間軸

上記では、後藤哲也氏の経歴や人となり、どのような経緯で黒川温泉に関わるようになったのかを見たが、これを序章の図1の中に落とし込んで見よう（ここでは第2世代である後藤氏らを $t_1$ 期に設定している）。

自分の旅館だけが良くても駄目で、黒川温泉全体のことを考える必要があると気づいた後藤氏は、二世の若手旅館経営者たちに露天風呂つくりを指導するようになる（図1の①）。その結果、地域活性化が少し動き出すと、それを確実に、より具体的に地域に潤いをもたらすための「仕組」が $t_1$ 期に作られる。すなわち、1986年に黒川温泉観光旅館組合の組織が「看板班」「環境班」「企画広報班」に再編成され、それぞれが黒川温泉全体の景観づくりに取組みだし

**写真 1-2　雑木林風に植樹された旅館（のし湯）の玄関先**
出所）筆者撮影（2019 年 3 月）。

た。看板班は乱立していた、統一感のない看板200本をすべて撤去し、統一共同看板に変え、環境班は当時杉山だけで殺風景だった温泉郷を「絵になる風景にしよう」と、これまで植わっていた松や杉など針葉樹の代わりに広葉樹を植樹した。また、そぞろ歩きを誘うためのベンチの配置、癒しの空間を演出するための雑木林や東屋の新設などがそれである（**写真 1-2**）。

　企画広報班は敷地の制約上、露天風呂が作れない2軒の宿のため、黒川温泉の全ての露天風呂が利用できる「入湯手形」を考案し、「露天風呂めぐりの黒川温泉」というコピーを作成した。この入湯手形により、宿泊客や訪問客が温泉街の各旅館を回遊するようになり、旅館以外のお土産物店、飲食店なども潤うようになった。こうして当初、閑古鳥が鳴いていた黒川温泉は年間40万人近くもの宿泊客が訪れるようになった。また、入湯手形の仕組は旅館街に宿泊客を周遊させる効果を生み、それ目当ての飲食店や土産物店が新規にオープンするなど、さらなる好循環を生むことにつながった。

　後藤氏の思いや考え方は若い経営者たちを中心に引き継がれ、黒川温泉全体のことを考えない儲け主義だけの外部資本の抑制や、宿泊客を大事にするため、収容能力を超えた日帰り客の制限などを行うようになっている。また、各旅館の情報共有や、従業員教育のための研修などが組合主催で行われるなど、次代に向けた仕組づくりが行われている（$t_2$期）が、これについては第3世代の事業として後述する。

## ②「ブルー・オーシャン戦略」から見た黒川温泉

　黒川温泉の活性化を経営学のツールで分析しようとすると、たとえば3C分析、ビジネスモデル分析、SWOT分析などさまざまなツールを適用できるが、ここでは「ブルー・オーシャン戦略」を用いて分析してみよう。ブルー・オーシャン戦略とは、ビジネスにおける市場空間を「オーシャン（海）」に例え、競合との熾烈な競争で血に染まったような既存の市場空間を「レッド・オーシャン」、これまでに開拓されていなかった市場空間を「ブルー・オーシャン」と呼び、ブルー・オーシャンのビジネス領域を切り開くための戦略である。このブルー・オーシャンを見つけるために、「アクション・マトリクス」と「戦略キャンパス」の2つのツールが用意されている。[5]

　アクション・マトリクスは、「取り除く」「増やす」「減らす」「創造する」の4つのアクションからなるが、後藤氏が黒川温泉に対して打ち出した対策について見よう（表1-1）。

　先に後藤氏の人となりを素描したが、氏は京都や軽井沢の先進的な観光地を巡る中で、都会人は自然に触れることを求めていることに気がついた。そこで、これまでの黒川温泉での不揃いな看板や、周囲の景観と不調和な赤く塗られた欄干などを取り除いた。また、「取り除く」というよりは「抑制」することになるが、儲け主義で参入して、黒川温泉街の雰囲気を壊すような外部資本は入れないようにしている。この結果、それまでの旅館経営者のばらばらな考えを取り除き、「創造する」アクションに入る「黒川温泉一旅館」という理念を作

### 表1-1　第二世代による黒川温泉街のアクション・マトリクス

| 取り除く | 増やす |
|---|---|
| ・各旅館はそれぞれ経営者のばらばらな考えで経営<br>・不揃いな看板や赤い橋の欄干<br>・針葉樹<br>・黒川温泉の雰囲気を壊す外部資本 | ・雑木林風植林<br>・露天風呂<br>・東屋やベンチ<br>・そぞろ歩きをしたくなる雰囲気 |
| 減らす | 創造する |
| ・宿泊客の「憩い」を妨げる増加しすぎた日帰り観光客 | ・手彫りの洞窟風呂<br>・「黒川温泉一旅館」という考え方やビジョン<br>・温泉街統一のゲタや草履<br>・入湯手形<br>・統一看板<br>・温泉組合主催の研修会 |

出所）筆者作成。

28 第Ⅰ部 きめ細かな活動による地域活性化

り上げた。

「増やす」アクションでは、都市部の人が都会の喧騒を忘れ、自然の風情を感じてもらうために、山から持ってきた木を人工的に植えることで雑木林風な空間を作ったり、非日常を味わってもらうために、物理的に作れない2軒の旅館を除き、すべての旅館にそれまでなかった露天風呂を作ったりしてもらっている。

「創造する」アクションでは、まず、後藤氏が自身の新明館のために、宿泊客に都会の喧騒を離れて自然の風情を感じてもらうために、旅館の周囲に雑木林を人工的に造営したり、東屋を建設して憩いの空間を創出したりしたほか、他の温泉地では見られない手作りの洞窟風呂を作ったことがある。しかし、新明館だけでは限界があることがわかり、温泉街全体を変えるための活動を開始する。その結果が、黒川温泉全体が一旅館という理念に基づいた活動であり、各旅館のゲタや草履を統一したほか、3つの異なる旅館の露天風呂が回れる入湯手形を作り、そぞろ歩きしたくなるような仕組を作った。また、不揃いな看板を取り除いた跡に、大きさやデザインなどが統一された看板も新たに作ったほか、黒川温泉一旅館の理念を各旅館の従業員にも浸透させるために、組合主催の研修会も行っている。

「減らす」アクションは、このところのインバウンド客や日帰り観光客が増えたことで、各旅館の露天風呂の収容人数をオーバーし、宿泊客に満足してもらえないと考えたことから、日帰り客の人数を一定程度に抑えようとしていることがある。

次に、黒川温泉街と一般的な温泉街の「戦略キャンバス」を作成したのが図1-2である。戦略キャンバスでは、横軸は「業界の競争要因（＝顧客から見た価値）」を、縦軸は各要因に対して「顧客がどの程度のレベルを享受しているか」を示しており、差別化のポイントを示している。

黒川温泉街は「黒川温泉一旅館」の理念に基づいて経営されているが、各旅館の料金まで統一されているわけではない。1つの旅館であっても、部屋の広さやしつらえ、料理内容などによって色々な料金プランが設定されているのと同じ考えである。一般的な温泉街としてどこを念頭に置くかによっても異なるが、癒しを求めてやってくるリピート客が多いことからもコストパフォーマンスは高い。

黒川温泉が一般的な温泉街と決定的に異なるのは、経営スタイルに統一感が

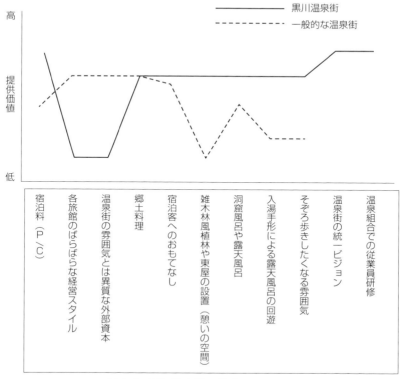

**図 1-2　黒川温泉街の戦略キャンパス**

出所）筆者作成。

あることや、温泉街全体の雰囲気を保つために、その雰囲気を壊すような外部資本は抑制していることがある。また、一般的な温泉街に比べ、癒しを求めてやってくる観光客のために雑木林風になるよう人工的に植林をしたり、東屋を設けて憩いの空間を演出したりと、そぞろ歩きを楽しめる空間作りを行っているほか、入湯手形を導入して露天風呂を回遊できる仕組を作っている。さらに、一般的な温泉街ではあまり見られないものとして、温泉街の統一ビジョンを定めたり、組合が主催する従業員研修なども行ったりしている。

　この戦略キャンパスから、黒川温泉街では他の一般的な温泉街と競合しない、また、一般的な温泉街では見ることのできないブルー・オーシャンに位置取りをしていることがわかる。

### ③「キャズム理論」から見た黒川温泉

　黒川温泉は後藤氏の活動によって活性化したが、実は後藤氏だけの取組みで事業が広がったわけではない。このことを「キャズム理論」を用いて分析してみよう。キャズム理論とは革新的商品やサービスが市場でシェアを拡大する過程で、容易に超えがたい「溝」があるとする理論で、「イノベーター理論」を進化させたものである。

　イノベーター理論は、市場全体をイノベーター（革新者）、アーリーアダプター（初期採用者）、アーリーマジョリティ（前期追随者）、レイトマジョリティ（後期追随者）ラガード（遅滞者）に分ける。イノベーターは市場全体の 2.5％ を占め、製品をもっとも早い段階で購入する“新しいもの好き”な人たちである。次に、アーリーアダプターは市場全体の 13.5％ を占め、流行に敏感で自ら判断して製品を購入する人たちで、この人たちに受け入れられることで、次のマジョリティ層の人たちの受け入れにつながるほか、「オピニオンリーダー」もこの中から誕生する。アーリーマジョリティは市場全体の 34％ を占め、新しい製品を購入するのに慎重な人々である。レイトマジョリティは市場の 34％ を占め、新しいものに対して懐疑的な人たちであり、新市場の半分以上が導入してから、自らも購入する。ラガードは市場の 16％ を構成し、もっとも保守的な人たちである。

　キャズム理論はこのイノベーター理論の 5 つの層のうち、アーリーアダプターとアーリーマジョリティの間に、普及を阻む「溝」があるとする理論である。キャズム理論を黒川温泉に適用すると、「イノベーター」の後藤氏と、「アーリーアダプター」として最初に後藤氏に教えを乞うた「いこい旅館」の井和男氏の存在がある[8]。後藤氏はこれまで温泉街では“嫌われ者”だったが、若手経営者の井氏が露天風呂を作ったことがオピニオンリーダーの役割を果たした。その結果、これまで様子見をしていたアーリーマジョリティの他の旅館でも露天風呂を作るように広がり、露天風呂がある温泉街として知られるようになったのである。

　イノベーターとしての後藤氏の役割が大きかったことはもちろんだが、キャズム理論から見ると、アーリーアダプターとしての井氏が存在しなければ、露天風呂のある温泉街が形成されなかった可能性がある。

## 2 黒川温泉活性化に活躍した女性陣と現在の取組み

　黒川温泉の活性化は、概ね上で見たように分析することができる。しかし、これまでの分析の多くは、後藤氏自身や後藤氏を共著者とする著書に基づいていることもあり、周囲の人たちがどのように関わっていたのかの分析が不十分なところがあった。そこで、「ふもと旅館」「旅館こうの湯」社長で、熊本県温泉協会会長、黒川温泉自治会長、黒川温泉泉源組合長、第7代黒川温泉代表理事を兼ねる松﨑郁洋氏と女将さんの久美子氏（「女将の会」の元代表）にヒアリングを行った。それをもとに黒川温泉の活性化のその後の様子や現在の状況について見ていこう。

### ① 活性化に携わった組合メンバーと女将たち

　後藤哲也氏が黒川温泉活性化の中興の祖であることや、後藤氏が露天風呂を作ったあとに、アーリーアダプターとしての井和男氏が大きな役割を果たしたことは間違いない。しかし、その2人の陰に隠れてあまり表舞台には登場していないが、これから紹介する松﨑郁洋氏や、当時の組合理事たち、また、縁の下の力持ち的存在である「女将の会」の存在も大きかった。

　黒川温泉観光旅館協同組合は1961年に設立されたが、活性化事業の本格的な取組みは、2世経営者たちがそれぞれの旅館事業を承継し、彼らが組合の理事に就いたころに始まる。1986年には組合組織が「看板班」「環境班」「企画広報班」の班組織に編成され、さまざまな事業が開始されたことはすでに述べたが、たとえば入湯手形の導入は松﨑氏の発案によるものであるほか、その他の事業も組合メンバーの企画によって実施されたという。もっとも、組合理事の中に後藤氏も就任していたので、後藤氏を含む理事たちによって協議、事業化されたということが実態であろう。

　また、熊本県民には後藤氏のように、"肥後もっこす"と称される男たちが多いが、彼らを支えてきたのが女将の会を中心とする女性たちである。久美子氏によれば、黒川温泉では他地域の旅館のように、送迎時や夕食時などに女将さんがお客さんの前に出て挨拶をする旅館は少なく、料理や掃除など裏方の仕事をするところが多い。久美子氏自身も四季折々の料理を提供するために、地元農家に買い付けに行ったり、料理長と献立の企画などを行ったりしている。

32　第 I 部　きめ細かな活動による地域活性化

各旅館の亭主は黒川温泉の街づくりに精を出し、女将さんも裏方に徹するやりかたは、熊本という地域が作り出した仕組といえるかもしれない。

### ② 女性リーダーの活躍による新たなチャレンジ

　現在の黒川温泉観光旅館協同組合は、2015 年 6 月から北里有紀氏（「歴史の宿御客屋」 7 代目御客番）が女性初の代表理事就任している。就任の翌年、熊本地震や阿蘇山が噴火したが、この震災による観光業の落ち込みは、地域全体にマイナスの影響があることを目の当たりにした。この経験により、これからは宿だけでまとまるのではなく、農林業など他産業や地域外の方々とも連携し、"共創" して地域づくりをしていくことが地域の経済循環を作ることになると認識した。[9)]

　その結果生まれたもう 1 つの地域理念が、「黒川温泉―ふるさと」である。「NPO 法人　南小国まちづくり研究会　みなりんく」の代表理事も務める北里氏は、他産業や行政など地域関係者や、地域外のさまざまな方々と共創しながら、黒川温泉をふるさととして持続可能なものにしていくとしている。すなわち、黒川温泉の「上質な里山の温泉地」づくりに、一緒に活動する「黒川温泉第二村民」の事業を始めているが、黒川温泉が実施する各種プロジェクトの企画・立案や、地元の人たちと企画したものを一緒になって実行していくほか、黒川温泉の公式サイトの「モデル」「カメラマン」「ライター」としての参加、特別イベントなどに参加することができる。たとえば、**写真 1-3** の「湯あかり」に使われる灯りは、間伐材の竹を編んで作られているが、その作業は第二村民たちの手によっている。

　黒川温泉は後藤氏や井氏、松崎氏のような第二世代、女将の会など女性陣の活躍によって活性化したが、2002 年度をピークに宿泊者数が減少した。そうしたなか、現在は北里氏に代表される第三世代にバトンタッチされつつある（序章の**図1**では、北里氏は $t_2$ 期のヒトとして位置づけられる）。そこでの活性化に向けた取組みは、観光客として黒川温泉に訪問・宿泊しお金を落としてもらうだけでなく、一緒になって黒川温泉を作っていく参加型の新しいスタイルを提案している。すなわち、これまでの「観る型観光」から「参加・体験型観光」にも力を注ぎだしたと捉えられる。今後、参加・体験型観光にも力を入れて進めていく場合、リピート客を対象とするのか、インバウンド客を対象とするのかといったターゲットは誰なのかを明確にするとともに、どのような魅力的なコン

**写真 1-3　湯あかりの風景**
出所）筆者撮影（2019 年 3 月）。

テンツを提供できるかが新たな課題となっている。

## おわりに

　以上、黒川温泉を例に地域活性化事業を見てきたが、活性化事業には終わりはないことがわかる。何世代にもわたって事業をすると、企業の場合は栄枯盛衰がつきものだが、低迷期に入ったときにどのように盛り返していくのかが問われる。企業の場合は、差し詰め新規事業の立ち上げや、経営革新、第二創業をすることでそうした難局に立ち向かうことになろう。一方、地域の場合は企業と異なり、それぞれ独立した主体で構成されていることから、そもそも一枚岩で行動するのが難しい。そこでよりどころとなるのが理念である。

　黒川温泉の場合は、第二創業とも言える第三世代が立ち上がり、新しい理念を作って新規事業を立ち上げている。この場合、「黒川温泉一旅館」という黒川温泉が一枚岩になるための基本コンセプトを継承しながら、「黒川温泉一ふるさと」の新理念に基づき、魅力的な新事業を実施していくことが重要である。

注
1）後藤氏は 2018 年 1 月に逝去。
2）後藤（2005）、後藤・松田（2006）、黒川温泉のホームページ（https://www.kuroka

waonsen.or.jp/about/、2019 年 1 月 3 日閲覧)、2019 年 3 月 20 日の松崎郁洋氏へのヒアリング、黒川温泉観光旅館協同組合「2018 年度　視察資料」などにより作成。

3）前掲、黒川温泉観光旅館協同組合。

4）前掲、後藤（2006）の略歴紹介と存命中のヒアリングによる。

5）Kim W. Chan and Renée Mauborgne（2017）。

6）2 軒の旅館に対しては、入湯手形を利用することで、「黒川温泉一旅館」の理念を守っている。

7）元々は、「黒川温泉一旅館、通りは廊下、旅館は客室」と表現されていた。

8）惣那他（2013）p. 86。

9）「黒川温泉公式サイト」（https://www.kurokawaonsen.or.jp/dainisonmin/、2019 年 4 月 5 日閲覧)。


**参考文献**

池田潔編著［2014］『地域マネジメント戦略——価値創造の新しいかたち——』同友館。

惣那憲治・長谷川博和・高橋徳行・五十嵐伸吾・山田仁一郎［2013］『アントレプレナーシップ入門——ベンチャーの創造を学ぶ』有斐閣。

後藤哲也［2005］『黒川温泉のドン　後藤哲也の「再生」の法則』朝日新聞社。

後藤哲也・松田忠徳［2006］『黒川温泉　観光経営学講座』光文社。

松田忠徳［2004］『検証　黒川と湯布院——九州が、日本の温泉を変えた!! ——』熊日出版。

Kim W. Chan and Renée Mauborgne［2017］*Blue Ocean Shift: beyond competing*, New York: Grand Central Publishing（有賀裕子訳『ブルー・オーシャン・シフト』ダイヤモンド社、2018 年).

Geoffrey, A. Moore［1991］*Crossing the chasm—marketing and selling high-tech products to mainstream customers*, New York: HarperCollins Publishers（川又政治訳『キャズム——ハイテクをブレイクさせる「超」マーケティング理論』翔泳社、2002 年).

第 2 章

# "あったらいいなをカタチに"、等身大の
# ロールモデルとして輝く広島の女性経営者

## はじめに

　女性の社会進出が叫ばれて長い時間がたつ。そして、政府も昨今ではダイバーシティ経営を一段と強力に支援する体制にある。ただ、女性経営者については、新聞等マスコミでその存在をときおり大きく取り上げるものの、その数はまだまだ少ない。

　本章で紹介する株式会社ソアラサービス代表取締役社長の牛来千鶴氏（**写真2-1**）の取組みは、あくまで広島にこだわった起業・事業活動である。6年間の専業主婦を経て企画会社に勤務した経歴をもつ彼女は女性ならではのちょっとしたアィデアをかたちにしていきたいと考え、それを実現すべく行動している。また、小規模事業や個人事業主の課題を解決しようとする彼女の想いはSOHO（Small Office, Home Office）の設立に結実している。さらに、最近では人

**写真 2-1　牛来千鶴氏**
出所）株式会社ソアラサービス提供。

36　第Ⅰ部　きめ細かな活動による地域活性化

づくりの面でも新たな展開を見せている。

　彼女の行動は身近なところからスタートし、一歩一歩着実に前進していくスタイルである。大金が転がり込むといった実業家をめざしてはいないし、ＩＴを活用した斬新なビジネス・モデルの構築といったわけでもない。しかし、孤立しがちな女性がまずは最初の１歩を踏み出し、その行動を一歩一歩と先へ進ませることの重要性に気づかせてくれる。その意味では、中小企業集積地のみならず、日本の各地域での若い人たちや女性にとっての身近な存在のロールモデルとして高く評価できる。[1]

## 1　立ち上げからさまざまな事業の構築へ

　自らが SOHO としての独立経験をもつ牛来は、2000 年に広島 SOHO' クラブを立ち上げて以来、矢継ぎ早に SOHO 支援のための試みを行っている。とりわけ、広島を拠点としさまざまな行動を積極的に展開している女性として知られる。

　ここでは、彼女の活動内容を、① 広島 SOHO' クラブ、② 広島 SOHO' オフィス、③ SOHO コーディネート事業、④「創発的集積地 SO@R（ソアラ）構想」、⑤広島へのこだわりの５点から簡単にまとめておく。

　まず、広島 SOHO' クラブからみよう。自宅１室で販売促進プランナーの仕事に携わっていた彼女は、「不便さではなく孤独」を感じた［中国新聞：2008 年3 月 26 日］。「モチベーション維持の難しさ、社会との接点が稀薄、仕事上の悩み、孤独感」などの悩みを解消するためには、SOHO 自身が実際に出会い、情報交換を行うことのできる交流の場をつくることが必要だと痛感したのである。[2] また、主婦の在宅ワークと見られることによる受注単価の安さを克服し、SOHO が相応の対価を得られるような仕組づくりができればと考えていた［牛来 2007：31］。

　第一回目の交流会は 2000 年 12 月 5 日に行われ、55 人が集まった。この場でもって、任意団体として広島 SOHO' クラブが設立された。同クラブは、「お互いの顔が見えるつながり」[3] を大切にし、「気取った関係ではなく、気兼ねなく何でも言い合えるフラットな関係」[4] が大事だと考えた。交流会を通じたこのような緩やかな「繋がり」は現在でののべ参加者数が 7000 名に上る（2018年 2 月現在）。

第 2 章 "あったらいいなをカタチに"、等身大のロールモデルとして輝く広島の女性経営者　　37

　広島 SOHO' クラブが設立された翌年の 2001 年 7 月には、広島市内中心部より車でおよそ 5 分のところに広島 SOHO' オフィスを開設させた。いつでも会えるように、そして事務所を共有することによる経費節減などを目的に上記クラブのメンバーに入居を募ったところ、コピーライター、行政書士、探偵業など 6 名が賛同してくれた。

　ワンフロア 10 ブースから始まったこのオフィスは入居率が常時 90% を超え、今も成功例として全国からの見学者が絶えない。現在の入居者には、後述するようにさまざまな分野での専門家が入居している。盛況の理由について、牛来はその使用料が安価なことと、ここにはオフィスの空気に「見えない価値が一杯詰まっている」からと表現している［牛来 2004：68］。つまり、入居者相互の信頼関係から生まれるコミュニケーション波及効果であるとでも言えようか。また、当オフィスの開設にあたっては行政からの支援もなく、また大手企業の援助・参加も見られない。

　牛来の事業はさらに発展・進化していく。2002 年には、SOHO と企業とをつなぐために有限会社の SOHO 総研を設立した（事業内容は SOHO オフィスの運営と SOHO のコーディネート）。その頃に大病を患ったこともあり、彼女の価値観はそれまでの自分のためのものから人の役に立ちたいとの思いへと 180 度転換する。健康を取り戻せたことで、これからの人生はなんでもできるという気持ちになれたのである。牛来は SOHO 向けのオフィスをつくり、さらに企業とSOHO をつなぐインターネットサイト「SOHO プロダクション広島」を開設させた。新たな広告媒体を求める上記オフィス入居者（当時 20 代の行政書士）の相談に応じるなかで、SOHO 事業者をまとめて情報発信することを思いついたのである。

　「SOHO プロダクション広島」は掲載料 1 万 2000 円を受け取ることにより、サイトが維持・運営されている［牛来 2004：62］。ただ、掲載にあたっては、掲載希望者が実務歴 1 年以上を有していることと牛来との面談を通じてプロ意識・スキルの高さが確認できる場合に限っている。本サイトの特徴は、《経験重視》はむろん、全員を面談・取材の上紹介する《記事型》そして「逢える距離」にこだわり信頼関係を大切にする《広島近郊限定》にある。2008 年の時点で、企画・ディレクター、Web 製作・デジタル・CG、アドバイザー、映像・音楽・アート・イベント、コンサル、建築・設計・インテリアなどの分野で 96 名が掲載されている［牛来 2008：102］。

38　第Ⅰ部　きめ細かな活動による地域活性化

　SOHO 総研では、本サイトの掲載事業者以外にも、デザイナー、ライター、サイト製作、SE、講師などさまざまな分野のスペシャリストと提携し、必要なときに必要な人材を直接にクライアント企業に繋いでいる。つまり、企業がSOHO に仕事を依頼するのには、直接に掲載 SOHO に連絡をとるのと、「SOHO プロダクション広島」にコーディネートを依頼する、という 2 つの方法がある。後者の場合、適任者を「プロダクション」が紹介し、成約すればSOHO 事業者が売上総額の 15%を支払うというシステムである[7]。注目すべきは「プロダクション」の役割がクライアントからの元請としてではなく、クライアントと SOHO とを直接につなぐ役割を担っていることである[8]。

　なお、SOHO の仕事に関して行政がマッチングの支援を進めたり、民間ではエージェントとしてビジネス展開する例は見られるものの、企業と SOHOとを直接につなぐコーディネート事業を行っているケースは他にないという［牛来 2004：61］。ここでは、「SOHO プロダクション広島」と類似サイトの特徴を表 2-1 に示しておく。

　しかしながら、多くの企業では商品化が実現してもそれがなかなか販売に結びつくことはない。そこで牛来が次に考えたのが成功報酬型でのコラボレーションモデルによる「インセンティブ契約制度」である。この方式を採用するこ

表 2-1　「SOHO プロダクション広島」と類似サイトの特徴の比較

| | SOHO プロダクション広島 | 行政機関が運営する類似サイト | 民間の類似サイト |
|---|---|---|---|
| ① 登録条件 | ・実務暦 1 年以上<br>・評定基準のパス | ・誰でも登録できる | ・誰でも登録できる |
| ② 掲載費 | ・12,000 円／年 | ・無料 | ・有料のものもある |
| ③ 掲載方法 | ・1 人 1 人を取材し、第三者の客観的な目で記事型の紹介を掲載 | ・SOHO 本人が入力した内容をそのまま掲載 | ・SOHO 本人が入力した内容をそのまま掲載 |
| ④ 仕事の受注 | ・SOHO が直接受注できる | ・SOHO が直接受注できる | ・SOHO が直接受注できない |
| ⑤ 仕事の紹介 | ・有<br>・企業からの依頼に応じ、最適な SOHO を直接紹介 | ・無 | ・無<br>・仕事の請負後、SOHO に下請け的に発注 |
| ⑥ コーディネート料 | ・初回は売上高の 15% | ― | ― |

出所）牛来［2004：63］。

第 2 章 "あったらいいなをカタチに"、等身大のロールモデルとして輝く広島の女性経営者 39

とによって、企業側では商品開発に関わるイニシャルコストを実費のみに抑えることができるし、他方 SOHO 側では開発商品の売れ行きに応じて報酬が継続的に入ってくる。2008 年 1 月、後述するように、この「インセンティブ契約制度」に基づいた竹炭入りの黒いもみじ饅頭「黒もみじ」が販売開始された。

牛来の発想と行動はさらに飛躍する。もっと多くの企業関係者が集まることのできる、そして SOHO が束になってこれらの企業関係者とともに、「人が活かされるしくみ」と「事業を生み出すしくみ」を生み出す場を創造していくことである。彼女はこの仕組を「創発的集積地 SO@R（ソアラ）構想」と呼ぶ。
この「創発的集積地」は非営利活動のもとで、以下の「8 つの場」を備えるとされる。① 集積型のオフィススペース、② 新商品（サービス）を生み出す仕組、③ 若手育成の機会、④ 個々の能力が活かされる機会、⑤ 成長に繋がる出逢いの場、⑥ 心身ともに癒される環境、⑦ 働く人に優しい環境、⑧ 全国・世界へ情報発信する機会、である。そして、このような「8 つの場」を実現するためには 500 坪以上の施設が必要で、そこにはオフィススペース、開発商品の販売ブース、店舗経営をめざす企業支援となる 1 坪ショップ、また県外起業家やクリエイターのサテライトオフィスが入居する。
この「創発的集積地 SO@R（ソアラ）構想」は現在まだ実現していないが、[9] 注目されるのは弟子入り型での人材養成プログラムである。学生やフリーランスなど県内外の若者をソアラに集めて授業料を受け取ったうえで、入居している SOHO に弟子入りさせるというシステムである。[11] クリエイターが数多く集結するソアラの特性を活かして、プロの下に長期的に弟子入りし専門的なスキルを磨き、実践を経験するというものである。ソアラ・プロジェクトを実施に移すべく、2006 年には開設準備室が組織され、200 以上の事業者や企業から賛同をえた。そして本プロジェクトは 2008 年度の内閣府「地方の元気再生事業」委託事業に採択され、[12] 2008 年 11 月下旬から 2009 年 2 月まで〈社会実験〉として先行的に時期を限って行われた。

## 2 セカンドステージへ

2009 年 4 月にはソアラ・プロジェクトを推進していくために、有限会社 SOHO 総研から、意思決定を行う母体企業としての株式会社ソアラサービス

へと社名変更を行った。ソアラサービスは〈地域貢献型株式会社〉であることを会社定款に掲げている。「地域の創造的産業の振興を中心とした事業を展開しながら、事業で得た利益の一部を地域貢献のために投下、分配する」[13]ところに大きな特徴が見られる。

　牛来のこれまでの活動はすべて広島という地域にこだわりをもって展開されている。そのことについて彼女は「会える距離」へのこだわり、そこから生まれる信頼関係こそが、結果としてお互いの仕事につながっていくと述べる［牛来 2004：68-69］。ここから SOHO と企業との win-win の関係が生まれるに違いないと信じている。株式会社ソアラサービスの設立を経て、同年 6 月にはビジネス拠点としての SO@R ビジネスポート[14]（広島市中区広瀬北町）を開設させるにいたった。

　現在、ソアラサービスでは、①「拠点事業」、②「モノづくり事業」、③「支援事業」という 3 つの分野での活動を行っている。前節での記述と重なる部分もあるが、ここでこれらの概要を簡単に整理しておきたい。

　まず、①「拠点事業」とは、それまでの広島 SOHO’ オフィスを発展させて、SO@R ビジネスポートと名付けられた。しかし、それは個人事業主や小規模事業所向けの共同レンタルオフィスのみにはもはや留まらない。ここにあって、SO@R ビジネスポートは共同オフィス、モノづくり、人育ての 3 つの機能を担うものとして明確に位置づけられている。まさしく、この点において、牛来による試みが他のインキュベータとは全く異なる最大の点である。また、ここでは、施設の開設以来、異業種交流、ランチ会など、入居者同士のコミュニケーションや外部との交流を大事にする“人肌感覚の交流”重視のスタイルをいまも大切にしている。牛来は図 2-1 で示されるように、これら 3 つが有機的に関連していることを説明する。

　②の「モノづくり事業」は多彩な発展を見せている。〈地場企業とクリエイターがコラボレーションする成功報酬型の商品開発〉の利点については、次のような整理が見られる［牛来 2013：33］。製造企業、当社（ソアラサービス）、クリエイターの 3 者が win-win になり、いわば三方よしの関係に立つとの趣旨である。すなわち、製造企業は企画やデザイン費等の初期負担がないので新商品開発に積極的に取り組める。そして、ソアラサービスでは共同で開発した商品が売れれば配分は増えるため PR に力が入り、売れる商品を生む可能性が高ま

第 2 章 "あったらいいなをカタチに"、等身大のロールモデルとして輝く広島の女性経営者　41

①②③の各事業は有機的に関わり合い、相互作用を伴って創発的な場を生んでいる

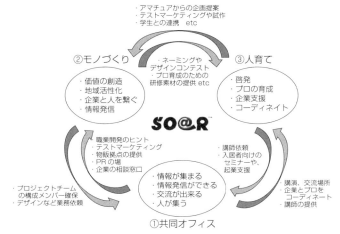

図 2-1　各々の事業から拡がる相乗効果
出所）牛来［2013：28］。

る。また、クリエイターの側は、開発に関わった商品が売れ続ける限り、収入が得られる。

　したがって、メーカーと当社とは、「創ったら終わりという一過性の関係ではなくてその後も二人三脚で販売を継続する」。「黒もみじ」の開発以後も、福山市の唐辛子入り「赤もみじ」、東広島市の酪農家産の牛乳入り「白もみじ」、庄原市の夏いちご入り「朱もみじ」などのもみじ饅頭のシリーズや、三次市のピオーネ入り「jewel（ジュエル）」や「ピオーネガトゥ」、広島菜でつくった「広島菜キムチ」、三次市の酒蔵とのコラボレーションによる辛口発泡にごり酒「SOARAN」などの商品を次々と世に送り出している［牛来 2013：33］。現在のところ、食品 22 種類、雑貨 9 種類、オフィス用品 2 種類、イベント食品 5 種類と、4 つのカテゴリーで合計 38 種類（広島の中小企業 30 社との連携）の商品を販売するに至り品揃えが各段に充実するに至った。[15]

　また、商品開発のコンセプトとして、当社では以下を強調する。[16]

　　① 企業とクリエイターのコラボレーション
　　　広島で活躍するクリエイターたちと地域企業とがタイアップし、商品の

企画、アイデアからネーミング、デザイン、販促戦略までをトータルでプロデュースする。時代を捉え、豊かな想像力を駆使して、ニーズにマッチした新商品やサービスを生み出す。

② クリエイター発オリジナル商品

感性豊かなクリエイターが、広島ブランドを価値あるものへと高める。広島の地域資源をベースに、その高いデザイン力と企画力に優れたオリジナル商品を開発。広島ブランドの構築と新たな市場開拓のために、創造性の高い、専門性のある技を駆使する。

③ 販売チャネルの創造

開発した商品を、販促支援によって確実に「売れる商品」へと導く。直営店やアンテナショップ、オンラインショップなど直販するほか、各種プロモーションを通して販路開拓・確保を行い、広島発のモノづくりを全面的に支援する。

ここで地場企業とクリエイターとのコラボ事例をいくつか紹介しておきたい。2008 年 1 月、この「インセンティブ契約制度」に基づいた竹炭入りの黒いもみじ饅頭「黒もみじ」が和菓子製造の（株）やまだ屋（広島県廿日市市）から販売開始された（写真 2-2）。フリーの健康管理士が食用竹炭の販売相談を牛来に持ちかけてきたことが「黒もみじ」誕生の発端である。そして、当社、SOHO 事業者のデザイナーやプロデューサーがチームを作ってやまだ屋に企画提案を行い新製品が実現した。おりしも、食用竹炭が整腸作用など健康に良いとして炭入りのお菓子の販売がブームになっていた時期でもあったことから話はとんとん拍子に進んだ。やまだ屋が試作品を製造し、SOHO チーム側は粉炭会社との交渉・試作品の検証・大型イベントでの試験販売を行った。試験販売用の千個が完売し、2008 年の元旦から発売することとなって、商品のパッケージデザインや販促ツールも当方で行うことになった。発売以来、通常のもみじ饅頭（1 個 80 円）よりも単価が高い（同 100 円）にもかかわらず、月間 3 万個を販売し続け好評を得ている。初年度でのこの「黒もみじ」の売上は約 3000 万円にも達した。

また、少し変わったものとして産学観のコラボレーションによる「新宮島伝説　守り砂」がある（写真 2-3）。安芸の宮島には道中の無事を祈るために旅人に砂を持たせたとの伝説がある。この商品は宮島最古の寺院である大聖院で祈

第 2 章 "あったらいいなをカタチに"、等身大のロールモデルとして輝く広島の女性経営者　　43

写真 2-2　黒もみじ
出所）株式会社ソアラサービスのホームページより
（http://soa-r.net/、2018 年 12 月 18 日閲覧）。

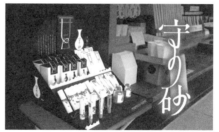

写真 2-3　新宮島伝説「守り砂」
出所）株式会社ソアラサービスのホームページより
（http://soa-r.net/、2018 年 12 月 18 日閲覧）。

祷した砂をお守りにしたものであり、願いが叶えば宮島に砂を返納するというコンセプトに基づく。株式会社ソアラサービス、対馬デザイン事務所、そして広島工業大学、さらに大聖院の連携事業による商品化の実現である。

　広島の中小企業との連携による商品開発に関してはさらに多くの事例があるがここではそのうちのいくつかに限って紹介しておく。まず、広島菜キムチについては、もともと鉄工所としての創業ののち樹脂成形の食品容器や珍味など各種食品を手掛ける企業、福山にある野菜の乾燥加工・健康食品の製造販売業、グラフィックデザイナーそして当社の 4 社連携によるものである。また、福山市のプロダクト＆グラフィックデザイナーと府中の家具工芸メーカーとのコラボでの―可動式デスクユニット―どこでもデスクなどの共同開発事例もある。これらの多くは食品や雑貨関連の商品が多く、牛来の身近なところでの商品開発思想が発揮できていると思われる。

　2016 年 12 月には、広島発 Peace ブランドの自社製品「EARTH Hiroshima」があらたに立ち上げられた。広島の製造業 300 社とクリエイターそしてソアラサービスが連携して、平和への願いを込めたグッズを創り上げ、売上の一部を広島市原爆ドーム保存事業基金などに寄付しようという狙いをもつ、国際平和都市 Hiroshima らしい取組みである。非食品の製造業とコラボし、雑貨やアクセサリー、文具等々の商品開発を進め、女性やインバウンド観光客の需要も開拓していくとの戦略である[17]。これまでのところ、開発商品は折り鶴フォントマグカップ、金箔の折り鶴栞、広島針ソーイングセット、折り鶴ブロックメモ、折り鶴フォント万年筆、EARTH トートバック、折り鶴フォント、EARTH ビ

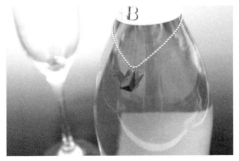

写真 2-4　折り鶴チャーム×ボッテガ社の
スプマンテ
出所）株式会社ソアラサービスのホームページより（http://soa-r.net/、2018年12月18日閲覧）。

ーズアクセサリー、折り鶴再生紙一筆箋、折り鶴チャーム、折り鶴化粧筆、EARTHけん玉などで30アイテムに上り、国内のおよそ35カ所で販売されるに至る[18]。いずれも、「平和」で世界と繋がり、世界から人が訪れる「広島」にしていきたいとの牛来の願いが根底に流れる商品群である。そして、彼女はバングラデシュ、ネパール、インドネシア等の発展途上諸国の素材を広島のクリエイターが商品化しフェアトレードする取組みにも関心を持っている[日本経済新聞：2011年1月12日][19]。さらに、2018年8月にはイタリアの醸造メーカーBOTTEGA（ボッテガ社）とのチャリティーコラボが実現した。**写真 2-4** はボッテガ社のスプマンテ（食前酒）のボトルの首に折り鶴チャームをつけたもので、ウィーン国連センターのレセプションでも展示された。なお、折り鶴チャームは広島のアートディレクター・グラフィックデザイナーがデザインしたものを、東広島のプラスチック成型メーカーと樹脂塗装業とが連携して製作したものである。

## 3　人づくり・人育て

　これまでの活動を通じて、牛来の狙いの1つは人づくり・人育てにもあった。
　もちろん、多様な交流会等の参加者とはあらゆる場面で接点があるし、数多くのセミナー等も開催されている。ここで特筆できるのは、連携するクリエイターや起業家たちとのコラボレーションによる人づくり・人育ての試みである。

例えば、カメラマンや編集ライター、プログラマーなどの 21 名の希望者が参加した「弟子入り型即戦力養成プロジェクト」（広島県緊急雇用対策基金事業）があったことについては先述した。学校や専門学校で知識は学んでくるものの即戦力としては使えないという問題を、プロに弟子入りし現場経験をさせながら即戦力を育てるという画期的な仕組を導入したのである。ただ、このプロジェクトについては、受け入れ側での負担が大きいことなどが指摘される［牛来 2013：34］。とはいえ、このような仕組は、求職者が 2 カ月の研修を受けたのちに各企業で OJT 研修を半年間受けるという「クリエイティブ人材養成輩出プロジェクト　ひろしま　はたらく　プロジェクト」（ひは。）に引き継がれた。ここでの講習・就業体験中は給与が支給された。このプロジェクトを通じて、120 名の求職者を受け入れ、その 75％が正規雇用や起業につながった。ソアラサービスではその後も多様なかたちでの人材育成関連プロジェクトを積極的にすすめている。

　牛来の行動は周辺の人たちにも大きな影響を与えている。ここでは 2011 年に牛来と出会い、そののち牛来のフォローを受けつつ起業を実現した Smile labo Collet 代表の田中よしこ氏を紹介したい（**写真 2-5**）。田中は自分確立メソッドの心理カウンセラー（マインドコンサルタント）として、「一人一人の心を輝かせ、美しい社会をつくる」理念とする会社を 2013 年に設立した（19 年に法人化）。当初は牛来の主催する創業支援セミナーに漠然とした気持ちで参加していたが、その場

**写真 2-5　田中よしこ氏**
出所）Smile labo Collet のホームページより（https://smilelabo-collet.com/、2018 年 12 月 18 日閲覧）。

46　第Ⅰ部　きめ細かな活動による地域活性化

でなんどかプレゼンテーションを行うなかで、牛来のアドバイスもあり、自分自身の強みを認識することができ起業を決心した[20]。

　田中が起業するに至るのは、彼女自身の経験によるところが大きい。30代まで感情コントロールができない自分に苛立ち人間関係もうまく築けていなかった。その後、自分なりに向き合い、解決方法を習得したこと、そしてカウンセリングやコーチングの経験を積むことで、気軽に通いやすく未来志向の自分になれる《心も笑顔も美人になるカウンセリング》をめざして開業した[21]。2017年からはクライアントの全員が持っていたお金への苦手意識を克服するために「お金にモテるマインドセッティング」のコースも立ち上げている。

## おわりに

　本章では、牛来の活動を中心に紹介してきた。その特徴点について、私は三点を指摘しておきたい。第一は、緩やかなネットワークを中核に、幾重にもなる人づくり・人育ての仕組が整えられてきたことである。硬直した組織ではなくて、関係する人たちが自由にものを言え、考えられる雰囲気づくりをなにより大事にする彼女の思いを表わしている。二番目は、牛来による起業支援活動はもちろん男女を問わず対象とするが、ソアラサービスに関心を示すのはむしろ女性が多いのではないかという印象を受ける[22]。それは、なによりこれまでの牛来の生きざま自体が周辺女性になんらかのかたちで良好なインパクトを及ぼしているのではないか。決して気負うことなく行動している（ように見える）彼女の行動が、まさしく等身大としての存在として周辺女性に受け容れられているのかもしれない。そして、第三は、広島への一貫したこだわりである。日本各地での講演や営業活動はもちろん積極的に行い、また最近ではソアラサービスによる起業活動支援が広島県の三次市でも進められている[23]。さらに、「EARTH Hiroshima」の外国展開も進められようとしている。しかしながら、彼女の活動はやはり広島を中心としたものである。平和都市への想いを大事にしたいということもあるが、まずできるところから着実に進んでいきたいとする女性ならでは考えに基づいている。ビジョンは長期的に掲げながらも、現実的には風呂敷を広げすぎず一歩一歩身近なところから活動してきたことが良かったのではないかと思う。

　さらに、本章で得たいくつかのインプリケーションをまとめておきたい。ま

ず、強調すべきは牛来のこれまでの活動の全てが、普通の〈専業主婦〉経験を
もつ女性のロールモデルであることだ。彼女はカリスマと呼ばれたり、スーパ
ースターのような存在をめざしたりしているわけではけっしてない。二番目は、
「あったらいいなをカタチに」との想いをストレートに表現し身近なところで
の新商品開発からスタートしたことである。当初は SOHO 事業者や自分たち
に「あったらいいな」という気持ちであったのが、その後ソアラサービス立ち
上げ以降は広島に「あったらいいな」というように変化していく。三番目は、
繰り返しであるが、広島という限定された地域へのこだわりである。広島への
こだわりは何より強い。そして、四番目は、牛来のこれまでの活動は、彼女自
身の動機からスタートしたものであるが、それが仲間との連帯感・絆重視に繋
がっていき、周辺へのメンターとしての役割も増えてきている。さらに、場の
確保から、弟子づくり〈人育て〉へと役割が拡がっている。五番目は、彼女が
最初から利益至上主義で動いてきたのではでないことである。けっして利益度
外視ではないが、利益はあくまで必要な事業をすすめるためのものであると考
えられている。[24]

　このように、彼女の活動は等身大のロールモデルとして輝きを持つ。〈専業
主婦〉経験を活かした人肌感覚をもつ "企業" が各地で誕生していく刺激を与
えている。地方創生の 1 つの参考事例としても貴重である。


注

1 ）本章は、牛来さんによる大阪商業大学でのご講演（2010 年 7 月）のほか、三回に及
　　ぶインタビュー（2009 年 3 月 19 日、2018 年 2 月 8 日、2018 年 12 月 17 日）を基に
　　している。インタビューを調整いだいた同社コーディネーターの立花洋氏、写真をご
　　提供いただいた岩本かさねさんにも感謝申し上げたい。
2 ）広島 SOHO' クラブのホームページより（http://www.h-soho.com/message/index.
　　html、2009 年 3 月 11 日閲覧）。
3 ）有限会社 SOHO 総研のパンフレットより。
4 ）広島 SOHO' クラブのホームページを参照した（2009 年 3 月 11 日閲覧）。
5 ）家賃収入を考慮すると、同オフィスを運営するには 6 人が「損益分岐点」と考えた
　　（中国新聞、2008 年 3 月 6 日）。また、開設当時の状況について牛来じしんは次のよ
　　うに述べている［牛来 2008：101］。「資金が無いので、古いビルを安く借り、中古の
　　机や椅子や書棚や電化製品等をタダで集め、手作りのパーティションで仕切っただけ
　　の簡易なつくり、入居者を募り、皆で汗を流して掃除をし、知人からトラックを借り
　　て荷物を運び込んだ。全員参加の会議を繰り返しながら、皆でルールを作ってきた。」

6）掲載にあたって費用が発生することから、「真剣に仕事に取り組むSOHOを選別するフィルターになる」［牛来 2008：62］。

7）「ただし、同じ企業さんから2度目の依頼があった時はスルーでやってくださいと言っています。いただくのは最初の時だけ。だから儲からないんです（笑）。SOHOを守りたいという気持ちから始めたことなので、できればコーディネート料は企業さんからいただきたかったのですが、それだと依頼がなく、仕方なく、SOHOの方からということにしたんです。」［牛来 2007：32］。

8）クライアントとSOHOとを直接に繋ぐことへのこだわりについて、牛来はSOHOと企業との間を縮めるということのほかに、元請として「プロダクション」が仕事を全て受けそれをSOHOに発注するというやり方には限界があるからだと説明する［牛来 2007：33］。

9）SOHO総研資料（平成20年度　地方の元気再生事業提案書（様式4））に基づく。ただし、同社の別の資料（「SO@R（ソアラ）プロジェクト全容」）では、最終目標が延べ床面積1000坪と記載されている。

10）詳細に関しては、SOHO総研［2009］を参照。このほかにも、牛来［2006：19-21；2009］なども参考にしてほしい。

11）『中国新聞』2008年4月1日付

12）全国から1186件の応募があり、広島市では本件のみが採択された。この〈社会実験〉に関しては『SO@R PRESS』創刊号（2008年12月）を直接に見てほしい。

13）具体的には次の2点が特徴として挙げられる［SOHO総研 2009：5］。① 複数の地場の有力企業などから「志ある」あるいは「応援」出資を受け、コンソーシアムを形成し、広く多くの意見集約をした上で事業を推進する。② 事業活動で得た利益のうち、株主・役員への配当には一定の制限を設け、内部留保を除いた差額を地域貢献のために投下・分配する。

　　なお、非営利型株式会社の先駆けとしては、「ちよだプラットフォームスクウェア」を運営するちよだプラットフォームサービス㈱の存在が全国的に知られている（「地域づくりの共通項　ビジョン・リーダーシップ・システム」NIRA政策フォーラム・シリーズ「地域マネジメント」より　http://www.yamori.jp/data/vision_leadership_system.pdf、2018年12月27日閲覧）。

14）ここでのSO@Rとは、人や企業が関わりあうことで相互作用で向上しあう様をイメージした造語である（「SOAR Press」、2013年10月31日、2ページ）。

15）同社のホームページ http://soa-r.net/mono/products/ を参照（2018年2月13日閲覧）。

16）http://soa-r.net/mono/concept.html を参照（2018年2月12日閲覧）。

17）『日本経済新聞』2015年10月29日付および2016年4月27日付。

18）2018年12月17日での牛来との面談。

19）例えば、折り鶴再生紙一筆箋では再生紙の原料として原爆ドーム等に手向けられた折

り鶴が使用されている。

20）2018 年 12 月 17 日での田中との面談。

21）Smile labo Collet のホームページを参照（https://smilelabo-collet.com/、2018 年 12 月 6 日閲覧）。

22）ソアラサービスのインキュベート事業に参加している入居企業は現在 70 社で約 120 人である。そのうち女性は 2 〜 3 割に留まっている。ただ、当社が毎年行う創業支援セミナー参加者の半数は女性であるという（2018 年 2 月 8 日での牛来との面談）。

23）現在、子育て中のママさんたちによるプチ創業への支援を中心とする。メルカリで販売するなどちょっとした「ビジネス」関心への裾野を広げたいというもので反応は多い。さらに、事業アイデアが明快な人にはともに事業化プランを作成するなどしている（2018 年 2 月 8 日、同 12 月 17 日の面談）。

24）「皆が必要とするものをビジネスとして事業化し、それを継続していくことに関心がある。それを自分の使命と考えている。世の中には必要だが他の人が手掛けようとしないことがあり、だからこそ私が実践したいというスタンスです。単なるお金儲けはやりたくない」（2018 年 2 月 8 日面談）。この発言から社会的起業家としても牛来の自負心が窺われる。

## 参考文献

牛来千鶴［2004］「SOHO と企業をつなぎ、新しいビジネススタイルを創出するコーディネート事業」『季刊　中国総研』8(3)。

―――［2006］「芸術文化の産業化を支援するには」『季刊　中国総研』10(4)。

―――［2008］「創発的集積地 SO@R（ソアラ）開設に向けて――集める・生み出す・見せる・動かす――」『経営システム』18(2)。

―――［2013］「起業家・クリエイターのパワーを地域に活かす！――創発的集積地「SO@R ビジネスポート」――」『日経研月報』426。

前田啓一・池田潔編著［2008］『日本のインキュベーション』ナカニシヤ出版。

SOHO 総研［2009］「『SO@R（ソアラ）』プロジェクト事業計画書――広島の「人」「モノ」創発プロジェクト――」2 月 5 日。

このほか、同社関連パンフレットや発表資料等、当社関連ウエブサイト　など。

# 第 3 章

## 女性の活躍と地域の未来創造

## は じ め に

　2015年8月28日に国会で、女性の職業生活における活躍の推進に関する法律（女性活躍推進法）が成立した。女性活躍推進法は、女性が働きやすい環境を作るための企業体制や社会体制の在り方の見直しを求めるものである。そのためには、女性にとって働きやすい環境について、また女性が働くモチベーションについて考える必要があるだろう。双方のニーズがマッチしてこそ女性が働きやすい活躍の場面が創出される。

　農村では女性が経営主体のグループや個人が起業する「女性起業」と呼ばれる起業活動が盛んである。農林水産省経営局就農・女性課調査「農村女性による起業活動実態調査」によると、2016年度の総数は、9497経営体と公表されている。ピーク時は、2010年度で、9757経営体であった。

　女性起業には、地産地消の食材を用いた加工食品づくりや直売所経営に携わる経営体が多い（**図3-1**）。なお、女性起業の定義についてであるが、農林水産省が女性起業を調査する際「農村女性における起業活動」として、「農村等に在住している女性が中心となって行う、地域産物を利用した農林漁業関連の女性の収入につながる経済活動（無償ボランティアは除く）であり、女性が主たる経営を担っている個別（単独）または、グループ（複数）の経営形態であるもの。また、「法人形態」とは、法人化して起業活動を行っている者を指す」と定義している。本章における女性起業の形態も本定義に準ずるものとする。

　ところで、女性起業には1億円以上の売上を上げている経営体（1.5%）、平成元年以前から続けている長期継続の経営体（8.7%）、法人化している経営体（15.9%）もあり、起業というよりも、企業として地域産業の一翼を担う勢いのある女性起業もある［澤野 2012：36-37］。地元産農産物の利用が多くなるほど、より多くの人数を抱えることは地域への波及効果が高いことを示している（前述の（　）内の数字は、2016年度農林水産省経営局就農・女性課調べの数値）。

第3章 女性の活躍と地域の未来創造　51

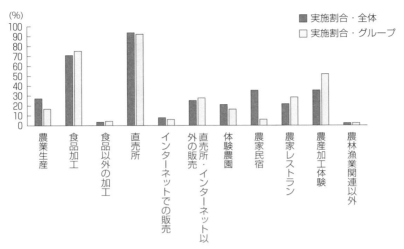

図 3-1　女性起業における事業の実施割合（2016 年度）
注）回答総数＝9497 組織。
出所）農林水産省経営局就農・女性課調べ「農村女性による起業活動実態調査」（2018 年 3 月）。

　波及効果が相対的に高いと考えられる、経営規模が大きい女性起業のリーダーに焦点をあてる。これらの条件を満たす対象事例として兵庫県多可郡多可町八千代区にある「マイスター工房八千代」を取り上げ、そのリーダーである藤原たか子氏の人物像に焦点をあて、従業員が働きやすい組織を生み出すリーダー像について考察する。

## 1　地域と組織の概要

### (1)　兵庫県多可郡多可町の概要

　マイスター工房八千代がある多可町は 2005 年に、八千代町、加美町、中町が合併した町である。2019 年 3 月 1 日現在、人口は 2 万人強で、京阪神から車で約 1〜2 時間のところにある。マイスター工房八千代は旧八千代町、現八千代区にある。山に囲まれた自然豊かなところで、農業は米が中心である。米以外の特産品には、平飼い卵や原木しいたけなどがある。また、現在は規模が縮小してしまったが、播州織という織物業が昔栄えた町で、大変景気の良かった時代には九州の方から女工に来る人もあった程の地域である。特別な史跡等の観光資源はあまりないにもかかわらず、1990 年代頃から、この八千代区は

**写真 3-1　滞在型市民農園（フロイデン八千代）の様子**
出所）筆者撮影。

全国的に名が知られるようになる。そうなった理由は、グリーンツーリズムという都市農村交流の先駆的な町として有名になったことである。この仕掛けの中心的役割を果たしたのが、当時の八千代町役場職員の細尾勝博氏である。細尾氏は、2003年国の観光庁主導で行われた第1陣第1号選定で選ばれた『観光カリスマ』の1人でもある。この細尾氏が町民を巻き込みながら、次々と地域資源を活かしたそれまで地域になかった新事業を展開する。

八千代区で歴史的に視察がある都市農村交流施設は滞在型市民農園である。山に囲まれた農村風景の中にドイツ風の建物が突然現れる（写真3-1）。他にも、ホテルとチャペルとレストランを備えた『エーデルささゆり』や、地域農産物や加工品の販売、豆腐作り体験などもできる食農交流体験施設『エアレーベン八千代』、温泉施設・レストランを併設し、加工食品づくり体験もできる『なごみの里やまと』などがある。これらの都市農村交流拠点施設は、単に施設があるだけでなく、地元住民が運営できる体制づくりと、都市住民に応援してもらえ、来てもらえるソフトの仕掛けづくりも同時に行っているのが特徴である。

### (2) マイスター工房八千代の概要

マイスター工房八千代は2001年に誕生している任意団体の形態である。代表は、施設長と呼ばれる藤原たか子氏である。現在、ここでは約40名が働いている。年齢は20〜80代までと幅広く、50歳以下も6名が働いており、農村の若い世代の就職の場となっている。

マイスター工房八千代を運営するグループの前身は、1977年に結成された

生活研究グループ「乙女会」である。このグループは、当時同地区で多かった貧血症状を改善するための緑黄色野菜の摂取を目的とした家庭菜園づくりや食生活改善を研究する会であった。時代が下り、食生活も徐々に向上すると、女性の収入増を目的とした菊作りを展開した。また、旧八千代町が始めた育林オーナー制度で都市から来る人に食事提供を行ったりもした。これら、「生活改善」「収益事業」「食事業」を展開してきた実績が見込まれ、八千代町内で開設されたコープこうべの組合員向けバンガロー型保養施設に併設の食堂で食事を提供することになった。この時に会を再結成し、「つたの会」という名称で9年間従事する。自分たちでも、何か新しい加工品づくりがしたいと思ったその頃、2001年にマイスター工房八千代が建築されることになった。そして、今度はそちらの運営を任されることになった、という経緯を持つ。

こうした歴史を見ると、マイスター工房八千代の運営は、先に記した八千代区内の他の都市農村交流施設のノウハウとは少し異なることがわかるだろう。まず見た目にも異なる（写真3-2）。マイスター工房八千代は、他の施設のように、ドイツ風の建物を新築したものではなく、農協と保育園の跡地を改修した施設だということである。また、施設の設置と同時に運営組織を育んできたのではなく、最初から組織があって、施設の設置の準備段階から、何を提供するのか等について組織のメンバーが、自分たち自身で考えてきたということである。

加えて施設には、喫茶や簡易郵便局も設置されている。『田舎のコンビニ』というキャッチフレーズで、地域住民の生活にも根付いた施設である。ここで

写真3-2　マイスター工房八千代の外観
出所）筆者撮影。

も運営主体である女性組織の意見がふんだんに盛り込まれ、女性専用のエステやマッサージルームがある。ただ、このコンビニは、木〜日曜日の週に4日だけ開店するコンビニであるのがユニークである。

### (3) 赤字から黒字への転換要因

2001年の初年度は、10月開店だったので、年度末まで残りの半年で約1000万円を売上げた。しかし運営当初は、電気代も払えないくらいの赤字だったそうである。だが、2015年の売上は2億7000万円となっている。2年目からは黒字運営ができているそうである。一般的に「赤字から黒字へ」と書くと、販路の拡大や経費削減のため原材料の変更をしたのではないかと思うのが普通だろうが、マイスター工房八千代の方法は違っている。

まず、『田舎のコンビニ』というキャッチフレーズがマスコミの目に留まり、テレビの取材も複数受けるようになったことで話題となり、賑わうようになる。PR効果が良かったと言える。

次に、ここで提供するメニューの工夫である。事業開始当初にメニューを決める時、「小さい頃に祝い事などがあると母が作ってくれた思い出の味である「巻寿司」を出そう」と藤原氏は考え、実行したが、当初は思い出の形、いわゆる一般的な巻き寿司を作って提供した。ところが、地元の人たちであれば家で作れるものであり、売上にはつながらなかった。そこで、商品には「インパクトが大事だ」と考え、試行錯誤の上、作られたのが**写真3-3**のような巻き寿

**写真3-3　天船巻き寿司**
出所）筆者撮影。

司である。厚焼き玉子の厚み、キュウリが半割で入っていることから、見た目に大変インパクトがある上、バランスのよい美味しさでも定評を受けることになり、田舎のコンビニの時以上にマスコミにも取り上げられ、口コミでその人気が一気に広がった。今では、開店前から並んで整理券を受け取らないと購入できない位の人気となっている。

　他にも、徹底的に無駄を省いた。すなわち、巻寿司などの商品製造過程で出てしまういわゆる捨ててしまえば生ごみの部分までを味に工夫を重ね、皆が食べたくなる商品に生まれ変わらせたのである。こうした商品がいくつか作られ、それらを「見捨てないシリーズ」と命名した。すなわち、マイスター工房八千代では、原材料の質を落とさずに、普通であれば捨てる部分までをも商品化することで、徹底的に無駄を省き、徹底的に味づくりとインパクトづくりにこだわったことで、マスコミが書きたい話題となり、結果的にPRができたといえる。

## ② 施設長　藤原たか子氏の経営理念の実現

### (1)　商品づくりと施設長のライフヒストリー

　藤原氏のアイデア商品は、巻寿司にとどまらない。マイスター工房八千代の商品には、大きく分けて、インパクト型と見捨てないシリーズ型に分類できる。例えば、インパクト型には、先に記した天船巻き寿司の他に、福おとめという女性の手のひらサイズ位の大きさで、あんこがすけて見えるほど入っている大福や10cm×25cm位ある鮭の押し寿司、鯖の押し寿司の大きさには本当に驚く。以前から同地域では、秋まつりに頭のついた姿ずしを食べる習慣があったそうである。頭をつけた魚の商品化は実際には難しかったため、頭はないと思われるが、それをほうふつさせるような魚の大きさがわかる良質の物を使っているのが特徴的である。

　見捨てないシリーズ型には、天船巻き寿司の時に出るキュウリの皮を使った「びっきゅうりジャム」と「はたけの野李何<sub>のりか</sub>」や、袋詰めの際などに自然に出る地元産干しシイタケの粉、豆腐を作る際に出るおから、そして衣に使うパン粉の一部に喫茶で出すパンの耳も使った「山里コロッケ」などがある。

　びっきゅうりジャムは、名前からまだ商品が想像できると思うのだが、「はたけの野李何」は想像できないであろう。商品を見ても、食べても原材料の想

像がつかないほど、海の「海苔」を思わせる。だからといって、海苔とも違うため、「何だろう？」と脳に刺激が与えられる食べ物である。キュウリの皮が原材料だとは一見想像できない。普通なら捨てられるところ、調理方法次第で、これ程美味しいものになるのかと感動が得られる逸品である。山里コロッケも、牛肉コロッケで感じる脂の甘味とは違う、おからなどによるやさしい甘味が特徴である。それだけだと味がぼやけるところを、黒コショウがピリリとする位にたっぷりきいているため、味にパンチが与えられ、後引く味わいになっている。

　こうした商品の開発は、全て基本的に藤原氏が行っているということである。商品の開発を行うには、さまざまなタイプの味、調理方法を知っていなければできない。こうしたことができる背景には、藤原氏の個人の資質によるところが大きいと考えられる。

　小学校4年生の時に父の事業が失敗し、一時はどん底の貧乏生活を経験している。その時、仕事で遅くなる両親に変わって、毎日10円をもらい、そのお金で材料を買って、晩御飯を作って兄妹と3人で食べていた。10歳の時の話であるから驚く。お菓子を買う余裕はなかったが、「貧乏がなんだ、負けてたまるか」と持ち前の負けず嫌いの性格でふんばったそうである。その時、さまざまな材料で食事を作り出すことで、「工夫する能力」が身についたと考えられる。

　結婚後も苦労があったそうである。40代の頃、外で働きながら、寝たきりの義母の介護が約10年続いた。大変だったが、自身の子どもが小さい時によく面倒をみてくれた義母の介護なので、一生懸命務めて見送った。その後は夫と娘2人と家族4人で幸せに暮らしていたが、義母が亡くなった5年後に夫が亡くなってしまった。自動車販売・整備工場を経営していた夫の仕事を娘と引継ぎ、切り盛りしようとした。頑張ってはみたが、夫の経営を承継するのは難しく、自信のないことはしない方がいいと決断し、その仕事はやめることにした。そして、自信を持ってできることは、やはり食べ物、料理に関することだと思ったそうである。JAにも約20年間勤めていた。その時、金融を担当する傍ら、店先での野菜販売品の売れ残りを使って、惣菜の製造・販売も8年位していたそうである。この時販売されていた物の特徴として、毎日同じ野菜が販売されていたはずである。したがって、同じ材料を使って、違う調理をする能力はこの時にも培われたと考えられる。

第 3 章　女性の活躍と地域の未来創造　　57

　また、そもそもの性格について、自身で「好奇心が旺盛で、1 つの事に集中するタイプ」と分析する通り、出張先などで出会う新たな料理があると吸収する貪欲さを持っているそうである。メンバーにヒアリングすると、昼食の賄いは、毎日藤原氏の手作り料理だそうで、出張先で出会った新たな料理もよく出るそうである。ちなみに、昼食の賄いは、藤原氏が朝から出張に出る際にも作っていくという。メンバーは、藤原氏の愛情を料理からも受け取っている。家族の健康、という生活研究をしてきた糧をここでも活かしていると推察できる。
　藤原氏は苦労もされたが、その時に踏ん張った経験が全て今の経営に生かされている。苦労した分、生きていく力に自信を持つことができたそうである。メンバーにもいつも自身の経験を全て生かさなければいけないと言っている。

### (2)　商品名の誕生と施設長のライフヒストリー

　マイスター工房八千代の商品は、当初 7 品目だったものが 700 品目にまでなっている。当店の商品名は、皆ユニークである。「びっきゅうりジャム」は、キュウリをジャムにする、という発想は当時あまりなく、みんなが驚くだろう、という名前である。「はたけの野李何」は、先に記した通り、きゅうりの皮を調理方法で海苔風に仕上げている。どちらかといえば韓国のり風である。人の名前みたいなところにインパクトがある。また、「これは何なのか？　のりなのか？」といった疑問文にもこの言葉は繋がる。「隆さまのばら寿司の素」の名称は、当時、韓国ドラマで「よんさま」という音が社会に広がっていた時につけられたそうである。社会とのつながりを常に意識している藤原氏ならではのネーミングセンスである。
　商品名だけではない。毎朝朝礼が行われるが、「目くばり、気くばり、心くばり」は毎日藤原氏がメンバー間で確認していることだ。壁にもこの言葉がかかっている。他にも「うちのモットーは、"人よし味よし笑顔よし"」「マニュアルやレシピ通りにやってもうまくいかない。美味しさの秘訣は "ベロメーター（舌で味を覚える）・カンピューター（感性を鍛える）・ハンドパワー（手先の器用さ）"」「あいうえおの心　"ありがとう　いつもにこにこ　うれしさを　えがおにかえて　おかえしを"」など、分かり易く、覚えやすく、なるほどと納得、思わず笑みがこぼれるユニークさを持つこれらの語録で、自身の経営を説明する。難しい言葉で説明するのではなく、インパクトを与えて説明するので、また人を惹きつけるのである。

藤原氏は、字も絵も味のあるものが書ける器用さを持つ。この味のある字や絵でも、人を惹きつける。字や絵は昔から書けたのではなく、この仕事を始めてから追及したそうである。好奇心旺盛の精神と、とことん考えて追及する集中力がこれらの語録を産んでいると推察できる。

　幼い頃、兄妹の分まで少ないお金でも豊かな食事を、と工夫をしてきた。苦労はしたが工夫をする知恵がついた。藤原氏は常に工夫することを心掛けている。自身が言った言葉には責任を持ち、誰よりも追求する。メンバーも施設長の追求力には脱帽だそうである。苦労は工夫につながる、経験は工夫につながる、と工夫することの大切さを身につけた知恵で皆に伝えている。

### (3)　メンバーのやる気を引き出す施設長の行動

　約40名を抱えるマイスター工房八千代は、地元住民の働き先として重要な存在となっている。女性が30名ほどであり、加工の中心は女性である。その他、駐車場の整理や整理券配布などで、地元の高齢男性が働いている。2013年からは農園も開設し、男性2名が農園で働いている。

　最も関わる人数が多い加工・調理担当の女性たちをまとめるために、女性ならではの組織体制を意識している。役職のあるのは施設長と会計のみで、惣菜係、味噌係、おから係など部門の責任者が各1名いるのみである。女性は役職があると、上の役職に就きたいと考えて、メンバーの批判をしたり、グループ化して固まってしまったりすることを懸念したものである。それらをなくすためにも、できるだけ役職は作らないようにしているそうである。ただし、それは結果的にリーダーにかかる負担が大きくなる。施設長としての役割には、バイヤー、クレーム対応なども入る。その上、藤原氏は商品の質が落ちないようにと、毎日、味や商品の見た目をチェックする。施設長のチェックでOKが出なければ出せないし、毎日1500本、多い時は2000本ほど作る巻き寿司であるが、巻いている間も巻き方にチェックが入る。卵焼きの焼き方にもチェックが入る。最終段階の包むときにもチェックが入り、合格したものしか店頭に並ばない。1つ1つ手作りで、巻寿司だけでも作り手が10名ほどいるが、作り手による差はほとんどないといってよい。常連の人になると、巻き手のファンがいるそうではあるが、普通の人にはほとんどわからない。それが実現できているのは、毎日の藤原氏のチェックのおかげといえる。メンバーは、常に藤原氏からかけられる言葉で奮起するし、修正もできるので感謝しているというこ

とである。第3者の目から見ると、商品づくりの時には厳しいまなざしでチェックするため、どうしても叱っているように見えるし、相手は1人ではないため、ずっと小言を言っているようにも映る。一見、はらはらもするが、これが藤原氏の人材育成手法で、愛情のある指導方法である。誰よりもよく動き、誰よりもよく気が付く。「施設長が動くと、動くところから物が片付いていく」というメンバーのこの言葉が端的にその事実を表現しているといえる。メンバーは、施設長に対して尊敬の気持ちは持っても、負の感情を持つことはない。メンバー間も仲が良い。その理由について、「同じ目標に向かって進む仲間だからだと思う」とあるメンバーは分析していた。また、もしもメンバー間でいざこざがあっても、その日のうちに施設長が仲裁して解決するだろう、ともメンバーの1人は語っていた。施設長への信頼が厚いことがわかる。藤原氏は、商品づくりだけでなく、組織づくりも商品づくりと同様に目配り、気くばり、心配りの精神で解決しているようである。

　メンバーの給料は毎月手渡しで、同時に食事会と定例会が行われる。給料は多い人で月に20万円にもなる。ボーナスも年に3回支給がある。また年に2回は全員で旅行にも行く。朝は早い人で2時に出勤する。他の人は3時か4時から出勤する。これだけを聞くと大変だと思うだろう。しかし皆が同じように出勤し、朝食も皆でとるなど、楽しいこともたくさんある。労働を単なる対価を得るための手段と考えると、この働き方は大変だが、共同、助け合い、そして楽しみ、という意識が芽生えることで、労働は充実するということをマイスター工房八千代は教えてくれている。働くことの原点がここにはあると思われる。

### ⑷　メンバーが継続して働けるための施設長の行動

　メンバーは家族であるし、メンバーの家族のおかげ、地域の人のおかげでマイスター工房八千代は経営が続けられている、と藤原氏は考えている。そのため藤原氏は、メンバーの家族への気配りも行っている。

　仕事以外の悩み、家庭や嫁姑問題などの相談を受けることもよくあるそうだ。メンバー間にも多世代がいるので、メンバー間でも互いに悩み相談をするそうである。60代以上の人で昼食を取りながら話をしていると、最後には介護の話になる、という位、家族内の情報交換が行われている。

　子育て中のスタッフに藤原氏は特に配慮しているそうである。朝4時に出勤

しても、6時に一時帰宅し、子どもを送り出してから再び仕事へ、また夕方に
も子どもが帰ってくるころに帰宅し、晩御飯の準備を済ませてから、再び出勤
という体制も認めている。このような勤務体制は、それ以外の人に負担がかか
ることになるが、それでもスタッフ同士「おたがいさま」と暗黙の了解で認め
ているという。仕組的には、給料は全てタイムカード管理による時給制のため
にとれる体制ともいえる。

　スタッフの家族、子どもたちにも「ありがとう」の気持ちを忘れずに、その
ことを形にしている。スタッフの子どもたちの入学式、卒業式には、鯛やお肉
をプレゼントし、夏休みの最終日にはレストランを貸し切りにして、スタッフ
とその家族を招いて食事会をする。バレンタインには、各家庭の男性たちにプ
レゼントがある。敬老の日には高齢のメンバーの両親にもプレゼントがある。
単にプレゼントを渡すだけでなく、必ず感謝の気持ちを書き添えた手紙もつく
というから本当にすごい気くばりである。

　近隣の人たちにも、よそから車がたくさん来るなどの迷惑をかけることもあ
るので、時々お寿司を持っていくそうである。子どもたちの教育、食育にも協
力的である。地域内の小学校6年生の調理実習で教えたり、夏休みチャレンジ
やトライアルウィークで中学生にも巻き寿司の巻き方を教えたり、保育園と幼
稚園が一緒になったキッズランドでも10mの巻き寿司作り体験をさせてあげ
たりと、年齢に応じてできること、そしてインパクトのある思い出になるよう
な工夫をしている。巻きずし体験をした中学生が卒業後、アルバイトにくるこ
ともあるそうである。未来のメンバーになるかもしれない。大人たちの心配り
が多可町の子どもたちを育んでいる。

## (5)　マイスター工房八千代と地域農業の変化

　マイスター工房八千代の売上が伸びることは、地域の農業を変えること、農
業の維持にも繋がっている。マイスター工房八千代では、年間60t以上の米
を使用している。全国の平均単収532kg（2017年産、玄米1.7mm以上）で換算
すると、11.2haの水田維持に繋がっている。キュウリも味にこだわり「四葉
キュウリ（スーヨーキュウリ）」を使用する。このキュウリは歯ごたえが良いの
が特徴である。すなわち密度が高いということになるのだが、そのため、一般
的なキュウリに比べると成長に時間がかかる。また、品質にこだわるため、土
づくりにもこだわらなければならない。地元では、4名の農家がこの考え方に

理解を示し、大変な四葉キュウリの栽培を行っている。

　生産者が理解を示すという意味は、文字で見るほど簡単なことではない。アイテムが増えるアイデアを商品化するということは、食材アイテムが増えることも意味する。すなわち見捨てない原材料を商品化するということは、新たな原材料を必要とすることでもある。原材料について、まずは地元からの供給を求める姿勢のため、地域の栽培作物の種類を増やすよう依頼する場合もあるだろう。キュウリでも単なるキュウリではなく、品種を特定することで、そのための栽培に関する技術の理解を促進するなど生産者には負担となることもある。マイスター工房八千代用に提供する米、野菜を栽培している地元の人たちはマイスター工房八千代のための部会を作っている。年度計画や栽培方法などについて、話し合う機会を持つ。経営維持のためには、新たな商品開発は必要だとされている。そうした状況を維持するために、生産者とのコミュニケーションは常に図っておかなければならないことがわかる。組織の内部だけでなく、関係する外部の組織、すなわちステークホルダーにも気くばり、心配りの姿勢で良好な関係性を保っている。

　露地栽培のキュウリの旬である6〜8月は多可町産や隣町など兵庫県産を使用するが、キュウリの旬以外の11〜5月は、宮崎県や熊本県の農家と契約栽培を結ぶこととし、年間消費量を確保している。卵は多い時、1回で2000個ほど使用する。全て地元産である。椎茸は毎日10kgほど炊かれる。これも地元産がある場合には地元産を使用するが、足りないため熊本産も使用する。以前は原木椎茸を使っていたが、栽培していた生産者が亡くなったため、現在は菌床の椎茸だそうである。他にもコロッケ用のジャガイモやタマネギ、喫茶の方でよく使用する野菜などの調達について、地元生産者からはもとより、2013年からは、自分たちの農園「マイスター農園」も開設した。ここでは、若い男性の雇用にも繋がっているし、農地の保全にもつながっている。

## ③ 組織論からみたマイスター工房八千代

### ⑴ 女性起業が複雑な現代社会を乗り切るための概念整理

　現代は、グローバル化やデジタル情報産業の拡大により、企業にとって必要なのは、知識社会あるいは脱工業化社会といわれ、めまぐるしく変わる社会に企業が適応するためのキーワードは「価値創造」と「変革」といわれている。

62 第Ⅰ部 きめ細かな活動による地域活性化

この複雑な現代的課題の解決に P2M を活用することが提案されている。

　P2M とは、「プログラム＆プロジェクトマネジメント」の略称で、プログラムとプロジェクトの関係性は、「複雑で大きな命題解決のために、複数のプロジェクトを組み合わせて解決するが、この目的達成のために複数のプロジェクトを適切に組み合わせた統合的な活動をプログラムとよぶ。」とある。この P2M を学ぶということは、プロジェクトとプログラムをどのように組み合わせるか、または組み合わせるための手法について学ぶことといえる［日本プロジェクトマネジメント協会編著 2018：26］。

　女性起業には、加工製造・調理に加えて、卸売・小売を実践するという複数の事業形態を 1 つの組織が有する高度な経営体制がよく見られる。加えて、農業生産を組織で行うということもしばしば見受けられる。農業生産には、動植物の成長を促す知識と技術という不安定要素が必要である。また、小売業も他所からの影響をダイレクトに受けるため、やはり不安定要素がある。このように不安定要素がある農業生産と小売業を組み合わせるということは、何通りもの場合があるということになる。また、女性起業の多くは地元密着型といえる。したがって、チェーン店展開など経営規模の飛躍的な拡大は望めない。人材についても、地域住民グループが経営する女性起業では、人材を遠方から求めるのではなく、近くに住む人材をいかに育成するかが経営を維持するための必要条件である。人材育成に成功する女性起業だけが一般的企業と肩を並べる経営体になれるといってもよいだろう。

　そこで、人材育成に関して、複雑な時代を乗り切るための P2M の人材育成手段の概念にそって、マイスター工房八千代の経営成功要因を考察する。

## ⑵　プログラム・プロジェクトによる人材能力基盤

　一般企業では、人材基盤の形成手法について図 3-2 のように考えるとされている。これに照らし合わせてマイスター工房八千代の人材基盤づくりを考察する。①の必要な要員の考え方について実態を元に考えてみる。起業当初は、共に調理をしてきたグループがメンバーのため、調理をすることにある程度の自信はあったと思われる。いわゆる専門性である。しかし、すぐに売上が伸びたことから、生産量を増やすには新しい人員を求める必要があった。その時、あの特殊な形の巻き寿司を巻くには技術が必要と思われるが、ヒアリング結果では、巻き寿司を巻く技術が最初からあるよりも、かえって一から巻き寿司を始

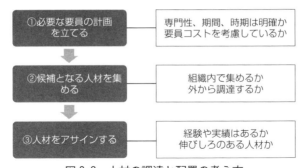

図 3-2　人材の調達と配置の考え方
出所）『P2M　プログラム＆プロジェクトマネジメント　標準ガイドブック』p.683 より引用。

める方が上手く巻けるようになるということであった。したがって、マイスター工房八千代が要員に求める専門性のうち、技術力を保持する者という条件は必要ではなかった。むしろ性格を考慮する必要があり、結果的な条件として、素直な性格を持ち合わせる人材が良かったということになる。また、期間という観点からは、できる限り仕事を続けてもらうことが重要と考える。そのためには、50歳以下の若手の方が相対的に良いといえるだろう。また、地域おこしの取組みであり、そのことを理解する人物であること、朝早くからの出勤を可能とする者、という条件であれば、近くに住む者でなければならない、という条件がある。要員は必要と考え、募集するわけであるが、図 3-2 の①の右にあるような一般的な要件はわずかと言ってよいだろう。

　次に、①の要件を満たす人物の中から②の人材という流れになるわけだが、②は仕事の体制との関係があると考えらえる。すなわち、一般的に企業は分業体制をとっているため、人材が求められている部門に合致する人物を組織内外から調達する必要があるだろう。しかし、マイスター工房八千代では、ある程度の担当が決まっている事と、部門のリーダーは決まっているが、手の足りないところへ誰もがフォローに入れるよう多くの者が技術力を身につけ、フォローに入れる体制をとっている。完全な分業体制という訳ではない。したがって、人材を調達しようと思う経緯の時には、すでに組織内のメンバーでは数が足りない場合ということになる。そのため、人材を集める時とは、外部人材を得ることである。①の分析で示したように、要員は就業後に必要な技術を得ることができるという点からも、②の候補は外部者となる。先に示したように事業の

64 第Ⅰ部 きめ細かな活動による地域活性化

継続性という観点からは、相対的には若手の方が組織にとって都合がよいと考えられるが、本要件も絶対要件ではない。また特に女性を募集する場合には、就業体制が家庭の事情も考慮されていることをアピールポイントとして示すと集まりやすいと考えられた。③については、藤原氏が常に各人の仕事に対するチェック機能を持つことで、能力を伸ばすことができている。また、メンバーへの聞き取り調査からは、それぞれが自分に任せられている仕事を心から楽しんでいることが聞かれた。つまり、藤原氏の目配り力のおかげで、適材適所への采配ができていると考えられる。経験や実績による人物の持つ能力や伸びしろを評価して配置するのではなく、採用後に能力を伸ばすという人材育成に力を置いて、適材適所の配置をしている点が特徴といえる。

### (3) リーダーシップ論からみた藤原氏の位置づけと自己組織化

　ここまで、藤原氏の行動からみたマイスター工房八千代の運営を明らかにしてきた。藤原氏がいなければマイスター工房八千代は立ち行かないと思われがちである。実際にそれは否めない点ではあるが、同時にメンバー自身が自分の行動に責任を持ち、人手不足などで困っている部門があれば率先してその部門に関わる様子から、メンバー自身も自立ができているといえる。またメンバーは藤原氏の思いを自分の言葉で語ることができる。つまり、藤原氏とメンバーとは同じ方向を向く仲間であり、だからこそ事業が拡大していると考えられる。

　こうした動きを「自己組織化」という。自己組織化とは、自らの組織構造に依拠しながら、自律的に秩序を持つ構造を作り出す現象のことをいう。経営体の場合でいえば、リーダーの理念の考え方が従業員に浸透し、従業員の側もその理念に沿った行動をするということである。こうした行動とは、経営体という組織の継続が図られるために必要とされている。そうなっている理由を考察してみたい。

　**図 3-3** にある三隅の PM 理論の分類で考えてみる。図にある P（業績達成能力 Performance）と M（集団維持能力　Maintenance）の 2 つの機能概念は、本来は集団の機能をあらわす概念であって、リーダーシップそのものではない。この集団的機能概念によって、リーダーシップを客観的にとらえようとするのが「リーダーシップ PM 論」である［三隅 1986：71-72］。この P と M の類型とその意味については**図 3-3** に記す。[1]

　藤原氏はもちろん PM 型のリーダーといえる。しかし藤原氏の目標は数値

第3章 女性の活躍と地域の未来創造　65

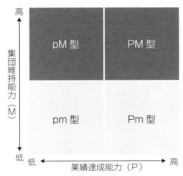

図 3-3　三隅二不二の PM 理論
出所）日本プロジェクトマネジメント協会編 [2018：693] より引用 [三隅 1986：71-72]。

で示すのではない。どのように行動をとればよいのかが組織の目標で、メンバーには、標語形式で伝達している。標語型の理念伝達方式と毎日の朝礼での確認のおかげで藤原氏の言葉を全員が復唱できると考えられる。加えて藤原氏は、加工・調理の仕事場に朝から一緒に立ち、話しかける方式、そして誰よりも仕事を率先する姿勢、まかないの昼食を作る行動、家族の事を含めた個人的な悩み相談への適切なアドバイス、メンバーの家族のことを大切にする姿勢などに触れることで、メンバーは藤原氏に絶対的な信頼を寄せている。藤原氏の伝達する言葉は標語形式なので、わかりやすいと言えばわかりやすく、覚えやすいが、その言葉の真意を掴むには、考え抜かなければならないと思われる。信頼している藤原氏の言葉だからこそ、真摯に受け止め、その意味を自分なりに理解しようと努力することが、結果としてメンバー各自の自立した行動に繋がっていると考えられた。

(4)　**組織継続のための今後の課題** ──藤原氏の能力の分業化──

　これだけの能力を兼ね備えたリーダーはなかなかいないが、地域経済を今後も牽引するためには、売上を維持する必要がある。そのためには本章で考察した組織の条件をそろえなければならない。すなわち藤原氏の能力の一部ずつを持つ人材の内部化である。

　藤原氏が行ってきた組織内でのコミュニケーションと外部とのコミュニケーションの手法が女性起業の維持には必要であることが示唆された。マイスター

工房八千代の場合、既に仕入は各部門の責任者が行っていることから、実践できる可能性があると思われる。もう1つ売上に大きく貢献している商品づくりについてである。見捨てない精神を持って、とことん味の追求にこだわる商品づくりができるよう、藤原氏が持つ能力「"ベロメーター（舌で味を覚える）・カンピューター（感性を鍛える）・ハンドパワー（手先の器用さ）"」の継承である。少しでも本能力に近づける人材を確保する、あるいはこういった人材を育てるプログラムの開発が必要であると考えられた。

　農村の女性起業において、現在、優良事例とされる組織は、リーダーの存在が大きい。今後も女性起業が継承されていくためには、組織の構造分析と、地域内という限られた人材で各能力を継承するためのシステム化を開発する必要がありそうだ。人材が地域内である必要は、女性起業が地域おこしから始まっており、地域内でその存在を認め続けてもらうことも必要条件だからである。現状の農村では、地域でのコミュニケーションをスムーズに図るため、共に地域を支えてきた家系の人材である方が有利であると思われる。ただし、このことを明らかにすることは今後の課題である。

### 注

1）リーダー論のＰとＭは、先の P2M 理論のＰとＭとは意味が異なることに注意されたい。

### 参考文献

荏開津典生・鈴木宣弘［2015］『農業経済学　第4版』岩波書店。

大泉一貫・津谷好人・木下幸雄ほか［2016］『農業経営概論』実教出版。

澤野久美［2012］『社会的企業をめざす農村女性たち』筑波書房。

日本プロジェクトマネジメント協会編［2018］『P2M　プログラム＆プロジェクトマネジメント　標準ガイドブック　第6版』日本能率協会マネジメントセンター。

三隅二不二［1986］『リーダーシップの科学——指導力の科学的診断法——』講談社。

Kegan, R. and Lahey, L. L. ［2016］*An Everyone Culture Becoming Deliberately Development Organization*, Boston: Harvard Business Publishing Corporation（中土井僚監訳・池村千秋訳『なぜ弱さを見せあえる組織が強いのか』英治出版、2018年）.

第4章

# 北九州の惣菜屋による
## 地域コミュニティ再生にむけた挑戦

## は じ め に

　地域が抱える社会的課題とは、そこに生活する人の存在と生存に直結する課題であるといえ、地域活性化を考える場合に避けて通ることはできない。現在、社会経済システムの変化に呼応するように政府や自治体といったパブリックセクターは市場性を強め、プライベートセクターといった市場や企業は社会性を強めているが、我々は、これら2元論では解決しきれない多様かつ複雑な社会的課題に直面している。これまで日本では、社会的・公共的な地域の抱える諸課題に対して、政府・自治体がその中心的役割を担い、政策や制度で対応を図ってきた。現在、地域の社会的課題はその複雑化・多様化とともに膨張傾向にあるといえるが、一方で、財政的な制約や求められる行政サービスの対応限界など、旧来の行政主導による地域の課題解決に限界が生じていることもまた事実である［池田編 2014：1-14］。こうしたなか、地域の社会的課題解決の重要な担い手として、ソーシャル・ビジネスやコミュニティ・ビジネス[1]に注目が集まっており、現在、国をして「新しい公共」と位置づけるほどに大きな期待が寄せられている［池田編 2014：13］。

　そこで本章では、全国のなかでも高齢化が一段と進む北九州市で、都市部高齢者の食事問題と社会的孤立問題の解決を目的として三村和礼氏（以下、三村氏）が創業した惣菜屋の取組みを取り上げる。三村氏の惣菜屋によって展開されるソーシャル・ビジネスが、どのように地域の社会的課題解決を図り、地域活性化に繋がっていったのかという点について、その「仕組づくり」も含め明らかにしていく。

68　第Ⅰ部　きめ細かな活動による地域活性化

## 1　北九州市が抱える深刻な高齢化問題

### (1)　全国平均を上回る高齢化率

　2018 年現在、北九州市の高齢化率は 30.1％と全国平均 28.0％を上回ってお
り、全国政令指定都市の中でも、高齢化率、総人口に対する後期高齢者の割合、
高齢者人口に対する後期高齢者の割合、すべてにおいて全国 1 位となるなど、
医療、福祉のみならず地域福祉分野全般における多面的な対策が急務となって
いる。

　北九州市では、1993 年に「北九州市高齢化社会対策総合計画」を定めて以
来、地域住民や地域活動団体、保健・医療・福祉関係者、NPO・ボランティ
ア団体、民間企業、行政などの連携により地域福祉の推進に取組んできている
が、一方で、北九州地域における 1 人暮らし高齢者の増加や核家族化の進行、
人々の価値観や生活様式の多様化に伴う福祉に求められるニーズが複雑・多様
化しており、従来の行政が提供する福祉サービスでは解決が難しい問題がふえ
つつあることが近年指摘されている［北九州市 2017］。

### (2)　北九州市で進む高齢者の社会的孤立問題

　政令指定都市の中でもトップの高齢化率となっている北九州市では、高齢者
の「孤立死」が大きな社会的課題となっており、その前段階である高齢者の
「ひきこもり問題」についても指摘されるなど、今後の早急な対策が求められ
ている。

　株式会社野村総合研究所［2013］による「「孤立死」の実態把握のあり方に
関する調査研究事業報告書」では、「孤立死」や「独居死」に対する調査が 4
つの自治体を対象に実施されている。「孤立死」や「独居死」については、全
国的な公式の定義が存在しておらず、各自治体によって集約プロセスの違いや
不明確さから実態の把握が難しいとされているため、表 4-1 の集計値はあくま
で参考値として捉える必要があるものの、各自治体と比較しても北九州市の
「孤立死」の多さが示されている。

表 4-1　各自治体における孤立死比較（参考値としての比較）

| | 北九州市 | さいたま市 | 立川市 | 横浜市 |
|---|---|---|---|---|
| 孤立死件数 | 2011年 | 2012年7月〜2012年12月 | 2011年4月〜2012年1月 | 2007年4月〜2007年12月 |
| | 290 | 52 | 27 | 130 |
| 孤立死発生状況の把握方法 | 統計的なデータ把握は行われておらず、2008年以降参考データとして福岡県警察より「65歳以上の独居死」に関わるデータ提供を受けている。 | 2012年から孤独死・孤立死の疑いのある事案に関して、出動した救急隊から報告を受けた消防局が市へ情報提供する仕組にて把握。 | 高齢者福祉課及び生活福祉課が把握。件数には、「孤立死」とみなすことができない「孤独死」が含まれる。 | 2007年に健康福祉局高齢健康福祉課により65歳以上の高齢者を調査対象に「高齢者の孤独死に関わる調査（高齢者孤独死調査）」を実施。 |

出所）株式会社野村総合研究所［2013］の調査結果をもとに筆者作成。

## 2　団らん処和菜屋による地域の社会的課題解決にむけた挑戦

### (1)　団らん処和菜屋について

　団らん処和菜屋（以下、和菜屋）は、2015年7月に開業した惣菜屋である（写真4-1、4-2）。作業療法士、ケアマネージャーの資格を持つ三村氏が、都市部高齢者の食事問題と社会的孤立問題の解決を目的に、当初、個人事業主として北九州市にあるUR金田団地の1階テナント空店舗にオープンさせた。和菜屋の

写真 4-1　店舗外観
出所）筆者撮影。

写真 4-2　店内の様子
出所）筆者撮影。

事業内容は、主に UR 金田団地に住まう高齢者や近隣地域の住民に対して手造り物菜の製造・店舗販売を行うほか、身体機能に課題を持つ少数の高齢者に対して宅配も行っており、食事・会話・他世代間コミュニケーションを重視したサービスが提供されている。

## (2) UR 金田団地の当時の状況[7] ——高齢者を取り巻く社会的課題——

　ここで、和菜屋が開業する前後当時の UR 金田団地及び地域の現状について整理したい。UR 金田団地とは、金田 1 丁目団地と金田 2 丁目第 2 団地で構成され、総戸数 1015 戸を有した北九州市を代表する大規模公的賃貸住宅団地である。賃貸住宅の管理開始年度は、金田 1 丁目団地が 1973 年、金田 2 丁目第 2 団地が 1980 年となっており、古い建物で 46 年を経過している。現在では、建物や設備の老朽化が進んでいるほか、部屋全体が寒いなどといった機能的な問題もあり、ハード面に多くの課題を抱えている団地である。[8]

　一方で、住民や地域コミュニティに関わるソフト面にも大きな課題を抱えている。周辺地域に比べて高齢化率が高い UR 金田団地では、高齢者の孤独死・[9]孤立死や認知機能低下に基づく徘徊事例が年に数度発生している。[10]また、団地に住まう単身高齢者の中には菓子パンで 1 日の食事を済ますなど食事問題を抱えているケースや、10 日間人と話をしていないなどと社会的孤立状態にある高齢者が見受けられた。そして、明らかに介護・医療が必要な高齢者が存在するも、「申し訳ないから」とか「相談の仕方がわからないから」などといった理由から公的な介護制度を利用していないケースも確認されている。自治会（町内会）や子ども会などが既に崩壊し地域コミュニティが機能しておらず、市政だよりや回覧板をまわすことにも苦労しており、隣の住人がどのような人かわからないといったケースも多い。過去に団地住民で開催していた運動会などのイベントも中止となっており、団地内のお祭りなども現在では行われていない。北九州市の金田地域を担当する民生委員等からは、団地内の高齢者住民の情報入手が極めて困難な地域であるとの声もあがっており、UR 金田団地は、さまざまな理由から地域コミュニティが崩壊、機能していない、危機的な地域であったといえる。

## ⑶ 社会的課題の認知と和菜屋の起業、そしてビジネスの拡大まで

### ① 病院勤務の経験を通した社会的課題の認知と起業への想い

　和菜屋の創業者であり、現在、代表取締役を務める三村氏は36歳。起業前は、大学卒業後に作業療法士として10年間、北九州市にある病院の回復期リハビリテーション病棟に勤務していた。当時、三村氏は患者との会話のなかで、毎日の買い物が容易でなく1人分の食事を作る面倒さなどから退院後にまともな食事をとっていない高齢者が多いことや、隣近所の住民や地域との交流がなく引きこもってしまうことで、社会的孤立状態にある高齢者が多い現実を知り、そういった高齢者が入退院を繰り返す度に、健康レベルや認知機能の低下が起きていることを目の当たりにする。病院勤務の作業療法士ができることにある一定の限界を感じ、日常的に高齢者の健康を維持できる取組みができないものかと考えるなかで、これらの問題をなんとかしたい、そういった想いが日に日に強くなり起業を決意、10年間勤務した病院を退社している。この時、起業にむけた詳細の計画があったわけではない。退路を断ち、自らを追い込むことで必ず起業をなしとげたいという使命感に基づいた勇気ある行動とはいえるものの、周囲からみれば無謀ともとれる決断でもあった。

### ② ビジネスモデルの構築と開業へむけた事業開発

　和菜屋の開業への道のりは非常に険しいものであった。三村氏は、起業への想いを募らせるなかで、それを実現すべく病院勤務の傍ら北九州市にあるビジネススクールに通いMBAを取得するなど経営に対する基本的な知識を養ってはいたが、これまで病院勤務の作業療法士としての実務経験しかなく、経営はおろか飲食業の経験も店舗開業の経験もまったく無かった。自ら行った北九州市の高齢者人口密度調査からUR金田団地に出店先を決め、1階テナント部の空き店舗を仮契約できたものの、ここから計画がとん挫することになる。

　病院を退職後、三村氏は、自身の頭のなかで描く漠然とした事業コンセプトを以前の上司や同僚などに熱意をもって説明するも、周囲の理解と協力、賛同を得ることはできなかった[11]。くわえて、三村氏に対する資金面の不安から最初に相談した地元の工務店からは店舗建築を断られることにもなる。八方塞がりの状況のなか、2014年12月、困り果てた三村氏がビジネススクールの同級生に相談したことをきっかけに転機が訪れる。この同級生のアドバイスと協力のもとで、店舗建築にむけた工務店探しなどの作業を一旦ストップさせ、ビジネ

スモデルをはじめ詳細の資金計画までをも含んだ企画書の作成に着手し、2カ月かかるも苦労してこれを完成させた[12]。三村氏は、この企画書を持って自ら事業説明を行い、惣菜事業を通した高齢者支援の重要性を訴えたところ、店舗建築を請け負ってくれる建築士と工務店、地域の信用金庫、インテリアメーカーと建材メーカー、オープン当初から和菜屋で勤務することになる従業員らが賛同してくれた。開業にむけたさまざまな協力を得られたことで具体的な事業開発が進み、2015年7月に和菜屋はUR金田団地にオープンすることになる。

### ③ 地域に普及していく和菜屋のソーシャル・ビジネス

　和菜屋がターゲットとする主な顧客は、団地内に住まう高齢者であるが、現在では、小さい子連れの主婦や1人暮らしの若者、サラリーマンなど周辺地域も含めて多くの人が店舗を利用するようになっている。店舗内のイート・イン・スペースでは、高齢者がお茶を飲み、来店する子供やそのお母さんとの会話を楽しむ姿をたびたび目にすることができ、定期的に高齢者を対象とした生け花教室や健康についての勉強会なども開かれている。また和菜屋には、決まったメニューが存在しない。季節に応じた新鮮で旬の素材を仕入れることで惣菜が提供される。日常的に行われる会話のなかで、高齢者の食事に対するニーズを積極的に取入れた商品開発・惣菜提供が行われており、これらが店舗スタッフと高齢者とのコミュニケーションにも一役かっている。和菜屋は地域の台所、家族が集い会話を楽しむリビングのような場所となることで地域になくてはならない存在として認知されている。惣菜に使用される多くの野菜やお米は、三村氏の実家が所有する和彩屋農園で栽培され、地域の農家や市場の仲卸業者とも連携することで仕入れが行われている[13]。

　一方で、三村氏は、来店する高齢者の健康相談や身体の状態から介護施設や病院を紹介することも多い。前職で培った人脈を活かし、病院や介護施設のケアマネージャーらと協力、情報共有しあう、ゆるやかな連携関係が築かれている。現在ではそこから時折、惣菜宅配が必要な身体的障害を持つ高齢者の紹介を受けることもある。地域からの強い要望もあって、2017年5月に三村氏が和菜屋の2軒隣りにデイサービス和才屋[14]を開所したことで、この連携関係は更に強いものになってきている。また、閉店時間近くに自宅がわからないといった高齢者を助ける事例が数度発生したことで、民生委員やURと連絡を取りあう連携体制が組まれるなど、夜間徘徊高齢者対策への取組みも開始された。

第 4 章 北九州の惣菜屋による地域コミュニティ再生にむけた挑戦　73

図 4-1　和菜屋のビジネスを通して形成された地域ネットワーク
出所）筆者作成。

　和菜屋では、年に 2 回ほど地域の住民にむけた「もちつき大会」や「春の集い」などといったイベントを開催しており、多くの高齢者や地域住民を楽しませている。三村氏の声掛けに賛同し、当初は UR 内商店街や地域の店舗、信用金庫などが協力し参加してくれた。現在では、UR 金田団地内に立地する地方銀行や幼稚園、地域外の企業などがそのイベントに協賛したり、北九州市が介護相談スペースを設けたりするなど、徐々に拡がりをみせている。

　和菜屋が、自ら起点となり高齢者と地域社会を繋げる地域中核施設となることで、地域ネットワークが創り上げられている（図 4-1）。時間の経過とともにお互いの信頼をベースとしたこの地域ネットワークの連関が更に強まることで、毎日のように来店する高齢者が増えるなど、事業の収益性にもよい影響を与えている。

④ 拡がる和菜屋のソーシャル・ビジネス

　和菜屋は開業から、大々的な広告・PR 活動は行っておらず、2015 年 12 月

に UR 金田団地の外周に 1 カ所、小さな看板を設置しただけで、SNS 上に企業ページがあるものの、企業独自のホームページなどは開設していない。しかしながら、和菜屋のビジネスと高齢者への取組みは口コミで拡がり、2015 年7 月に西日本新聞と 2016 年 3 月に毎日新聞に掲載されたほか、地元のローカル TV 番組に 2016 年 2 月に 1 回、3 月に 2 回ほど取り上げられ放送されるなど注目を集めている。2018 年 8 月には、高齢者と地域の見守り活動が評価され、北九州市いのちをつなぐネットワークからも感謝状が贈られている。

また現在、和菜屋では、2020 年 2 月開業予定にて 2 号店の計画が進められている。この計画は、北九州市にある不動産会社から和菜屋に誘致の話が持ち込まれることでスタートした。この不動産会社も、進行する北九州市の深刻な高齢化の状況を懸念しており、本業を活かした高齢者支援による地域貢献をしたいとの想いから、新たな事業として自社が所有する土地にサービス付き介護住宅の建設を計画し、1 階で食事提供、2 階で介護サービスを提供してくれる連携先を探していた。そこで、和菜屋の取組みを地域の信用金庫から紹介された不動産会社は、三村氏の地域への想いと高齢者支援の取組みに共感し、何度となく三村氏との意見交換を交わして人となりを確認した上で、和菜屋の誘致を申し出た経緯がある。この計画は、地域をはじめ北九州市も注目しており、今後の取組みが大いに期待されている。

## ③ 和菜屋による仕組づくりとは
### ——経営学的視点による考察と分析——

### (1) 「社会性」によって描かれる和菜屋のビジネスモデル

ここで、まずは和菜屋のビジネスモデルを考察する（図 4-2）。和菜屋の事業のキー・コンセプトとは「毎日の食事と会話を通して繋がる高齢者とのネットワーク」にあるが、これらを含んだビジネスモデルとは、「高齢者支援」「地域コミュニティ再生」「地産地消」といった大きく 3 つの要素で構成されている。まず第 1 に、「高齢者支援」とは、高齢者の安心安全を支援する取組みである。具体的には、毎日の食事を通した健康支援、買い物弱者支援、安否確認や健康状態のサービス、高齢者への会話の提供、高齢者雇用が行われている。次に、「地域コミュニティ再生」とは、孤立していく高齢者を防止する取組みである。具体的には、自治会など地域コミュニティとの情報共有、介護施設・病院・行

第 4 章　北九州の惣菜屋による地域コミュニティ再生にむけた挑戦　75

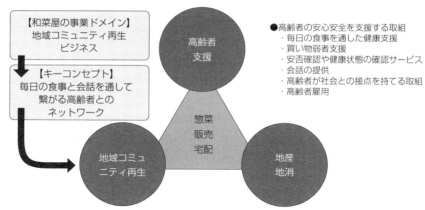

図 4-2　和菜屋のビジネスモデル
出所）筆者作成。

政機関とのネットワーク構築と情報共有、地域の子供や居住者と高齢者を会話でつなぐ店舗内イート・インの設置、団地内高齢者の社会的参加を目的としたイベントなどが行われている。最後に、「地産地消」とは、高齢者になじみの深い地域の資産を活用する取組みである。具体的には、地域の食材を使い健康促進を意識した惣菜の提供、地域名産である食器などを使用した回想療法の試み、地域名産の日田杉を使った癒しの店舗空間の提供が行われている。三村氏はこの3つの要素で構成されるソーシャル・ビジネスのコンセプトを総称して、和菜屋のビジネスを「地域コミュニティ再生ビジネス」と呼んでいる。

(2)　和菜屋のソーシャル・ビジネスのコアである「事業性」と「革新性」

現実には、ソーシャル・ビジネスは、通常のビジネスや公共が提供するサービス、NPOやボランティア団体のサービスなどと競合することになる。そのため顧客ニーズの把握と商品・サービスを通したさまざまな価値提供は企業の持続可能性を高めるためにも不可欠であるといえ、経済的な自立のための「事業性」と事業の「革新性」の確立は欠かせない。

実際に、和菜屋の近くには、半径約100m以内にスーパーが4店舗ある他、

大手弁当チェーン店や宅配弁当業者、北九州市委託の訪問給食サービスなど多くの競合先が存在している。和菜屋では、三村氏が前職である病院勤務を通して地域の社会的課題を認知できており、高齢者のニーズをある程度事前に把握できていたことにくわえて、下記内容を実施することで「事業性」確立に必要な収益の向上に結び付けている。まず第1に、自らお米や野菜の栽培を行っている和彩屋農園からの仕入れをはじめ、地域の農家及び市場内中卸業者から直接仕入れを行うことで商品原価を抑えている。これにより、高齢者の毎日の食事に対する経済的負荷がかからない惣菜価格設定が実現できている。第2に、高齢者人口密度が高い地域への出店を行っている。高齢者の日常の行動範囲が基本的に徒歩圏内であることを踏まえて、三村氏は事前のマーケティング調査[15]を行っており、北九州市金田地域の高齢者人口密度が高いことを掴んだ上でUR金田団地への出店を決定している。第3に、惣菜には化学調味料や質の悪い冷凍食品を極力使用せず、旬の食材をふんだんに使用し、手造家庭料理にこだわって毎日食べられる惣菜を提供することで、他社との差別化を実現している。顧客のなかには、「ここの惣菜なら、おばあちゃんが食べてくれる」と、わざわざ仕事帰りに買いに来る人もいる。第4に、店舗内にイート・インを設置したり、イベントの開催によって会話やコミュニケーションの「場」を提供したりしているだけでなく、来店する高齢者や地域の住民に対して店舗スタッフが積極的に声掛することでコミュニケーションの促進を図っている。実際に和菜屋を利用する高齢者の多くは、世代間を越えたコミュニケーションの機会を得ることができており、多くの高齢者リピーターを呼び込んでいる。

　次に、「政府・行政の対応を超える領域」と「市場の対応を超える領域」の視点 [谷本編 2006：5-1] から和菜屋の「革新性」について触れていく。まず、「政府・行政の対応を超える領域」の視点からは、和菜屋のビジネスが高齢者の毎日の生活に寄り添ったビジネスであることがあげられる。毎日の食事や会話の提供、さまざまな社会的な取組みを通して、顧客をはじめとした多様なステークホルダーとの間に地域ネットワークといった信頼をベースとした連関が構築されており、それによって行政・自治体ではなかなかカバーしきれていない団地内で自宅生活を強いられている高齢者や自ら他人に頼りたくないといった自立した自宅生活を希望する高齢者へのアクセスを可能にしている。続いて、「市場の対応を超える領域」の視点からは、一般的にURに住まう独居高齢者・高齢者夫婦のみの世帯は、経済的問題を抱えている低所得者層であると想

定され、通常のビジネスからみると顧客として魅力が薄い。しかし和菜屋では主にそのような顧客に向けてビジネス展開している。北九州地域では、高齢化や高齢者を取り巻く社会的課題に対して、和菜屋のように政府・行政の対応を超え、市場の対応を超えた中間項に焦点をあてた同業種は見当たらない。和菜屋の事例では、事業の「革新性」が従来とはまったく違う価値基準をもたらすといった取組みではなく、多様なステークホルダーとの連関性を含んだ持続的かつ相互通行的な取組みであることがわかる。政府・行政がカバーしきれない、市場からみて積極的に取組むほど魅力のない領域、つまり、地域における社会的未充足なニーズへの対応を積極的に図っている取組みであり、多様なステークホルダーとの互酬性の規範に基づく連関の中で事業が展開されている。

(3) ソーシャル・ビジネス創出から事業拡大までのプロセス

続いて、和菜屋のソーシャル・ビジネス創出から事業拡大までのプロセスを整理し考察したい（図4-3）。まず、三村氏は、前職である病院の作業療法士としての実務を通して得た経験から、地域における社会的課題の認知を行っている。そして、三村氏の想いを起点として、さまざまな人や組織から構成されるヒューマンネットワークの形成が徐々に行われていく。このヒューマンネットワークの活用によって、ビジネスモデルのデザインが行われた後に、和菜屋の開業、つまり事業化にむけて必要とされる資源動員がなされ、具体的な事業開発が進められている。開業後、本格的に事業が開始されると、時間の経過とともに和菜屋の事業と取組みが地域のなかで理解されていき、顧客を含んだ多様なステークホルダーとの関係性のなかで社会的な受容が進むことになる。この過程において地域ネットワークが形成、醸成されつつ、和菜屋と地域との間に

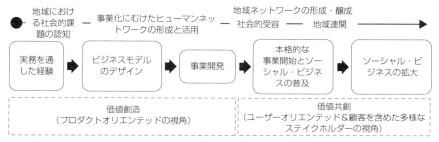

図4-3　和菜屋のソーシャル・ビジネス創出から事業拡大までのプロセス
出所）筆者作成。

78　第Ⅰ部　きめ細かな活動による地域活性化

強い連関がうまれることでソーシャル・ビジネスが地域に普及していく。現在、和菜屋では、新たな企業との連携のなかで2号店の計画が進められるなど、ソーシャル・ビジネスの拡大段階にあるが、今後は事業を通した経済的・社会的価値の更なる相互享受によって事業の持続可能性が高まっていくものと考えられる。また和菜屋のソーシャル・ビジネスの創出から事業拡大プロセスでは、開業前である事業開発までが三村氏の想いを出発点としたプロダクトオリエンテッドの視角によって価値創造が進められ、開業後、本格的に事業が開始された後には、ユーザーオリエンテッドかつ顧客を含めた多様なステークホルダー視角を内包する形にて価値共創が進められている。

### (4)　ソーシャル・ビジネスがどのように地域活性化に繋がったのか

　三村氏の和菜屋によるソーシャル・ビジネスは、具体的にどのように地域活性化へと繋がっているのか、ここで改めて整理したい。まず第1に、和菜屋が開業したことでUR金田団地地域の高齢者をはじめとした住民が、家庭の味で作られた安心安全の惣菜を購入して食べられるようになったことである。UR金田団地のなかには毎日の食事を求めて和菜屋に訪れる高齢者も多い。また宅配によって、身体的障害から外に出ることが容易でない高齢者に対しても惣菜の提供が行われている。第2に、高齢者の社会的孤立の防止のため、店舗内イート・インや和菜屋が開催するイベントを通して、会話によるコミュニケーションの促進や団地の部屋に引きこもりがちな高齢者の地域社会への参加が促されている。和菜屋に来店する高齢者のなかには、「ここは（和菜屋）、自分の家のようなものでありがたい」といった声までもが聞かれ、高齢者に家族のように接する三村氏と和菜屋のスタッフによって、疑似的家族のようなコミュニケーションの「場」が顧客との間に創り出されている。第3に、UR金田地域に新たな雇用が創出されたことがあげられる。惣菜事業部門である和菜屋と他事業部門を含め、企業全体で20名もの雇用が三村氏によって地域に創出された。UR金田団地商店街のなかをみても、これほどの雇用を生みだしている企業は存在しない。また、従業員の半数以上が50代後半、60代、70代で占められ、最高齢は86歳となっているなど、元気で働く意欲のある高齢者に就業の機会を積極的に提供していることも特筆すべきことである。第4に、現在、和菜屋とデイサービス和才屋の2号店が計画され進められているなど、次の新しいビジネスの拡大に繋がっていることがあげられる。最後に、和菜屋が地域の農家

から野菜の仕入れを行うことでプラスの効果がうまれている。和彩屋農園のある北九州市小倉南区の農家では高齢化が急速に進んでおり、担い手不足も重なることで、JAにまとまった量の野菜を供給することができず、最悪の場合は廃業するケースも多い。和菜屋では、このような農家から生産される少ロットの野菜や、時に天候の影響で大量にできてしまい値崩れの心配から廃棄される野菜を適正価格で仕入れることで、地域の農家の収益向上に貢献している。

　三村氏の和菜屋によるソーシャル・ビジネスでは、主な顧客である高齢者や周辺の地域との関係性において、いわば「売手良し」「買手良し」「世間良し」といった「三方良し」といった形態にて事業が進められていることがわかる。経済的価値の追求だけではない社会的価値の享受が相互通行的にめざされていることから、ビジネスを通した地域・社会との共生が積極的に図られている取組みであるといえ、地域活性化へと繋がっている。

## おわりに ――地域活性化にむけた「個」の力――

　以上、本章では、全国のなかでも高齢化が一段と進む北九州市で、都市部高齢者の食事問題と社会的孤立問題の解決を目的として三村氏が創業した和菜屋を取り上げ、和菜屋によるソーシャル・ビジネスが、どのように地域の社会的課題解決を図り、地域活性化に繋がっていったのかという点について、その「仕組づくり」も含め明らかにしてきた。

　和菜屋の事例では、三村氏の北九州市UR金田団地地域に住まう都市部高齢者の食事問題と社会的孤立問題をなんとかしたいという強い想いが、さまざまな地域内外の人や組織を連結させるきっかけとなっており事業化を可能としている。また和菜屋開業後の事業展開では、経営資源の制約といった課題を克服するためにも、戦略的かつ創発的に、顧客を含んだ多様なステークホルダーとの間に形成・構築された地域ネットワークによって価値共創が行われている。一方で、新たに2号店開業による事業拡大にむけた計画が進められているなど、地域ネットワークを通した波及効果も示されている。社会的価値の相互理解と相互享受が周りを動かす原動力となり、三村氏と和菜屋、自らが連結者となることで信頼に基づいた地域ネットワークの形成と構築を可能にし、そこで革新的な取組みが成されていることからは、ソーシャル・キャピタルの強い介在と重要性がみて取れる。今後は、和菜屋の事業活動を通した経済的価値（事業性）[17]

と社会的価値（社会性）の更なる両立が重要な鍵となってくることはいうまでもないであろう。和菜屋の取組みは、北九州地域においてまだまだ拡大が期待できる事業ではあるが、創業から4年と業歴も浅いため、今後の地域にむけた積極的な取組みによって地域中小企業によるソーシャル・ビジネスのロールモデルとなることを期待したい。

　最後に、疲弊する地方都市における地域活性化とは、もはや政府・地方自治体、それに携わる政治家の問題だけではない。地域からの内発性なくして真の意味での地域活性化の実現はありえず、地域に住まう市民がどう感じ、どう思っているかが重要であり、そのような意味からは地域密着型である地域中小企業の社会的課題解決にむけた取組みと役割は非常に大きいものであるといえる。地域における持続型循環経済の実現には、地域中小企業の「個」の力による不断の努力を必要としており、それを形づくるヒトの地域に対する強い想いや熱意、使命感に基づく行動といったことが、地域活性化へとつながる大きな鍵となることを忘れてはならない。

### 注

1）経済産業省［2008］では、ソーシャル・ビジネスとは、「社会的課題を解決するために、ビジネスの手法を用いて取組むものであり、そのためには新しいビジネス手法を考案し、適用していくことが必要である」と定義される。また、ソーシャル・ビジネスとは、次の①から③の3要件を満たすこととされており、①社会性：社会的課題に取組むことを事業活動のミッションとすること、②事業性：①のミッションをビジネスの形に表し、継続的に事業活動を進めていくこと、③革新性：新しい社会的商品・サービスや、それを提供するための仕組を開発したり、活用したりすること。また、その活動が社会に広がることを通して、新しい社会的価値を創出すること、とされている。その中でもコミュニティ・ビジネスには活動領域や解決すべき社会的課題について一定の地理的範囲が存在し地域性があるものとされている。

2）北九州市「北九州市の少子高齢化の現状」（https://www.city.kitakyushu.lg.jp/files/000776861.pdf、2019年4月13日閲覧）。

3）総務省「住民基本台帳に基づく人口、人口動態及び世帯数（平成30年1月1日現在）」。

4）2006年3月には社会福祉法に基づく地域福祉計画を基本とした「健康福祉北九州総合計画」を策定後（2009年3月改訂）、市政運営の基本方針として策定された「北九州市基本構想・基本計画（「元気発進！北九州」プラン）」に基づき、保険福祉分野における部門別計画として2011年2月に「北九州市の地域福祉」が策定されている。

第 4 章　北九州の惣菜屋による地域コミュニティ再生にむけた挑戦　81

また、あわせて市民の健康づくりに関する計画である「北九州市健康づくり推進プラン」や、高齢者分野の計画である「第四次北九州市高齢者支援計画」の策定など、各分野別計画の更新が近年行われてきている。

5）事例研究対象である団らん処和菜屋については開業前の 2014 年 2 月から 2019 年 3 月までに行った参与観察やインタビュー調査、現場調査をまとめてある。

6）和菜屋は 2016 年 12 月に法人化され、株式会社アクティブ・ライフ・サポートの惣菜事業部門となっている。同社は現在、惣菜事業である和菜屋のほかに、同じ UR 金田団地 1 階テナントの 2 軒隣りに介護事業としてデイサービス和才屋を展開、また農業事業として専門職員を 1 名配置し、北九州市小倉南区にある和彩屋農園にて、惣菜に使用する野菜やお米の栽培なども手掛けている。2019 年 3 月現在、和菜屋の従業員数は非正規雇用を含めて 8 名、他事業部門を含めた企業全体では 20 名、資本金 650 万円の中小企業である。

7）和菜屋の顧客（利用者）やデイサービス和才屋・運営推進会議の出席者に対してヒヤリングした結果をまとめてある。デイサービス和才屋・運営推進会議には、これまでデイサービス和才屋利用者代表及び利用者家族、西小倉校区自治連合会、西小倉校区社会福祉協議会、西小倉金田公団住宅町内会、西小倉校区民生委員、社会福祉法人鳳雲海金田保育園、金田ショッピングタウン連合会、UR 金田一丁目団地居住者、UR コミュニティ北九州住まいセンター、北九州市保健福祉局介護保険課及び地域福祉推進課、北九州市小倉北区地域包括支援センター、北九州市小倉北区保健福祉課いのちをつなぐネットワーク、UR 九州支社住宅経営部が出席をしている。

8）特に、浴室が寒い上、浴槽が小さくて深さもあり、高齢者にとってお風呂に入りづらいといった声があがっている。

9）北九州市「北九州市の人口」（https://www.city.kitakyushu.lg.jp/soumu/file_0311.html、2019 年 4 月 15 日閲覧）によると、2019（平成 31）年 3 月 31 日現在で、金田 1 丁目団地を含む金田 1 丁目の世帯数は 1434 世帯、人口は 2600 人、65 歳以上の高齢者が 954 人で高齢化率 36.7％となっている。また金田 2 丁目の世帯数は 847 世帯、人口は 1736 人、65 歳以上の高齢者が 473 人で高齢化率 27.2％となっている。金田 1 丁目 2 丁目の合計は、世帯数は 2281 世帯、人口は 4336 人、65 歳以上の高齢者が 1427 人で高齢化率 32.9％となっており、高齢化が進んでいる地域といえる。

10）和菜屋が把握するだけでも、風呂場にて寒さによるヒートショックが原因と考えられる孤独死・孤立死が 2017 年 11 月に 2 件発生、老衰による孤独死・孤立死が 2017 年 12 月に 1 件発生している。また高齢者の徘徊は年に数度発生しており、自宅の場所がわからないといった高齢者が和菜屋の店舗を訪れることもある。和菜屋では地域の民生委員などと連携し、これに対応している。

11）三村氏の妻である三村あかり氏に話を聞いたところ、病院退職時点では「事業プランは誰からも理解されず、話もまともに聞いてもらえず、変人扱いされ、本人（三村氏）はそうとう悔しい思いをしていたと思う」と話している。

82　第Ⅰ部　きめ細かな活動による地域活性化

12) 和菜屋のビジネスモデルについては後述記載する。

13) 元々は、三村氏の実家が農家であったことから和菜屋の開業とともに両親の協力を得ることで仕入れが行われていたが、2018年からは、専門の職員1名を配置し三村氏の両親の指導のもとで野菜とお米の栽培が行われている。

14) 和菜屋が立地するUR金田団地商店街内には元々デイサービスがあったが、経営難のため閉鎖。UR金田団地住民で、このデイサービスを利用していた利用者が困る事態が発生していた。

15) 三村氏の調査では開業当時UR金田団地周辺である金田1丁目内には約1400世帯、人口約2600人が生活し、その内約950人が65歳以上の高齢者であることが明らかになっている。

16) 互酬性とは、ものや価値の相互のやり取りのこと、あるいはそれにもとづく制度である。レシプロ・エンジンがピストンを往復するように、ものや価値が相互に送り手と受け手の間を往き来する。Sahlins［1972］は互酬性を3つのタイプに分類し「一般的互酬性」「均衡的互酬性」「否定的互酬性」とした。ソーシャル・キャピタルの研究では、親族や友人の間、つまり両者の距離が比較的近い間で生じるすぐに見返りを求めない利他的な交換である「一般的互酬性」が重要であるとされ、Putnam［1992］においてもその重要性が指摘されている。

17) ソーシャル・キャピタルとは社会関係資本ともいわれるが、「社会の効率性を改善できる、信頼、規範、ネットワークといった社会組織の特徴」と定義され［Putnam 1992：邦訳 206-207］、これらが指し示しているのは個人間のつながり、すなわち社会的ネットワーク、およびそこから生じる互酬性と信頼の規範とされる［Putnam 2000：邦訳 14］。つまりソーシャル・キャピタルとは「社会における信頼・規範・ネットワーク」であるといえ、換言すれば、「信頼」「情けは人の為ならず」「持ちつ持たれつ」「お互い様」といった互酬性の規範、そして人やグループの間の絆を意味している［稲葉 2007：4］。

**参考文献**

池田潔編著［2014］『地域マネジメント戦略――価値創造の新しいかたち――』同友館。

稲葉陽二［2007］『ソーシャル・キャピタル――「信頼の絆」で解く現代経済・社会の緒課題――』生産性出版。

経済産業省［2008］「ソーシャルビジネス研究会報告書」。

北九州市［2017］「保険福祉レポート 2016」。

―――「北九州市の少子高齢化の現状」（https://www.city.kitakyushu.lg.jp/files/000776861.pdf、2019年4月13日閲覧）。

―――「北九州市の人口」（https://www.city.kitakyushu.lg.jp/soumu/file_0311.html、2019年4月15日閲覧）。

谷本寛治編［2006］『ソーシャル・エンタープライズ――社会的企業の台頭――』中央経

済社。

谷本寛治・大室悦賀・大平修司・土肥将敦・古村公久 [2013]『ソーシャル・イノベーションの創出と普及』NTT 出版。

野村総合研究所 [2013]「「孤立死」の実態把握のあり方に関する調査研究事業報告書」。

Putnam, R. D. [1992] *Making Democracy Work: Civic Tradition in Modern Italy*, NJ: Princeton University Press（河田潤一訳『哲学する民主主義——伝統と改革の市民的構造——』NTT 出版、2001 年）.

———— [2000] *Bowling alone: the collapse and revival of American community*, New York: Simon & Schuster（柴内康文訳『孤独なボウリング——米国コミュニティの崩壊と再生——』柏書房、2006 年）.

Sahlins, M. [1972] *Stone Age economics*, London: Routledge（山内昶訳『石器時代の経済学』法政大学出版局、1984 年）.

# 第Ⅱ部

## 組織や仕組作りによる地域活性化

第5章

# 富良野のまち育てにおける
## 「仕組み」と「仕掛け」

## は じ め に

　1998年国は「大店法」の廃止を決定、大型店の出店を規制することで中小小売店との競争を調整するという従来の枠組みに変えて、「中心市街地活性化法（以下、中活法）」「改正都市計画法」「大店立地法」を制定することになった。まちづくりの観点から中心市街地の衰退を食い止め、ひいては商店街の活性化を図ろうとしたが、中心市街地の活性化に多額の補助金を注ぎ込む一方で、郊外への大型店の出店も容認したため、中心市街地の衰退を食い止めることはできなかった。その後、2006年にまちづくり三法の見直しが行われたが、人口減少という大きな社会環境の変化の中で、都市機能のスプロール化に歯止めをかけ、既存ストックの活用、都市機能の集約促進を図ろうとする「コンパクトシティ」構想が浮上、ようやく国の政策も中心市街地の優先的開発へ大きく舵が切られることになったのである。

　にもかかわらず、多くの地方都市や、大都市でも商店街を中心とした中心市街地はいっそう疲弊の度合いを深めているのが現状である。そうした中で注目されているのが、人口減少に苦しむ北海道にあって、しかも人口わずか2万2000人弱の富良野市のまちづくりである[1]。富良野は1980年代に放映された倉本聰脚本のTVドラマ「北の国から」（1981年）の舞台とラベンダー畑で一躍有名となり、多くの観光客が訪れていた（**図5-1**）。しかし、中心市街地活性化基本計画を策定した2000年頃は、他の地方都市と同じく住宅の郊外流出による衰退と、富良野市が中心市街地活性化を目的として2002年から事業着手したJR富良野駅周辺再開発事業が、逆に商店の減少を誘発、衰退を招く結果となり、中心市街地の空洞化が進行していた。

88　第Ⅱ部　組織や仕組作りによる地域活性化

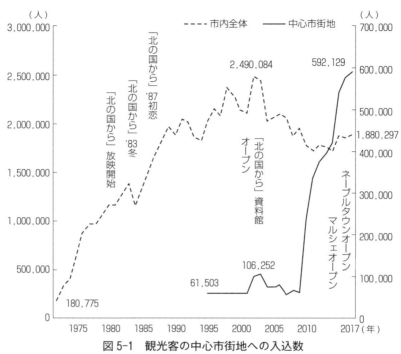

図 5-1　観光客の中心市街地への入込数
出所）富良野市商工観光課提供。

## 1　まちづくりに対するソーシャル・イノベーション論の適用

　まちづくりを説明する理論として、近年注目されているのがソーシャル・イノベーション論である。そこでは、類まれな能力を持つリーダーが他者を巻き込みつつ、困難を乗り越えながら事業を成功させるという「スーパーヒーロー仮説」として説明されことが多かった。しかし、そうした成功ストーリーは成功に辿りつくプロセスを事後的に説明するため、「予定調和的」な記述になりがちであるという批判もある。同じソーシャル・イノベーション論の枠組みでも、本来まちづくりはその担い手が利害の異なる、あるいは対立するステークホルダーを説得し、巻き込んでいく「権力闘争」のプロセスとして認識することは可能であるという［木村 2015］。本章も基本的にこの視点を共有する。ソーシャル・イノベーション論は、一部に直上の問題点はあるものの、そのプロ

第5章　富良野のまち育てにおける「仕組み」と「仕掛け」　89

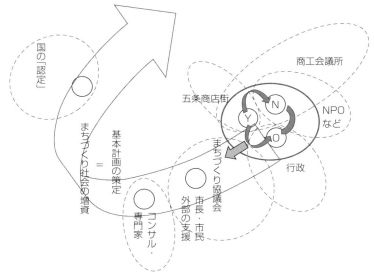

図5-2　富良野のまちづくりにおける多様なステークホルダーの
「巻き込み」

出所）筆者作成。

セスを大きく創出過程（社会的課題の認知、ソーシャルビジネスの開発）と普及過程（市場の支持、制度化）の二段階に分けて議論している［谷口ほか 2013］ことは、まちづくりを分析する枠組みとしては極めて参考になる。

　というのも、この枠組みを本章の課題である中心市街地活性化に当てはめると、前者はまちづくりの基本計画を策定する段階であり、後者は事業の実施・運営の段階に当たるからである。創出過程は、まちづくりが多様なステークホルダーから構成されるため「合意形成」が難しいことに照応する。一方、普及過程は、とくに「市場の支持」という要因が、商業・マーケティング論でいう事業の成否と深く関わっている［石井・石原 1998］。まちづくりでは採算がとれるかどうかが事業の継続性を左右する重要な要因であり、「合意形成」と並んで「市場の支持」を適切に位置づける枠組みとなっているのである。

　図5-2は、富良野の中心市街地活性化プロセスを多様なステークホルダーの巻き込みという観点から図式化したものである。これはソーシャル・イノベーション論における「創出」過程に相当する。このフレームワークを用いて、なぜ富良野のまちづくりが成功したのかを説明することにしよう。

富良野におけるまちづくりの担い手は、湯浅篤、西本伸顕、大玉英史の3人組である。湯浅氏は隣町の中富良野出身で、東京の大学に進学、その後五条商店街でパソコンショップを起業した。情報収集のアンテナを張り巡らし、次々に企画を提案するだけでなく、自ら行動する論客の1人である。西本氏は、大学卒業後、リクルートに就職、五年後に地元の青果卸を継ぐべく帰郷した。リクルート出身らしくベンチャー精神に溢れ、文才とウィットにも富み、富良野メセナ協会、全国初のNPO法人である「ふらの演劇工房」を立ち上げた経歴を持つ。それぞれが所属する商店街やNPO団体などを代表するとともに、2人とも商工会議所の活動を通じて、先輩が培ってきたまちづくりの伝統を受け継ぎ、若手経営者のリーダーとして頭角を現していた。

　一方、大玉氏は市の土木技師にもかかわらず、厚生労働省所管補助事業（養護老人ホーム改築事業）担当責任者として外部施設に異動中に、突然呼び戻され、後述する難航した駅前の土地区画整理事業の実施担当者に抜擢された。同氏は、もともと駅前再開発事業に反対であり、市長直々の依頼に対して固辞したものの、最後には折れることになる[3]。そうした3人が、やがて運命の糸に操られるように、中心市街地活性化に向けて奮闘するソウルメイト（西本氏に倣って、共通の価値観を持つ仲間）となっていくのである。

　図5-2に暗示されるように、巻き込みの原動力は商店街の将来に危機感を持った湯浅氏であった。その情熱と論理で西本、大玉氏をソウルメイトとしてまちづくりに引きずり込んだことが出発点である。その後、3人はまちづくりの輪を拡大し、中心市街地活性化基本計画を「認定」する担当官までも巻き込みながら、事業を成功させた。しかし、そのプロセスは決して一直線ではなく、まさに綱渡りの連続であった［石原・加藤ほか 2018：170］。

## ② 富良野におけるまちづくりの軌跡

### (1) 苦い経験を乗り越えて

　3人にとって、まちづくりの転機となったのは、旧中活法（2006年に改正された法律、中活新法と区別するため）の下で2001年に策定され、実施されたJR富良野駅周辺の再開発事業と土地区画整理事業であった。2007年に完成した駅前再開発事業では、中心市街地活性化センター「ふらっと」（図5-3）が建設され、温水プール、集合住宅（20室）、チャレンジショップも併設された。関連事業

第5章　富良野のまち育てにおける「仕組み」と「仕掛け」　91

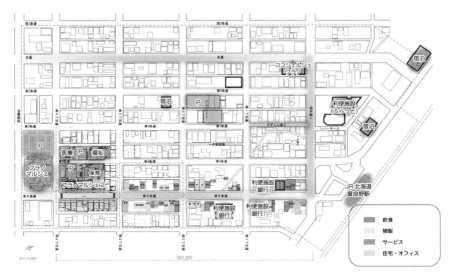

図 5-3　中心市街地の施設配置図
出所）ふらのまちづくり会社資料に基づき、一部修正。

として、隣接する無頭川がボックス化され、公園（下水道上部緑地空間）として整備され、夏にはビアパーティを楽しむ市民で賑わう空間に変身した。そしてこれら施設を運営する指定管理者として、また各種イベントを実施するTMO（Town Management Organization）として資本金1050万円で設立されたのが、ふらのまちづくり株式会社（以下、まちづくり会社）であった。

一方、土地区画整理事業の方は総事業費55億円のうち、約30億円が移転補償費に当てられ、相生本通り商店街の49人のうち26人が補償金をもらって廃業、域外転出したという意味では、失敗に終わった。中心市街地活性化委員会に参画した湯浅、西本両氏にとっても、最初に描いた活性化の夢は大きくトーンダウンし、行政とコンサルタントが提案する計画に意見を言っても聞き入れられず、「まちづくりは、意見を言うだけであとは行政任せというスタイルはダメ」[西本2013：14]という苦い教訓となった。また土地区画整理事業などの事業実施担当者を引き受けることになった大玉氏にとっても、「内心忸怩たる思い」が残ったという。[4]

## (2) 富良野協会病院の移転問題

旧中活計画が策定された翌年の 2001 年、中心市街地活性化にとって大きな問題が発生する。五条商店街に隣接し、年間延べ 16 万人が外来受診し職員 300 人が働く、いわば富良野最大の集客施設であった富良野協会病院（以下、協会病院）の移転問題が浮上したからである。旧中活では老朽化に伴う敷地拡張・建て替えを予定していたが、用地買収などが難航することが予想されたため、移転が表明されたのである。移転すれば、商店街の買い物客が激減し、病院関連の店舗も移転するであろう。そうなれば商店街はさらに廃れていく。五条商店街の行く末に強い危機感を抱いた湯浅氏は、五条商店街振興組合奈良理事長と相談の上、2003 年 10 月に商工会議所内に「まちづくり推進協議会」の設立を要望、そこでの議論を踏まえて翌年 4 月に市に対して「病院跡地活用基本計画検討報告書」が提出された。しかし、市は駅前再開発への大規模投資及び地方交付税の減収によって財政的余裕がなくなったという理由から難色を示し、結局協会病院は 2007 年 5 月駅の反対（東）側に移転した。解体された跡地は市の所有となったものの、しばらく放置されたままになった。

通常であれば、ここでまちづくりが終わってもおかしくない。ところが、2006 年に中活法の見直しが行われ、その目的が「中心市街地における都市機能の増進及び経済活力の向上を総合的かつ一体的推進」へ改められた。旧中活法の「商業等の活性化」という文言が削除され、商店街の活性化よりも中心市街地における「都市機能の増進及び経済活力の向上」という目的が明確になるとともに、計画策定に当たっては市民、事業者などを含む「まちづくり協議会」の設立が義務付けられた。また従来は商工会議所・商工会議所、特定会社（第三セクター）しか認められなかったまちづくり組織が、「官から民へ」という流れの中で、NPO（特定非営利法人）を含むまちづくり会社なども認められるようになった。とくに重要な変化は、経済産業省（以下、経産省と略す）の補助金が市町村を経由せず直接民間に流れるように変更されたことである。

この改正の意図を適確に理解した湯浅氏の行動は早かった［湯浅 2013：169］。2007 年 2 月商工会議所内に「法定協議会の設立」を提案、商工会議所の荒木会頭を巻き込むとともに、当時総務委員長であった西本氏を活性化協議会の運営委員長として担ぐことに成功した。湯浅氏は五条商店街の商人達をまとめることはできても、当事者であるために他の商店街をまとめることはできないと考えたからであった。一方、中活新法でも、計画は民間で検討するとしても、

最終的な策定とそれに伴う事業実施などは市の支援が求められる。それゆえ、市とくに最高意思決定者としての市長を巻き込んでいくことが重要になる。過去の経緯から、市長に対してはっきりものが言える大玉氏の働き掛けもあって、「計画は民間を中心に策定してもらう、その事業実施に際して市は支援する」という官・民の役割分担が明確化されることになった。[5]

　こうして湯浅氏を原動力とする巻き込みによって、西本氏と大玉氏も加わり、3人がまちづくりのソウルメイトとなっていく。最初のハードルは、いかに商店街や市民を巻き込んでいくか、パソコン片手に湯浅氏と西本氏、そして大玉氏も加わって説得に出向く日々が続いた。「賛成派と反対派が相半ばする状況からのスタートだったが、頑張りの甲斐あって次第に理解者も増え、またマスメディアの好意的な後押しもあって、市民からの期待の声は徐々にたかまっていった」〔西本 2013：4〕。

### (3) ふらのまちづくり会社の増資

　富良野には、旧中活法のもとで立ち上げられたまちづくり会社がすでに存在していた。しかし、他の市町村が旧中活法の下で設立したTMOと同様で、主要な業務はイベントなどソフト事業が中心であった。TMOの役割として「企画・調整型」と言われた所以であるが、再開発など多額の投資を必要とするハード事業を実施していくためには、相応の資本金と組織体制が求められた。ふらのまちづくり会社の出資者は、当初富良野市を始め、農協、商店街団体、商工会議所などの経済団体であり、その役員も団体のいわば当て職であった。そこで、リスクを負って事業を展開し、なおかつ民間のようにスピーディーな対応を実現するために増資することになったのである。西本氏の同級生で、商工会議所会頭の荒木毅氏の「会頭乱麻の資金集め」によって、わずか1カ月足らずの間に7300万円が集められた。増資を募るには、地域ネットワークの絆もさることながら、事業そのものへの賛同者を増やしていく必要があった。市と商工会議所は増資せず、もはやソウルメイトの1人となった荒木会頭、西本、湯浅両氏を始めとした民間事業者や市民が70％にまで出資比率を高めたことは民間の意欲と意地を示したものと言える。[6] また新会社の社長には西本氏、取締役に湯浅氏が就任し、2人とも「腹をくくった」覚悟のほどが窺える。

　こうしてまちづくりの主体はできたが、補助金を得るためには、中活新法のもとで総理大臣の「認定」を受ける必要があり、窓口は総務省であった。その

過程で認定を受けるためには、五条商店街の活性化という目的だけではでは不十分で、それが中心市街全体にとってどのような効果があるか、まち全体にとって意味のあるグランドデザインを描くことが求められた。協会病院の跡地活用から出発した計画は、少子高齢社会の中、業・住分離によって衰退するまちなかを活性化し、商店街に賑わいを取り戻すとともに、まち中居住を推し進める必要があるとして、基本計画では大きくルーラル（地方）とアーバン（都会）の良いとこ取りという意味の造語である「快適生活空間『ルーバン・フラノ』を目指して」をコンセプトに、① 滞留拠点の整備による地域経済のパイの拡大と商店街のにぎわい ② 利便性・機能性に富む集合住宅建設による「まちなか居住」の促進という目標が打ち出されることになる。

　もちろん、最初から両方を実施する資金的余裕はない。一期工事のマルシェと二期工事のネーブルタウンに分け、まずはフラノマルシェ（以下、マルシェ）のオープンに向けて説得工作が行われることになった。「所詮、五条商店街の活性化なんだろ、自分たちには関係がない。何かしてくれるのか」といった発言が飛び出してくることは容易に予測でき、そうした批判に応えるためにも、まち全体の活性化につながるよう、まちなかの回遊性を生み出す仕掛けが課題となったのである。駅前にはふらっと加えて、観光バスなどの駐車場を整備し、歩いて回遊するための拠点としてサンライズパーク（図 5-3）が計画されたが、これは駅近くの商店街にもマルシェの集客効果を波及させることを狙ったものと推測される。

　さらに、フラノマルシェは素通りしている観光客を中心市街地へ呼び込むことが主な狙いとは言え、市民が来館しないような集客施設では市民の賛同は得られない。とくに富良野では 11 月と 4 月が観光の閑散期であり、この時期を支えるのが、地元の市民＝消費者だからである。それゆえ、観光客だけでなく、地元の人が交流できるような施設計画が求められた。マルシェの「サポール」という喫茶店、敷地の真ん中に築山をもってきて、地元の人たちも賑わう施設にしたい。とくに北海道の冬は厳しく、つい外出を控えがちになる。それを防ぐには、全天候型多目的交流空間（タマリーバ）不可欠である。マルシェが成功すれば、そこでまちづくりの「種銭」を稼ぎ、いよいよ本丸のネーブルタウンへと構想が膨らんでいった。

## ⑷　国の「認可」

他方で、富良野市の中心市街地活性化基本計画は、他市の基本計画のように公共事業がてんこ盛りされていたわけではなかった。それゆえ、中身が薄いと言われながらも、「やり切れる範囲内で、事業計画を描きました」と回答する以外になかった。そうしたやり取りにもかかわらず、総務省の担当者は、銀行借り入れのために2億円の個人保証に押印した荒木、西本氏の本気度を評価してくれたのであろうか、最終的に「認可」がおりることになった。「事業の中身よりも、意欲が決め手となったのでは？」と、担当者の考え方を踏まえながらまき着込んでいくことが認可を受ける秘訣と言われる。

しかし、国に認可されたものの戦略的補助金の所管は経産省であった。そこで想定外の要求を突きつけられる。事業の持続性を求める国は、途中でまちづくり会社が破綻しないように事業規模の縮小、変則的なレイアウトの訂正を求めたのである。しかし、そこには譲れない一点があった。それは、マルシェを単なる「道の駅にはしたくないという想いである。つまり、中心市街地活性化の基本コンセプトは「ルーバン・フラノ　ちょっとおしゃれな田舎町」であり、それゆえマルシェも単なる観光客の買い物施設でなく、「まちなかの魅力ある滞留拠点」づくりであり、市民も交流できる広場、オシャレな建物にする必要があったのである。オシャレな外観、普通でないレイアウトなどは、そのために必要な仕掛けだったからである［西本 2013：162］。

さらに中心市街地に居住者を増やし、商店街の賑わいを実現することで、「利便性のある生活空間を創り出す」ことがまちづくりの最終的な目的である。つまり、ネーブルタウン構想を実現することこそが本丸であり、そのためにはマルシェを成功させて、そこでまちづくりの「種銭」を稼ぐ必要があったのである。そのためには、一定以上の事業規模で収益が生まれるものでなければならない。しかし、一方で、補助金を獲得するということは、いわば国のお墨付き＝外的正当化であり、補助金の「認可」を得るために、当初の築山を広場に変更したり、4棟を3棟に減らしたりといった修正も行われた。「これでだめなら、補助金は諦めよう。その気になれば補助金に頼らず自前だってやれるじゃないか」［西本 2013：64］と腹をくくる所まで追い詰められた。しかし、結果的には認定を受けることができ、総投資額2億8000万円のうち、補助金1億3000万円を獲得できたのである。まさに綱渡りであった。

## ③ フラノマルシェの経済的波及効果

### (1) マルシェの成功

　以上のような紆余曲折を経て、2010年6月1日マルシェはオープンを迎えた。その年の来館者は55万5000人と、予想の30万人を大きく上回り、売上も5億円に達した。その集客力を期待して、新規事業の参入意欲も高まり、いよいよ本丸のネーブルタウン事業に着手することになった。2015年1月、タマリーバ、介護付有料老人ホーム、認可保育所だけでなく、新しい商業施設としてフラノマルシェ2（以下、マルシェ2）が11店舗、既存商業者の再開発事業として7店舗がオープンした。

　冒頭で指摘したように（図5-1）、マルシェ2の開業によって中心市街地への観光客の入込数が40万人から60万人へさらに爆発的に増えることになった。マルシェ、マルシェ2では、入館者をカウンターで計算するため、地元の利用者と区別はつかない。観光シーズンは、8：2の比率であるが、オフシーズンでは3割が地元客であるという［中小企業基盤整備機構 2018］。これらの施設がいかに地元消費者＝市民の支持を得、制度化されているかが、窺える。

　では、なぜ、マルシェは成功したのであろうか。前述した「市場の支持」という観点から整理しておこう。「北の国」効果などによってすぐ近くまで240万人という観光客が来ていたことは先に指摘した。しかし、その観光客を中心市街地へ誘客することは簡単ではない。中心市街地には、わざわざ訪れるべき魅力がないからであり、そこに道の駅のような集客施設を作ったからと言って、成功できる保証はないのである。富良野らしい農産物、お土産など、とんがった食をテーマとし、しかもマルシェという甘美なネーミングを付けたマーケティング的センスには、民間企業ならではの発想として驚かされる。

　もっとも、民間企業であれば逆にリスクを考慮し過ぎて、より「安易な」選択をしても不思議ではなかったかもしれない。実際、富良野でも協会病院の移転に伴って退店の噂が流れた地元のスーパー・ラルズを跡地に誘致し、そこで種銭を稼いでネーブルタウン事業へ進むという案が、決まりかけていたからである。もちろん、そうした選択肢では、跡地利用についての議論が百出し、市民の同意は得られなかったであろうとも言われる［西本 2013：84-88］。市民の賛同や国の承認を得るためにも、前述した中心市街地の活性化という大義＝理

念を明確にする必要があったのである。しかし、どのような施設にするかの選択肢は多様であり、他者の巻き込みも、事業の成功もまさに経営的・マーケティング的センス＝判断が求められるのである。

　ただし、事業の採算性を重視する民間が事業を実施すれば、必ず成功するというものでもないことも留意されるべきである。商業施設などの企画・設計を大手コンサルト会社に委託すると、まず投資額が決まり、それに応じて入居するテナントの賃料も決まるため、その過程で入居できるテナントが選別される。しかし、地方での集客、賃料などの上限は決まっており、低いという現実から出発しなければならない。富良野のやり方は、地元の中小事業者が入居した時にどのくらの利益が取れるかから出発する。世帯で最低でも 500 万円の所得が必要だとすると、当該業界の原価率が 30％だとして、必要な売上が算定される。まちづくり会社は、テナントの売上から所得、光熱費など諸々の経費を引いて成り立つ賃料を設定しなければならない。つまり、地方の人口は限られており、そこで採算がとれる業種の経費の積み上げから賃料、したがって投資規模が決められるため、必ず成功すると断言されるのである。[10]

### (2)　創発的まちづくり

　マルシェ、マルシェ 2 の事業はまちづくり会社によって運営されているが、事業の継続性、ひいてはまち全体の発展を可能にするうえで、事業の成功が不可欠の条件となっている。しかし、その経済効果は施設内に限定されるわけではない。というよりも、富良野の成功は地域への経済的波及効果を意識しながら、地元で回るお金をいかに増やしていくかを戦略的に発想し、実現していたといえる。ここでは詳しく触れることはできない（[石原・加藤ほか 2018] を参照）が、ハード事業は、建物を建ててしまえば、それで事業は終わりというところも多い。しかし、ハード事業はその後に続くまちの活性化の「きっかけ」、まち育ての第一段階に過ぎないのである。

　富良野では、集客施設であるマルシェの成功によって、ネーブルタウン事業の実現が加速され、商業施設としてはマルシェ 2 と五条商店街再開発事業が実現した。ただし、その集客効果はマルシェ周辺に限定され、駅周辺への波及効果は限定的であった。そこで駅前にはコンシェルジュフラノを誘致し、観光客への情報発信や宿泊施設を確保することで、中心市街地全域に及ぶ波及効果を期待したのである。そこにビジネスチャンスを見出す新規出店も旺盛となり、

98　第Ⅱ部　組織や仕組作りによる地域活性化

表 5-1　業種別開業店舗数の推移

|  | 2012 年度 | 2013 年度 | 2014 年度 | 2015 年度 | 2016 年度 | 2017 年度 | 2018 年度 |
|---|---|---|---|---|---|---|---|
| 物販店 | 1 | 1 |  | 2 | 2 | 2 |  |
| 美容室 | 3 | 1 |  |  |  |  |  |
| 事務所 |  |  | 2 | 2 | 1 |  |  |
| 飲食店 | 4 | 3 | 5 | 2 |  | 2 | 11 |
| サービス | 2 | 2 |  |  |  | 1 |  |
| 製造業 |  |  |  |  |  |  | 1 |
| 旅館業 |  |  |  |  |  |  | 5 |
| 合計 | 10 | 7 | 7 | 6 | 3 | 5 | 17 |

注）フラノマルシェ、マルシェ 2 の出店者を除く。
出所）富良野市中小企業振興補助事業別実施一覧及び富良野市商工会議所新規開業者一覧の情報に基づき、筆者作成。

空き店舗が出てもすぐに埋まるという状況に変化しつつある（**表 5-1**）。とくに 2018 年度には、飲食店が増加した（ただし、そのうち 8 店舗は既存店の業態転換）だけでなく、トマール以外にも、香港資本の宿泊施設（コンドミアム）が 3 軒開業している。さらに 2019 年秋には、駅前に 180 室の客室数を誇り、屋上露天風呂を売りにするリゾートホテル・ラビスタ富良野ヒルズ（共立メンテナンス）が開業予定である。

　本章では、まず民間事業者が集客施設をつくることで周辺の人の流れをガラッと変え、増えた通行量にビジネスチャンスを見出した事業者が自発的に投資を行う。その後は、既存事業者と新規事業者の競争を通じて新しい業種・業態が生まれ、そのことが商圏を拡大することでいっそう都市が発展していく状況を「創発的まちづくり」［加藤 2003］と呼ぶことにしたい。まちづくり会社が必要とされる事業をすべて実行することは資金的にも限界がある。そうではなく、最初の投資によって弾みをつけ、それ以降は、ビジネスチャンスを見出した事業者が自発的に投資を行っていくという、いわば「創発」的なまちづくりのメカニズムが作動したと言えるのではなかろうか。

## 4　新しい「官・民」連携

　以上のような富良野のまち育ての経緯には、まちづくりが成功するためのエッセンスが詰まっていると言ってよい。以下では、富良野の成功モデルを他の地域へ「適用」できるかという観点から、「官・民」における新しい連携のあ

り方を検討することにしたい。

## (1) まちづくりの「ハブ」、その「仕組み」の拡張

　湯浅、西本、大玉のソウルメイトが中心となって、他者を巻き込みながら中心市街地活性化事業の骨子を作り上げていったことは、先に指摘した。他都市のまちづくりにとって参考になるのは、3人の「悪だくみ」＝企画会議が毎週木曜日の5時半から開催され、10年間も続いていることであろう。余程、passion、mission が強くないと、action は続かないに違いない。ただし、特定の人だけで議論するのは問題があるということで、途中から行政、コンサルタントの竹ノ内久氏（株式会社コムズ・ワーク）、商工会議所、次世代の会代表から構成される「活性化運営員会」として引き継がれている。10年間もの長きにわたって、いわばまちづくりの「ハブ」として、まちのニーズを汲み上げ、情報を共有化し、まち全体の観点から事業を企画、とくに西本・湯浅氏は、民間企業家らしく事業の採算性、金融機関からの借り入れなど担当する。補助金が必要な場合には、申請作業は行政が担当することになる。とくに上級官庁との申請業務に慣れ、相手の要求を読みながら、申請書を柔軟に修正できた大玉氏の役割も大きかったと想像される。3人のソウルメイトを中心に、それぞれが得意分野を発揮しながら、事業を進めたことの意義は大きい。

　こうした将来を見据えた長期的なまちづくりを「まち育て」と呼ぶ［西本2013：212］とすれば、その仕組みが富良野の持続的発展に導いた秘訣と言えそうである。だが、このことは単に企画段階にとどまらず、運営段階でも効力を発揮する。例えば、ネーブルタウンに保育所が入居しているが、当初の計画では、温浴施設が計画されていた。折しも、当時の市長は保育所の「まちなか」での建て替えを公約に掲げており、そうした市長の意向を汲み取って、ネーブルタウン内に保育所を確保するよう調整できたことは、前述した情報共有の成果と言える。富良野市は11億円を出資して保留床を買い取ったものの、国の交付金も獲得でき、新たに土地を確保、建物を建設する場合に比べて著しく経費を節約できたのである。

　一方、まちづくり会社にとっても、総額30億の投資のうち、10億円は国と市の補助金を受け、さらに11億円で保留床を処分することができ、事業の負担を著しく軽減することができた。借り入れを軽減することは、ランニングコストを減らすことを可能にするため、まちづくり会社の経営も楽になるのである。

## ⑵ まち育ては「羽目絵」パズル

　以上のような市側の意向とまちづくり会社の思惑をうまく調整し、事業の採算をとる仕掛けは、2018年6月にオープンしたコンシェルジュフラノでも見られる。この事業はまちづくり会社によって実施されたが、目的の1つは中心市街地においてマルシェと地理的に対極にある駅側の集客力を高め、そこでの回遊拠点をつくることであった。基本計画では、駅側に駐車場を設け、そこを拠点に周辺商店街を回遊するというサンライズパークを設置する予定であった。その用地買収が進まない中で、2年前の3月に旧三番館ふらの店が閉店したため、その空き店舗ビルを活用した集客施設を作る計画が浮上したのである。総事業費7億4800万円のうち2億5000万円を「まちなか活性化補助金」を獲得して建物をリノベーションし、一階には観光情報の発信・土産販売店と富良野の食材を使った農村レストラン、三階はインバウンドを意識したHostel、二階は市商工観光課、商工会議所、観光協会などが入居した複合施設・コンシェルジュフラノを誘致することになったのである。

　結果だけを見れば、なんの苦労もなく、テナントが決まったように見えるが、実は前述した「仕組み」が大いに発揮された結果であった。ちょうど富良野市は、環境庁の広域観光整備計画推進事業を活用して富良野・美瑛広域観光圏の整備を進めようとしていたが、その具体的事業を進める戦略的拠点としてコンシェルジュフラノが求められたのである。空き店舗ビルの底地は借り、建物をリノベーションすることで、三階はインバウンドを意識したバックパッカーでも比較的安価に宿泊できるコンドミアムタイプ（他に、ツイン、トリプルなど5タイプの部屋がある）のHostelトマールを導入、一階には宿泊客も一般市民も利用できる農村レストラン・エベルサが入居したが、これら施設は当初苦戦が予想されたレストラン部門を補填できるよう一括して、しかも底地を持つ株式会社西川食品に運営委託された。

　さて、建物は前述したように、大規模なリノベーションを予定していたため、極力事業費を減らす必要があった。そのため、経産省の補助金について事前相談を行ったが、その席上でまちなか活性化補助金の上限は1億円であるが、担当者の1人から補助金の上限が2億5000万円である「S特」という制度あることを教えられた。これも、頻繁に上級官庁を訪ね、信頼関係を構築してきたことの成果とも言える。ただし、それが認定されるためには、まちなか活性化補助金を受ける事業として認定されることが前提で、さらに市町村の事業への

強いコミットメントが必要だということであった。つまり、市としてコンシェルジュフラノ事業に対して相応の出資が求められることになり、宿泊施設に伴う駐車場として200mほど離れているサンライズパーク予定地が浮上したのである。用地交渉が停滞していたことが事業が暗礁に乗り上げていた理由であったが、ちょうどそこに隣接していたのが商工会議所であった。商工会議所も老朽化のため改修工事を検討中で、その土地は富良野市の所有であった。そこからが、ウルトラCである。会議所を更地にして、そこにサンライズパークの用地を確保するとともに、会議所をコンシェルジュフラノの二階に移転させるという「あっちをこっちに」という荒業を実現したのである［大玉 2019］。もちろん、それが可能になっているのは、まち全体の観点からコマを動かす、という情報共有と企画の「仕組み」があったからに他ならない。

# おわりに

　スーパーヒーロー仮説の批判的検討から出発して、まちづくりの担い手＝コアメンバーがステークホルダーをいかに巻き込んでいくか、そのプロセスを明らかにした。その原動力が passion、mission、action にあることも確認できたが、同時に成功するための条件として「何を」「どのように」やるかという視点が重要であることも明確になった。富良野のまち育ては、民間事業者が自発的に投資を行う創発的まちづくりに特徴があるが、それを可能にしたのはマルシェを嚆矢として観光客も地域住民もともに楽しめる魅力的な集客施設を作り上げたという仕掛けにあった。

　財政難に苦しむ地方自治体にとって、国の補助金無しに地域活性化の事業を行うことは不可能になりつつある。それゆえ、中心市街地活性化法の基本計画策定に当たって積み残された公共投資を無理矢理入れ込んだ計画を策定しがちであり、また補助金に頼って過大な規模の事業投資を行うことにもなりかねないのである。官主導の中心市街地活性化が依然として多い中で、あくまでも民主導で地域ニーズを汲みあげ、官と情報共有しながら、事業採算性などを厳しく計算しながら事業化していく。官は補助金などを通じて、民の初期投資額を減らし、事業の持続性を高めていくという、官・民連携の新しい仕組を示す富良野モデルは、多くの市町村にとって参考になるに違いない。

## 注

1）ふらのまちづくり株式会社は、2018年6月「まちの活性化・魅力創出部門」の国土交通大臣賞を受賞しているものの、中心市街地活性化の取組みについては、事業が完了した第一期計画を対象とした会計検査院の報告書［2018］では、基本計画において設定された通行量、居住人口などの数値目標が達成されておらず、むしろ低い評価となっている。しかし、固定資産税、法人事業税など地方税が増加したという点では高く評価されている。富良野の成功は徹底的に地域でお金を回す地域内経済循環を重視した戦略的発想にある。この点について紙幅の関係で触れることはできない。詳しくは石原・加藤ほか［2017］を参照。

2）インタビューを受ける側も、過去の利害対立をことさら強調したくないという性向もこのことを助長する。むしろ、リーダーが直面したであろう利害対立の調整をありのままに記述することは、まちづくりの真実を明らかにし、それゆえに実践的含意を示唆すべき研究者の役割と言える。本章では、当事者との交流やインタビューを重ね、参与観察に近い手法で本音を記述することに努めた。

3）引き受ける条件として「私の好きなようにやってもいいですか」ということで、自分で人選した人を各部署から引き抜き、大玉さんの部署で人も抱えることで、仕事がスムーズに運ぶようになったという。企画した部署と実際に仕事を担当する部署が違っていたため、当事者意識に欠け、仕事が進まなかったからである。このやり方の成功は、やがてまちづくりにおいても、「企画する人と実施する人との一体化」として実践されることになる。

4）2019年3月5日にインタビュー調査。

5）2019年3月5日にインタビュー調査。

6）増資の前後における出資者の構成を詳細に分析した久保・中原［2013］によれば、まちづくり協議会への参加を契機に出資した民間事業者や市民が増加したという。

7）2019年3月5日にインタビュー調査。

8）まちづくり会社の主な収入は、直営店や子会社からの収入であり、そのうち約半分をお土産販売のアルジャンが稼いでいる。もともと別会社であったが、それを2011年に買収して100％子会社の富良野物産観光公社に改め、マルシェとの一体的運営が可能となったことにより、売上を5000万円から現在の約3億まで拡大させている。まちづくり会社は、まちづくり関連のさまざまな事業を手掛けるだけでなく、16名（正規）11名（非正規）を正規職員として雇用するとともに、富良野市に対し借地の地代と固定資産税ならびに法人住民税を合わせて1600万円超を納付する超優良企業となっている。

9）後述する二期工事であるネーブルタウン事業の申請に際しても、経産省の戦略的補助金は認められなかった。これを救ったのは、同じ経産省中小企業庁商業課の補助金であった。この間の経緯については、石原・加藤ほか［2018：170］を参照。

10）2019年3月5日にインタビュー調査。

11）2019 年 3 月 5 日にインタビュー調査。

## 参考文献

石原武政・加藤司・風谷昌彦・島田尚往［2017］『フラノマルシェはまちをどう変えたか
　　──「まちの滞留拠点」が高める地域内経済循環──』学芸出版社。

石原武政・石井淳蔵［1992］『街づくりのマーケティング』日本経済新聞社。

会計検査院［2018］「中心市街地の活性化に関する施策に関する会計検査の結果について」
　　平成 30 年 12 月。

加藤司［2003］「商業・まちづくりの展開に向けて」石原武政・加藤司編『商業・まちづ
　　くりネットワーク』ミネルヴァ書房。

木村隆之［2015］「遊休不動産を利用した『利害の結び直し』として読み解かれるソーシ
　　ャルイノベーション」『VENTURE REVIEW』25。

久保勝裕・中原理沙［2013］「出資者の協議会等への参加歴からみたまちづくり会社の展
　　開プロセス──ふらのまちづくり株式会社を対象として──」『日本都市計画学会　都市
　　計画論文集』48(3)。

谷本寛治・大室悦賀・大平修司・土肥将敦・吉村公久［2013］『ソーシャル・イノベーシ
　　ョンの創出と普及』NTT 出版。

中小企業基盤整備機構［2018］『平成 30 年度富良野市中心市街地活性化診断・サポート事
　　業プロジェクト型事業報告書』。

西本伸顕［2013］『フラノマルシェの奇跡──小さな街に 200 万人を呼び込んだ商店街オ
　　ヤジたち──』学芸出版社。

富良野市中心市街地活性化基本計画（平成 28 年 7 月 29 日変更）。

湯浅篤［2013］「病院跡地に民間主導で年 70 万人を呼ぶ商業施設を開発」石原武政編『タ
　　ウンマネジャー「まちの経営」を支える人と仕事』学芸出版社。

第6章

# 大阪カタシモワイナリーの
## 地域貢献とさらなる挑戦[1]

## は じ め に

　日本のワイン産業は、21世紀に入ってワイナリーの醸造技術力の向上や独自の経営戦略等によって新たな成長を遂げているとともに、政府も積極的に政策や法制度の整備を進めている。現に、山梨県、長野県、北海道が日本三大ワイン産地として海外においても知名度を上げている。一方で、実はブドウ栽培面積において日本一を誇る時代があった大阪府のワイン産業が、知名度で後れを取っているのは大阪経済の活性化の手段として「ブドウ・ワイン」を活かしきれていない課題といえる。

　本章では、大阪府内でもブドウ生産量の大部分を占める河内地域の柏原市大平寺地区において誕生し、関西圏ワイナリーの中でもリーダー的役割を果たしている「カタシモワインフード株式会社（以下、カタシモワイナリー）」を紹介したい。具体的には当社の歴史および特徴、そして地域での活躍、さらには同社の公民連携の内容を考察する。最後に、日本のワイン産業の現状と2019年2月1日に発効した日欧EPA（Economic Partnership Agreement）等の海外諸国との経済協定による日本のワイン産業への影響をふまえた上で、今後の大阪ワイン産業の成長にとっての課題を述べたいと思う。

## 1　カタシモワイナリーの歴史的展開と地域創生

### (1)　カタシモワイナリーの概要

　農林水産省統計によると、大阪府は2018年産のブドウ収穫量が全国7位（4830 t）[2]であるが、昭和初期まで日本一のブドウ産地であり、ワインの生産量もかつて日本一の時期があったことはあまり知られていない。第二次世界大戦後、大阪府一帯が工業化するとともに、柏原市をはじめとする河内地域も大阪市内への通勤圏としてベッドタウンと化した。そして、ブドウ畑が次々と住宅

第 6 章　大阪カタシモワイナリーの地域貢献とさらなる挑戦　105

写真 6-1　大阪平野が一望できる高傾斜のカ
　　　　　タシモワイナリーのワイン畑
出所）筆者撮影（2018 年 6 月 1 日）。

地に造成されることで、最盛期には大阪府内に 100 件以上あったワイナリーも大部分が廃業すると同時にブドウ栽培農家も激減してしまうのである。とりわけ高傾斜地一帯に広がる柏原市のブドウ畑において（**写真 6-1**）、機械の導入が困難であるブドウ栽培農家も多いうえに高齢化率も非常に高いことから、ご多分に漏れず耕作面積は年々減り続け、耕作放棄地も拡大している。

　カタシモワイナリーがある地域は、柏原市の中でもかつて旧堅下村と呼ばれ、ここで栽培されたブドウが「堅下ブドウ」と呼ばれるようになった。この地域で有名であった河内木綿の生産が衰退していた時期の 1878 年、篤農家の中野喜平氏が甲州ブドウの苗木の育成に成功したことがきっかけで、木綿栽培に代わってブドウ栽培がしだいに増えて昭和に入ると定着化する。実際、1935 年のデータで大阪府下のブドウ栽培面積は全国最大であると同時に、このうち約 3 割を当時堅下村が占めていたのである[3]。

　中野氏と同時期、高井利三郎氏もブドウ栽培を進めるため、山麓斜面を積極的に開墾して栽培面積を次々と拡大していく。

　1914 年に利三郎氏の息子、作次郎氏が研究を重ね続けた結果、ついにワイ

106　第Ⅱ部　組織や仕組作りによる地域活性化

ン醸造に成功し、ワイナリー創業者として「カタシモ洋酒醸造所（現在のカタシモワインフード株式会社の前身）」を立ち上げる。そして高品質なワイン造りのために生涯をかけて、当時では斬新なアイデアや工夫を果敢に取り入れた。具体的には ① 温室ブドウ栽培による早期の出荷開始、② ブドウの冷蔵貯蔵庫（国登録有形文化財指定）の設置、③ 栽培病害虫対策のため、諸外国からの新品種の苗木導入による品種改良とその普及、④ 傾斜地一帯のブドウ畑に運搬の省力化・効率化のためのケーブル敷設、⑤ ブドウ出荷販売方法の個人から共同へのネットワークの確立化、などが挙げられよう。このように、作次郎氏はまさに大阪ブドウ栽培の黄金期を築いた貢献者であり、1966 年には勲五等双光旭日章（現旭日双光章）を受章している。

　そして、現在は作次郎氏の孫、利洋氏（現社長）が 4 代目として引き継ぎ、地域貢献の担い手として多方面で活躍しているが、入社当時の 1970 年代後半はすでにブドウの栽培農家もブドウ畑も減少の一途で、大阪ワインの知名度もほとんどなく、同社ワインの売上も苦境期にあった。その状況下、ワイン以外のブドウジュースや冷やしあめの製造販売が生計を支えていた。ここから利洋氏の前向きな挑戦が始まるのである。まず、広報活動に注目して消費者や地域住民と向き合えるワイナリー見学会を実施し、認知度の向上に尽力することでファンを次第に増やしていく。1990 年代からは、自社農園では除草剤を使用しない減農薬栽培、21 世紀に入って自社全農園において有機肥料栽培にも取組み始め、可能な限り有機肥料の使用にこだわって、常に安心・安全を尊重した栽培とブドウ畑保全にも力を注いでいる。2006 年には自社全農園が大阪府エコ農産圃場に認定される。

　また、ブドウの新品種において地元特産のデラウェアを活かした研究開発に10 年以上の年月を重ねてきたことで、ついに高品質なワイン製造に成功する。地元原料にできるだけこだわりながら「堅下ブドウ」のブランド価値向上をもたらすことに力を入れている[4]。利洋氏のこのような努力が実を結び、同社は現在、西日本で現存する最古のワイナリーとなり、国・大阪府から海外まで数多くの受賞歴もある（表 6-1）。

## (2)　カタシモワイナリーの特徴と飽くなき挑戦

　筆者は同社の特徴や具体的な取組みについて、利洋氏と 5 代目に名乗りを挙げている娘の麻記子氏（写真 6-2）に 2 度にわたって詳細なるヒアリングを行っ

第 6 章　大阪カタシモワイナリーの地域貢献とさらなる挑戦　107

表 6-1　カタシモワイナリーの主たる受賞歴・認定内容一覧

| 2003 年 | 「ジャパニーズ・グラッパ」がモンドセレクション銅賞、第 3 回賞 BY 繁盛経営革新奨励部門で特別賞 |
| --- | --- |
| 2004 年 | 優良ふるさと食品中央コンクールにおいて「ジャパニーズ・グラッパ」が農林水産大臣賞、「河内ワイン　キャンベル」がジャパンワインコンペティションで奨励賞受賞 |
| 2005 年 | 中小企業革新支援法認定企業、ワイン貯蔵庫が国の登録有形文化財に指定 |
| 2006 年 | 自社全農園が大阪府エコ農産圃場に認定、厚生労働大臣賞 |
| 2007 年 | 堅下甲州 2006 が第 10 回ジャパンワインチャレンジで銅賞 |
| 2008 年 | デラウェアスパークリングが第 11 回ジャパンワインチャレンジで銅賞、ジャパンワインコンペティションで奨励賞 |
| 2009 年 | 地域資源活用事業認定 |
| 2010 年 | 「カタシモのひやしあめ」が大阪産名品に認定、「合名山　堅下甲州葡萄」「自社畑宮ノ下スパークリングデラウェア」「氷結ワイン 大阪産デラウェア」が大阪府 E マーク食品に認証。また自社保管の古道具 35 点が「柏原市指定有形民俗文化財」に指定 |
| 2011 年 | 日ごろの自社活動に対し「大阪産五つの星大賞」の特別賞 |
| 2012 年 | 『100 年以上続くぶどう畑をワインの力で次の 100 年につなげる』活動が「大阪産五つの星大賞」、「第 4 回ひがしんビジネス大賞」にて特別賞 |
| 2013 年 | 認定農業者として柏原市より認定、大阪府より「食の安全安心」認証、総合化事業計画の認定、葡萄果皮 720 ml が料理マスターズブランドに認定、「がんばる中小企業・小規模事業者 300 社」(経済産業省) に選定 |
| 2015 年 | 厚生労働省医薬食品局食品安全部長表彰 |
| 2016 年 | 大阪府農業生産・経営近代化優秀農業者等選賞事業知事表彰、第 65 回全国農業コンクールにて農林水産大臣賞、毎日新聞名誉賞、6 次産業化優良事例表彰にて農林水産大臣賞を受賞 |
| 2017 年 | 大阪府食の安全安心顕彰制度大阪府知事賞、日本ワインコンクールにて、K.S. 合名山北畑　デラウェア スパークリング 2015 が銅賞、近畿「ディスカバー農山漁村 (むら) の宝」(近畿農政局) に選定、「地域未来牽引企業」(経済産業省) に選定 |
| 2018 年 | China Wine & Spirits Awards にて利果園 (赤) マスカット・ベーリー A が Best Value GOLD MEDAL、フェミナリーズ世界コンクール 2018 (フランス開催) にて「利果園堅下本葡萄 (白)」が銀賞<br>地産地消等優良活動表彰にて農林水産大臣賞を受賞 |

出所) カタシモワインフード株式会社 HP「ワイナリーの歴史」をもとに筆者作成。

た (2018 年 6 月 1 日、同年 11 月 26 日に実施)。以下、その内容をもとに当社の魅力的な特徴と飽くなき挑戦について紹介しておこう。

　まず、1 つめの特徴として、同社では多才・多彩な従業員を数多く採用している。お笑い芸人出身の営業担当をはじめとして、シェフ、陶芸家、バンドマ

写真 6-2　現社長の高井利洋氏と娘の麻記子氏
出所）筆者撮影（2018 年 11 月 26 日）。

ン、キャンドル＆服飾アーティスト、サイクルロードレーサーなど、それぞれの分野において現役かつ実力派の従業員もいるが、いわゆる「副業」も認めている。例えば、雨天の際、ブドウ畑栽培担当の従業員は出勤せず副業を優先することができる。2019 年 4 月 1 日に「働き方改革関連法」が施行し、目下、政府は柔軟かつ多様な働き方をめざすべく副業（兼業）の普及を促進しているが、従前より同社では従業員の興味や関心事を尊重し、次なるキャリアへチャレンジする職場環境を整えている。実際に、かつての従業員の中には、ワイナリーやカフェを起業していたり、ワインコンサルタントとして活躍している方もいる。

　基本的に、従業員の副業が本業に関連があれば、当社にとっての直接的効果は大きいと期待される。しかし、全く本業に関連のない副業であっても想定外のアイデアやコラボレーションを社内にもたらす可能性があるため、同社の柔軟かつ従業員に寄り添った雇用制度は大いに評価できる。また、同社では研修員の受け入れ制度もあり、ブドウ畑栽培から醸造までの技術相談などを行って「ブドウ・ワイン」の継承に関わる取組みには惜しみなくサポートしている。

　2 つめの特徴は、社屋の歴史的建物である。ワイン醸造所や販売所とは別に古民家を活用した情緒と趣の漂う事務所としての建物には、種々イベントや会議等に使用している大広間や複数の和室もあり、将来的にオーベルジュ（auberge）[5]や民泊施設としても活用できそうなスペースを有する。さらに、醸造所併設のテイスティングルームは、柏原市指定有形民俗文化財にも指定された

第6章　大阪カタシモワイナリーの地域貢献とさらなる挑戦　109

写真6-3　柏原市指定有形民俗文化財指定のテイスティングルーム
出所）筆者撮影（2018年6月1日）。

昔の貴重な醸造器具、実験用具などが所狭しと並んでおり、まるで博物館のような雰囲気である（写真6-3）。

つぎに、販売所に陳列されている個性的なネーミングも含めた40種類超の同社商品のラインアップの中から、地元大阪への強いこだわりと新たな商品開発への情熱で生まれた商品例について述べておきたい。同社では、従来は廃棄していたデラウェアの皮を使用して全国初のグラッパ（皮を発酵させた蒸留酒）やノンアルコールワインの商品化に成功している。また、デラウェアを原料に2009年に製造された当社で大人気のスパークリングワイン、「たこシャン（tako-Cham）」は、大阪を代表するたこ焼きと一緒に気軽に飲んで楽しんでもらう意味で名付けたという。2017年には、4年の歳月をかけ商品化にこぎ着けたスパークリングブランデー、「大阪ど根性スピリット」も評判が高い。

利洋氏に同社の最大の強みについて尋ねると「危機感」と即答され、常に誰も見たことのない新しい風景を見るために奔走しているという。このような「創造的挑戦」こそが、カタシモワイナリーの成長力およびブランド価値向上に大きくつながっていると言えよう。

(3)　地域資源としての「ブドウ」を活かした取組み

関西では、共通の問題や課題を抱える中小規模のワイナリーが一丸となって「良質のワインを消費者に届ける」との思いから、カタシモワイナリーの利洋

氏が発起人の中心となって、まず2012年に大阪府内6社で「大阪ワイナリー協会」を設立する。2016年には、さらに圏域を拡大して近畿2府3県の14社が参加する「関西ワイナリー協会」を立ち上げた。この協会の活動としては、試飲イベントなどを通じて地域資源としての関西圏ワインのブランド力を高めていくとともに、ワイナリー同士での情報交換や技術協力も積極的に行う。さらに官民連携も活かして世界に誇れる関西ワインの魅力発信に努めている。[6]個々の中小ワイナリーの努力では、経営的に限界がある状況で、このような地域性の高い協会の設立で本来はライバル（競争者）でありながらも、ワイナリー相互に関係性を深めてワインの将来性を理解しあうことは非常に重要である。

　ワイン産業がブドウ農家のみならず、飲食業や小売業、観光業など、他の産業分野へ広く経済波及効果をもたらす産業として位置づけられることは、地域経済においても重要な点である。カタシモワイナリーは地元の産業振興・活性化の視点のもと、ワインに関わるさまざまな業界、団体、研究機関、自治体、さらには地域住民・ボランティア等が当社とあらゆる形で連携・協力する仕組を独自に形成してきた。まさに地域資源のブドウを活用したイノベーション、新商品・新サービス、付加価値を次々と生み出す「産業クラスター」を展開している。[7]以下、同社の興味深い具体的な取組み事例を紹介する。

### ① ブドウ畑を活用した異業種人材交流と地域交流

　カタシモワイナリー社長の利洋氏とさまざまなイベントや農業研修の交流を通じて知り合ったレストラン経営者、農業生産者、ワイン愛好家、マスコミ関係者、航空会社、その他大手企業の社員等の多岐にわたる業界の人材が、利洋氏の熱意と魅力に惹かれて同社ブドウ畑の維持と保全のため、ボランティアとして集う。さらに大学生も加わってブドウ栽培から収穫に至るまで今までに延べ460名ほどが積極的に参加している。利洋氏によると、年々増える耕作放棄地をブドウ畑に甦らせるため、これら企業や個人のボランティアに荒れた農地の草刈りや剪定等の農作業を行ってもらう手法を取っている。このブドウ畑を通じたユニークな仕組は、参加企業としてもCSR（Corporate Social Responsibility）の取組みの一環として意義があるとともに、ボランティア同士での新たなつながりや交流も生み出しているのである。

　また、ブドウ畑を地元レストランに無償で開放してコース料理と同社ワインを提供するイベントを開催するなど、地元における交流人口の増加につなげて

いる。

### ② 地元の歴史資源を活用したワインツーリズム

　同社では、ワイナリー・ワイン畑見学、同社の古民家施設での食事会（予約制・不定期）・勉強会、ワイン祭りの開催など、いわゆる「ワインツーリズム」のリーダー的役割も担っている。また、同社の立地している柏原市太平寺地区は、奈良時代から平安時代にかけての寺社や史跡が数多く発掘され、歴史的・文化的資源も多いことから、利洋氏は「ブドウ・ワイン」、「歴史」、「地域住民」を繋ぐ仕組づくりで地域を盛り上げている。ワインツーリズムは複数のワイナリーを巡る中で、各ワイナリーでの作り手との交流やワインの試飲、食事も楽しむと同時に、ブドウ畑をハイキング感覚で散策し、訪れたワイナリー地域の風土、自然、文化などを五感で味わうものである。今後、より一層、地元産ワインのPRに注力していくには、地元の玄関口である駅をワインツーリズムの拠点として、観光案内所や看板の設置などを含めた積極的な活用を通じて集客力の向上が必要である。幸いにも同社は近鉄大阪線の安堂駅、堅下駅、そしてJR大和路線の柏原駅のいずれからも徒歩20分程度の圏内でアクセスが良い。よって、近年、急増しているインバウンド効果も十分に狙えるため、駅から続く商店街等と連携・協力しながらブドウやワインを使った食のPRに取組むことで、国内観光客だけでなく、外国人観光客を視野に入れたワインツーリズムの促進が不可欠であろう。[8]

## 2　大阪のワイン産業における公民連携

### ⑴ 「6次産業化ネットワーク活動推進事業」と「大阪ミュージアム構想」

　ワイン産業はさまざまな産業分野との関わりがあり、既述の産業クラスターの形成をはじめ6次産業化の振興に結び付きやすく、地域経済への波及効果が大きい。また、学問的研究においても、まちづくり論や地域活性化論との関連でワイン産業を取り上げた論文も多い。以下では、大阪のワイン産業における公民連携の具体的な取組みと地域活性化の状況について見る。

### ①「6次産業化ネットワーク活動推進事業」

　大阪府では、農林水産業者がさまざまな商品開発や販路開拓、あるいは施設

112　第Ⅱ部　組織や仕組作りによる地域活性化

整備に取組む際に「6次産業化ネットワーク活動推進事業」として補助金支援を行っているとともに、「大阪産6次産業化サポートセンター」を整備し、大阪産6次産業化に取組む事業者を支援している。

　カタシモワイナリーも、この事業を活用して新たなワイン製造設備を導入することで新たな商品化に至っている[9]。さらに、当社のブドウ畑は単なるワイン原料としての畑ではなく、地域交流や観光資源の「場」として理想的に活用している。よって、「1次産業（ブドウ生産）× 2次産業（ワイン醸造）× 3次産業（ブドウ畑の活用）」による地域独自の6次産業化の仕組を作り上げたうえに、飲食店や酒販店など多くの関連事業者との連携でバリューチェーンの構築に貢献したことから、2016年には6次産業化優良事例表彰として農林水産大臣賞を受賞している。

### ②「大阪ミュージアム構想」

　大阪府内の魅力的な歴史・文化・自然などの地域資源が全国的にまだまだ知られていないことから、これら地域資源を全国発信して大阪を元気にすべく、2008年、大阪府全体を「ミュージアム」に見立てる「大阪ミュージアム構想」がスタートした[10]。大阪府はこの構想を進めるにあたり、補助金支援事業として特に6つのモデル地区を選定する。その中で、柏原市のワイン畑と歴史的資源が集中する太平寺地区が「石畳と淡い街灯まちづくり支援事業」としてモデル地区の1つに選定された。このことを受けて、同地区では在原業平が通ったとされる業平道などの道路の整備、寺跡・古民家が数多く残る景観に配慮した電柱への木柱風巻き化粧や和風デザインの照明灯の設置、ブドウ畑の広がる沿道水路の修景保存など、カタシモワイナリー本社の周囲一帯が美観地区に生まれ変わってきている[11]。また、地域住民のまちづくりに参加するモチベーションや意識が高まりをみせており、地元からさまざまな芸術文化の企画運営、種々イベント・勉強会などの開催、機関誌の発行などの情報発信し、地域社会を発展させることを目的とした組織団体、「Arts Project in OSAKA KASHIWARA（通称、アッポコ）」が発足し、地域住民を巻き込んだ催しを定期的に開催している[12]。よって、同地区はもとより柏原市全体をしっかりとPRできるような地域ガイドや地域活動リーダーの増加がより一層求められる。

第 6 章　大阪カタシモワイナリーの地域貢献とさらなる挑戦　113

## ⑵　大阪府の「ぶどう・ワインラボ」開設と公民連携への期待

2018 年 3 月 20 日、大阪ワインを盛り上げるため、大阪は羽曳野市の府立環境農林水産総合研究所内に研究拠点施設「ぶどう・ワインラボ」を開設した[13]。20ℓタンク 8 基を設置した醸造室、醸造に伴う発酵状態・成分変化などの測定機器を設置した測定用分析室、ワイン・ブドウ貯蔵室などを備えている。加えて、ラボと同時にブドウ圃場が新設され、大阪の気候・風土に適したブドウ品種の栽培・育成を行っており、大阪の主力ブドウ品種、デラウェアを原料とした特徴的なワインの醸造試験の取組みが進むことになる。なお、昨今の気候変動による地球温暖化・異常気象、および日本のような高温多湿の気候において病害虫発生はブドウ農家にとって悩ましい問題である。それゆえ、ラボの役割として精緻な気象データ観測による情報提供とサポート体制の充実化、そしてブドウ畑の保全・維持とブドウ栽培の生産性向上のためにも病害虫防除技術の研究・開発は急務である。

このラボ開設を契機として、ブドウ農家、ワイナリー、行政機関などが一体となって連携・協力することで、大阪ブドウを核とした地域の魅力、大阪ワインのブランド価値が高まっていくことを望むところである。

## 3　グローバル時代におけるワイン産業の課題

## ⑴　日本のワイン産業を取り巻く現況
### ① 日本のワインの生産量・出荷量・輸出量等の動向

近年、アジア地域では中間所得層の増加による所得水準の向上でワイン消費量が急速に伸びており、その中でも中国が世界国別ワイン生産量で第 7 位、消費量ランキング第 5 位にある。一方で、伝統的な有名ワイン生産・消費地域である欧州ではむしろ需要の低迷が続いており、現にイタリア、フランス、スペインの 3 カ国の生産量は前年比で約 20％も減少している[14]。それゆえ、世界のワイン生産国、およびワイン業界ではアジア地域のワイン市場を新たな成長市場として位置づける傾向にある。

日本のワイン市場動向として、2017 年度の国内ワイン生産量（ 1 万 7633 kℓ）は前年比 1025 kℓ の増加、出荷量（ 1 万 4988 kℓ）は前年比 379 kℓ の減少、輸出量（58 kℓ）は前年比 2 kℓ の増加である[15]。高齢化と若者のアルコール離れの影響もあって、酒類全体の国内消費量が減少するなか、安価な輸入ワインの増加と

114 第Ⅱ部 組織や仕組作りによる地域活性化

国内ワインの知名度と人気の上昇で、国内でのワイン消費量はここ 10 年ほど増加傾向にある。さらに果実酒製造免許の新規取得者件数がここ 5 年間、毎年平均 35 件程度で推移している状況に注目したい[16]。この背景としては、構造改革特別区域制度における酒税法の特例措置によって、ワイン製造免許要件が大幅緩和されたことも大きいと思われる[17]。この特区制度を活用してブドウ産地を活性化すべく各地方自治体が事業計画を積極的に国に申請していることで、次々と認定地域（通称「ワイン特区」）が増えている。したがって、このワイン特区の増加が耕作放棄地のブドウ栽培による再生、および中小規模のワイナリーの新規参入に結びつき、地域経済の活性化につながる好循環をいかにして見出せるか、が重要である。

### ② ワインのラベル表示にかかる法制度の改正

欧米のワイン生産国では、産地や品種等のラベル表示の記載についてワインそのもののブランド価値や品質保証に大きく影響することから厳格な規定が設けられているが、日本のワインには今まで明確な規定が存在しなかった。しかしながら、近年の国内におけるワインへの関心の高まりや消費量の増加を受け、消費者がワインの正確な情報を入手し、適切な商品選択が可能となるように、国税庁は 2018 年 10 月 30 日、「酒税の保全及び酒類業組合等に関する法律」に基づく「果実酒等の製法品質表示基準」を告示した[18]。よって、ワイン表示基準が大幅に変更され、従来の「国産ワイン」の表示が「日本ワイン」と「国内製造ワイン」の 2 つのカテゴリーに表示分けされることとなった。前者は原料のブドウが 100％国産で国内製造のワインに表示が適用される。また、1 つの産地で原料のブドウを 85％以上収穫し、かつ当産地で醸造した場合のみ当産地表示が可能となる。一方、後者は輸入のブドウ果汁など海外原料を含んでいれば、日本で製造したワインであってもこちらの表示を適用することとなるうえに、使用した具体的な原料表示が義務付けられている（違反した場合、50 万円以下の罰金）。

今後、さらに日本ワインの国際的な認知度や信頼性を高めていくためには、ワイン表示についても海外諸国の基準を踏まえて平準化していくことは不可避である。なお、ブドウ栽培農家の減少で 85％以上の地元産ブドウの確保が困難な大阪府の中小ワイナリーにとって、今回の法制度導入により多くの商品名の変更を余儀なくされたことから、地元産ブドウ栽培量を増やすための地道な

努力と工夫が求められる。

## (2) 大阪のワイン産業の持続的発展に向けて

### ① 日本のワイン産業の課題

　日本においてワインの人気が高まってきているとはいえ、全国で約300件のワイナリーのうち、中小ワイナリーが9割超の市場構造であるうえに収益面での脆弱さも目立つ[19]。また、ワイナリー開設後はブドウプレス機、醸造用機械、ワイン分析機械、貯蔵施設等の特殊機械に多大なメンテナンスコストがかかるのは大きな負担となる。さらに、年々、国内ブドウ生産量、出荷量が減少傾向にあることから[20]、各ワイナリーは原料用ブドウの確保に奔走している。実際、日本のワイナリーで原料用ブドウを自営農園で栽培しているケースは約13%で、大部分のワイナリーは契約農家のブドウや輸入ブドウの購入によって醸造用ブドウを確保している状況にある[21]。国内ブドウ産地において、一般的にワイン醸造用ブドウは生食用ブドウに比して安価なためブドウ農家の生産意欲がわきにくい面もあり、今後はブドウ農家とワイナリー等の購入者との間で量・価格において安定した契約関係を築くことで国産の原料用ブドウを確保する工夫が必要であろう。

　加えて、近年、醸造用ブドウの苗木不足の深刻化が増している。この要因は先述の「ワイン特区」による果実酒製造免許取得者の増加、および「日本ワイン」への関心の高まりで、苗木需要が急増していることも大きい。日本ではごく少数に限られる苗木業者においていずれも品薄状態で価格も上昇傾向にある中、ワイン産地の長野県、北海道などの地方自治体が苗木供給の支援策を打ち出した。また、ワイン製造大手のメルシャンを傘下に持つキリングループが苗木増加に向けた技術開発のために本格的な基礎研究に乗り出したり[22]、国内酒類大手4社（キリン、アサヒ、サッポロ、サントリー）はブドウの安定調達のため、自社畑の栽培面積を増やす傾向にある[23]。

### ② EPA など海外との経済連携協定への対応

　2019年2月1日、日欧 EPA の発効でワインやウィスキーなど輸入酒類の関税が即時撤廃になった。それゆえ、今後は安価から高価までバラエティな価格帯の EU（European Union）産ワインの輸入増が見込まれるため、日本ワインは海外ワインとの競争激化が不可避であり、国際競争力強化も急務となる。ここ

で、日本の中小ワイナリーが安価な海外ワインに競争を挑むのは人件費、原料費などコスト面では明らかに限界があることから、各ブドウ産地においては地域性を持たせたブドウ栽培およびワイン醸造技術の研究・開発によって、高品質・高付加価値を有するワインを追求すべきと思われる。

　一方、消費者としてはワインの選択機会の増大により嗜好を多様化できるチャンスでもあり、このことが国内におけるワイン市場の活況と拡大につながる。そして最終的に日本のワイン産業に関わりの深い地域経済の活性化につながれば望ましいであろう。

### ③ 地域ブランドの確立と知名度向上への努力

　各ワイン産地における地域ブランド戦略の1つとして、国税庁が2017年10月30日から施行している「酒類の地理的表示に関する表示基準」に基づき、ワイン産地の「地理的表示（GI：Geographical Indication）」の指定を受けることは重要である。[24] 地理的表示保護制度とは、ある特定地域で生産され、品質の社会的評価が確立した商品についての産地名称を保護するもので、国税庁長官の指定を受ければ産地名称を独占的に使用できる。ワイン産地としてこの地理的表示の指定を受けるには、ブドウ栽培から醸造・瓶詰めに至るまで1つの産地で行うこと、使用できるブドウ品種の指定、最低アルコール濃度や最低果汁糖度の指定等の厳格な条件を満たす必要がある。[25]

　さらに、先述の日欧EPAでは、地理的表示ルールを相互容認するため、国内で地理的表示の指定を受けたものはEUでも保護される。よって、模倣品の誤認も防止でき、また産地の知名度も向上し、結果的にブランド力強化にもつながることから、各ブドウ産地は国内における地域ブランドの確立に向けて地理的表示の指定を意識した取組みが非常に重要となる。

## おわりに

　以上、日本のワイン産業はさまざまな課題がありながらも、地域活性化の一手段として今後、さらに発展するポテンシャルも大きいといえよう。

　グローバル的視点からもワイン産業は、中国や南米等の新興国がワイン生産・消費の新たな牽引役となって成長していくと思われる。それゆえ、この状況を見据えながら大阪において国際競争力を有するワイナリーを維持、さらに

は増加させていくためには、地元オリジナルで高品質なワインを安定的に製造できるブドウ・苗木の確保、広範な海外販路の確立、さらにはワイン文化が継承されるべく後進の人材育成が不可欠であろう。

注
1）本章作成にあたり、現地調査・ヒアリングにご協力下さったカタシモワインフード（株）の高井利洋氏、麻記子氏、大阪府環境農林水産総合研究所「ぶどう・ワインラボ」の谷本秀夫氏には感謝申し上げたい。なお、本文にかかる一切の責任は筆者に帰属する。
2）農林水産省統計表一覧（平成30年産日本ぶどう結果樹面積、収穫量及び出荷量）（http: //www. maff. go. jp/j/tokei/kouhyou/sakumotu/sakkyou_kazyu/index. html、2019年3月17日閲覧）を参照。収穫量上位3県の山梨県、長野県、山形県で全国収穫量の51％を占める。
3）柏原市役所HP（http://www.city.kashiwara.osaka.jp/docs/2017092500026/、2019年3月17日閲覧）を参照。なお、明治政府の殖産興業新興策の一環として諸外国のブドウ苗木の育成・栽培も推進したことから、内藤新宿試験所、三田育種場、播州葡萄園の3つの官営葡萄園が開設された。このうち1880（明治13）年、ブドウ樹栽培、醸造に適した温暖で乾燥の土地として兵庫県加古郡稲美町に開設された播州葡萄園は、当時、最大規模のブドウ園として期待されながらも虫害や自然災害によって壊滅的な被害を受け、わずか数年で廃園となる。現在、播州葡萄園跡は「近代化産業遺産群」に認定されている。稲美町HP（http://www.town.hyogo-inami.lg.jp/contents_detail.php?co=cat&frmId=154&frmCd=4-5-0-0-0、2019年3月17日閲覧）を参照。
4）創業から現在に至るまでの歴史的展開については、カタシモワインフード株式会社HP（http://www.kashiwara-wine.com/history/history.html、2019年3月17日閲覧）を参照。
5）フランスが発祥で、主として郊外や地方にある宿泊施設付きのレストランのこと。現地の素材や特色を活かした料理を振る舞うと共にワインも味わってもらうため、車で訪れる利用客のために宿泊施設が備えられた。
6）関西ワイナリー協会HP（https://www.kansai-wine.com/blank-2、2019年5月9日閲覧）。なお、東日本のワイナリーに比して西日本の知名度が低いことから、関西圏からさらに西日本全体に拡大して、近い将来の「西日本ワイナリー協会（仮）」設立に向けてもカタシモワイナリーの利洋氏が尽力している。
7）クラスターを直訳すれば「ブドウの房」であり、ワイン産業が「産業クラスター」の典型として捉えられることが多い。詳細については、Porter, M. E.［1998］。
8）周知のように、大阪は「天下の台所」、「食い道楽」と呼ばれるほど食文化が発達してきた歴史もあるため、大阪の「フードツーリズム」のさらなる充実にも期待も大きい。

118　第 II 部　組織や仕組作りによる地域活性化

よって、河内地域のワイナリーは半径 3 km 内に集積していることから、ワインツーリズムをフードツーリズムの一環として取り入れた観光戦略も必要であろう。

9 ）詳細は大阪府 HP「大阪府 6 次産業化ネットワーク活動推進事業補助金の活用事例」（http://www.pref.osaka.lg.jp/ryutai/osaka_6jisangyo/6ji_jirei.html、2019 年 3 月 17 日閲覧）を参照。

10）具体的な活動や内容については大阪ミュージアム HP を参照（http://www.osaka-museum.com/about/、2019 年 3 月 17 日閲覧）を参照。

11）柏原市役所 HP（http://www.city.kashiwara.osaka.jp/docs/2017092500026/、2019 年 3 月 17 日閲覧）を参照。

12）アッポコの詳細な活動内容について（http://appoko.org/eventap.html、2019 年 3 月 20 日閲覧）を参照。

13）大阪府立環境農林水産総合研究所 HP（http://www.kannousuiken-osaka.or.jp/portal_info/doc/2018031400018/、2019 年 3 月 18 日閲覧）を参照。

14）フランスに本部を置く「国際ブドウ・ワイン機構（OIV：Organisation Internationale de la vigne et du vin）」HP 内の統計資料 'STATE OF THE VITIVINICULTURE WORLD MARKET April 2018'（http://www.oiv.int/en/oiv-life/global-state-of-conditions-report-developments-and-trends-april-2018、2019 年 3 月 29 日閲覧）を参照。ちなみに日本は消費量ランキング第 15 位。

15）国税庁課税部酒税課「国内製造ワインの概況（平成 29 年度調査分）」pp. 1-8。

16）国税庁 HP「酒類等製造免許の新規取得者名等一覧（果実酒）」（http://www.nta.go.jp/taxes/sake/menkyo/shinki/seizo/02/zenkoku.htm、2019 年 5 月 9 日閲覧）を参照。

17）具体的には、2003 年 4 月 1 日に年間最低製造数量基準が 6 kℓ 以上から 2 kℓ 以下へ引き下げられ、さらに 2008 年 5 月 21 日の制度改正で農園レストランや農家民宿での自家栽培ブドウでワイン醸造し、顧客に提供する場合等はこの基準そのものが適用外となった。

18）（https://www.nta.go.jp/law/kokuji/151030_2/index.htm、2019 年 5 月 9 日閲覧）を参照。

19）国税庁課税部酒税課「国内製造ワインの概況（平成 29 年度調査分）」pp. 1-4。

20）農林水産省大臣官房統計部「農林水産統計（平成 30 年産ぶどうの結果樹面積、収穫量及び出荷量）」p. 2。

21）国税庁課税部酒税課「国内製造ワインの概況（平成 29 年度調査分）」p. 17.

22）「SankeiBiz2016.12.7」（https://www.sankeibiz.jp/business/news/161207/bsd1612070500009-n1.htm、2019 年 3 月 17 日閲覧）を参照。

23）『日本経済新聞』2019 年 5 月 23 日朝刊。

24）国税庁 HP（https://www.nta.go.jp/law/kokuji/151030_3/index.htm、2019 年 3 月 27 日閲覧）を参照。

25）2019 年 3 月現在、国内で地理的表示として指定を受けたワイン産地は「山梨」と「北海道」の 2 つ。

**参考文献**

原田喜美枝「日本のワインとワイン産業」『商学論纂』（中央大学）、55(3)。

長部重康編［2016］『日・EU 経済連携協定が意味するものは何か』ミネルヴァ書房。

法政大学地域研究センター［2017］『地域活性化政策とイノベーション── EU 主要国の事例研究──』芙蓉書房出版。

田中道雄・テイラー雅子・和田聡子編［2017］『シティプロモーション：地域創生とまちづくり──その理論と実践──』同文舘出版。

Porter, M. E［1998］*On Competition*, Boston, Harvard Business School Press（竹内弘高訳『競争戦略論Ⅱ』ダイヤモンド社、1999 年）。

このほか、注のとおり、同社 HP をはじめとして、農林水産省、国税庁、大阪府、等の官庁 HP などを参照。

第 7 章

# 縮小時代の産業集積における
## 新たなネットワーク形成による地域活性化

## は じ め に

　産業集積の研究は 1980 年代から 90 年代にかけて活発に行われた。当初は産業集積が有する機能や、産業集積に中小企業などが立地することの優位性などが議論されたが、グローバル化の進展などの影響や、集積の持つ負のロックイン（連結）効果などにより、産業集積に立地する製造企業数の減少率が全国平均のそれを上回る縮小傾向が見られた。

　こうした状況に対して関 [1993：1997] は、産業集積地が"歯槽膿漏"的状況にあるとして、その上に成立してきた日本の製造業そのものの崩壊を懸念したが、渡辺 [2011] は、90 年代以降の日本製造業は「東アジア化」しており、「東アジア大の地域分業生産体制」に移行していることを指摘した。また、縮小傾向に陥った背景として、植田 [2004] は日本の製造企業がこれまで比較優位を誇った「生産方式の競争」の時代から「ビジネス・モデルの競争」時代に移行、日本の産業集積がそれまでの「フルセット型産業構造」「国内完結型の産業発展」を前提に成立していたが、経済のグローバル化の中で変化したことをあげた。

　さて、産業集積の縮小傾向は現在も続いているが、産業集積に立地する企業のなかには、新たなネットワークを形成する動きも見られる。産業集積内の企業が歯槽膿漏的に抜け落ちたり、一部の企業では取引先を海外に求めたり、自らが海外展開するなど、海外に活路を見出す企業がある一方、これまでの産業集積内に立地しながら新しくネットワークを形成し、第 3 の道を歩む企業が出てきているのである。こうした既存の産業集積内で中小企業が新たなネットワークを形成して取引を活発化させることは、地域活性化につながる。また、"新たな"とネーミングしたのは、従来のネットワーク論とは異なり、経営学的な視点で見ていることがある。

# 1 産業集積と中小企業ネットワーク

## ⑴ 産業集積の概要

産業集積は、地理的に接近した特定の地域内に多数の企業が立地するとともに、各企業が受発注取引や情報交流、連携等の企業間関係を生じている状態のことを指すが、『中小企業白書』（2000）では、その形成の歴史的背景や特徴によって、① 企業城下町型集積、② 産地型集積、③ 都市型複合集積、④ 誘致型複合集積などにタイプ分けしている。産業集積のメリットに関して、従来、地理的に企業（事業所）が集中していることによる輸送費、原材料購入費の節約、人的資源の調達の容易さから説明されることが多かったが、今日では産業集積についてこうしたハード面でのメリットよりも、人材が集まり、協働する空間が形成されることによる情報交換の円滑化、不確実性の低下、知識のスピルオーバーがメリットとして強調されるようになってきている［中小企業庁 2003］。

また、藤田・久武［1999］は、産業集積はある程度の偶然性によって初期形成がはじまり、それが触媒の役割を果たして自己増殖的に集積が形成される。集積がいったん形成されるとロックイン効果（連結効果）を生み、そこから個別主体が逃れられなくなり、また、新たな主体が引き寄せられるが、長期的にはその集積の変化ないし革新を阻害する大きな負のロックイン効果の可能性を指摘している。

全国の産業集積を見ると、一部の地域を除き、製造品出荷額、従業者数ともに 1991 年をピークとして右肩下がりで推移し、2003 年には製造品出荷額はピーク時の約 8 割、従業者数は約 7 割にまで落ち込んでいる。しかし、村社［2011］はタイプ別の違いや同じタイプに属していても盛衰に違いがあること、新しい産業集積形成の動きが見られること、縮小傾向の産業集積にあっても個別企業に注目すると業績良好な企業が見出されるなど、産業集積の意義が失われたわけではないとする［村社 2011］。

さて、本章で取り上げる産業集積地は京都市と東大阪市である。京都というと、まず念頭に浮かぶのは京友禅、西陣織、京焼・清水焼、清酒などの伝統産業とその関連産業を含めた産業集積だが、オムロン、京セラ、島津製作所、宝HD、日本電産、任天堂、堀場製作所、村田製作所、ローム、ワコールなど日本を代表する企業の本社も立地している。また、大学や研究機関も多数立地し

122　第Ⅱ部　組織や仕組作りによる地域活性化

ているほか、産学連携の拠点としての京都リサーチパーク（KRP）も 1989 年に設置され、そこでは民が主導して官が動き、学が支援するユニークなモデルが作り上げられている［大西 2011］。さらに、次代の京都経済をリードするベンチャー企業を発掘、育成するために、「京都市ベンチャー企業目利き委員会」が設置されるなど、伝統と革新がうまく織りなされた産業集積を形成している。

　一方の東大阪市は、東京大田区と並び日本を代表する産業集積地である。東大阪市の産業集積は、企業城下町型のように特定大企業が集積内部に立地するのではなく、都市型産業集積に分類され、そこには、域内外の企業を取引相手とする機械金属関連業種の中小製造業が数多く立地している。東大阪市の製造業事業所数のピークは、1991 年の 1 万 868 事業所で、その後減少が続き、2016 年には 5954 事業所と半減近くになり、現在も減少が続いている。

### (2)　産業集積における中小企業ネットワークを見る視角

　中小企業ネットワークに関する先行研究も数多くある。中山［2017］は、中小企業がネットワーク組織を形成する背景として、「少子高齢化社会」「グローバル化」「地域創生」の 3 つの課題を挙げた。また、ネットワーク組織のタイプとして、近隣の町工場で構成されるグループなど任意グループ、下請・系列組織、中小企業組合、商工会議所・商工会など商工団体、産学官連携、チェーン組織など多様な形態をあげている［中山 2017：ⅲ；1-3］。

　本章では、産業集積との関係でのネットワークを取り上げるが、産業集積とネットワークに関する先行研究として町田［2006］がある。町田は東大阪地域の産業集積を取り上げ、産業集積の量的縮小を前提として大都市中小工業が活性化するためには、ネットワーク化の推進が不可欠であるとの問題意識のもと、浜松、多摩地域の産業集積と比較しながら分析を行った。そこでは、東大阪地域の特徴として、「業界団体」への加入割合が高いものの、「下請協力会」への加入割合が低いこと、産学官連携の活用が進んでいないこと、地縁やインフォーマルなネットワーク活用に乏しいことをあげ、その背景として、東大阪地域企業が有する実利主義的な側面を指摘する。実利主義は業界団体への依存を強め、多様性を減じさせるという負の側面を生じさせる一方、個別具体な課題に取組み、メンバー間の交流を活発化させる正の側面も有しているとする。その上で、東大阪地域の大都市中小工業の活性化には、実利主義のプラス側面を強化しながら、多様性を高めることを意識した質の高いネットワーク化が不可欠

第 7 章　縮小時代の産業集積における新たなネットワーク形成による地域活性化　　123

であるとしている［町田 2006］。

　ところで、これまでの中小企業ネットワークの分析視角は、研究者が注目したネットワークの活動実態など、特徴を見るものが多い。本章での分析視角は、産業集積のなかで、当該中小企業ネットワークの形成で中心的な人物にもスポットを当て、なぜその産業集積の中でそのネットワークを形成することになったのか、これまでどちらかというと抽象度を高めるために捨象されてきた部分にもスポットを当てる。すなわち、これまで学問的には、特殊な事象である現実を集め、その中から帰納的に特徴を抽出する作業を経て抽象化を図り、理論化してきたが、今回の試みでは抽象化する前段階の分析を加えることになる。ヒトのネットワークにかける想いや行動を理解することで、ネットワークを構造的に理解するだけでなく、構造を作る基となったエネルギーを理解することになる。

## 2　産業集積に形成された新たなネットワーク

### (1)　京都試作ネットの設立背景と現状
### ① 設立の背景[2]

　京都試作ネットは、2001 年に京都府南部に所在する機械金属関連の中小企業 10 社が立ち上げた「試作に特化したソリューションサービス」を提供するバーチャルカンパニーである。母体となったのは、機械金属関連の中小企業約 80 社からなる京都機械金属中小企業青年連絡会（機青連）で、1982 年の発足時は、中小企業数社の情報交換の場としてスタートした。機青連で代表幹事を務めた秋田公司氏（当時、(株) 秋田製作所 代表取締役）は、任期終了後も何らかの活動を続けたいとの思いから、92 年 1 月に「経営研究会」を立ち上げた。

　研究会はその後、「未来企業の会」（97 年 6 月発足）や「新未来企業の会」（98 年 6 月発足）へと発展し、さらに議論を重ねる中で、当時、急速に普及しつつあったインターネットや携帯電話を活用することに活路を見出すことになった。研究会の成果を踏まえて 2000 年の 12 月に「サポートインダストリーネットワーク研究会」を立ち上げた後、2001 年 7 月に試作を主とする「京都試作ネット」を設立した。

## ② 京都試作ネットの仕組

　京都試作ネットはバーチャルカンパニーだが、ホームページやサーバーの保守管理、人件費などに費用が発生するため、メンバー企業からの年会費と、受注した際のメンバーからのマージンを取ることによって運営している。京都試作ネットの事業使命として「商品開発者に開発者の期待を超える試作品をどこよりも早く提供する」がある。実際、インターネットや携帯電話を駆使することで、顧客からの相談・問い合わせには2時間以内に回答することを約束している。すなわち、顧客からの問い合わせや注文がWebサイトやFAX等で京都試作ネットに入ると、即座にメンバー企業にインターネットや携帯電話のメール機能を使って配信される。メンバー企業の中から受注したいと思う企業が顧客に連絡をとり、2時間以内に見積もりなど返答することになっている（図7-1）。

　メンバー間の企業間関係はフラットで、受注に至る前の段階で特定の企業がネットワーク内でリーダーとなることはない。ただし、ユーザーから正式に受注が決まると、受注企業が幹事会社となる。幹事会社は受注した業務を単独で請け負うこともあるが、企業1社の守備範囲は限られているため、メンバー企業やメンバー以外の協力を得ることも多い。この他社の協力を得る場合に、単価の決定や利益配分、仕事の分担などを幹事会社が取り仕切ることになる。幹事会社がプロジェクトに参加する企業のコーディネート役となるほか、顧客や参加企業との間にトラブルが生じた際に対処方法を考えたり、責任を負うなど

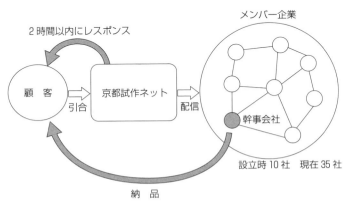

図7-1　京都試作ネットの受発注の流れ
出所）筆者作成。

第 7 章　縮小時代の産業集積における新たなネットワーク形成による地域活性化　125

の役割を果たしたりしており、これによりネットワークをあたかも 1 つの企業体のように見せている。

　京都試作ネットのビジネスモデルは、インターネットを活用したバーチャルカンパニーのなかで、中小企業が共同で試作品を作るということにある。また、インターネットや携帯電話などの情報端末を駆使することで、顧客からの問い合わせには 2 時間以内に返答するといったスピードの経済を発揮しているほか、試作品を完成させるまでに常にユーザーとの間でやりとりを行っており、QCD の面でも満足度の高い製品を作っていることがある。こうした成果が、2001 年 7 月の発足時から 04 年 9 月までに約 950 件の引き合いがあり、170 件ほどもの成約につながっている。

### ③ その後の推移と現在の様子[3]

　京都試作ネットが結成されてから 17 年が経つが、その間の相談件数は累計で 7500 件を超えるなど右肩上がりで増え続け、2016 年には 7 億円の売上高に達するなど順調に推移してきた。また、売上高が 7 億円になったことで、対外的な信頼度を高めるため、それまでの任意団体から一般社団法人に法人化し、組織内の所掌も明確にした。また、設立当初は試作だけに特化していたが、顧客から複合的なものを要求されるようになり、現在では装置やシステム、ソフトウェアも受注するようになっている。

　京都試作ネットのメンバーになるには、現在 35 人となった理事のうち 2 人の推薦と、入会時の面接、その後、半年間の準会員を経て正式メンバーになれるかが決定される。準会員のときにドラッカーの『マネジメント』を学習してもらい、京都試作ネットの共通言語であるマーケティングやイノベーションについて、習得してもらっている。メンバー企業は年会費を 60 万円（設立当初は 120 万円）収める必要があるが、現代表理事の鈴木滋朗氏の父で、初代代表理事の鈴木三朗氏によると、代表理事の企業であっても 10 年間は会費以上の仕事をもらったことはなく、現在も、京都試作ネット経由の仕事が件数で 5 割以上を超えているメンバー企業はいないとのことであった。また、受注を得るためだけの目的で会員になりたい希望者には加入を認めておらず、実際、これまでに断ったケースもあるという。

　メンバー企業は設立当初の 10 社から 35 社（正会員）に増加したが、メンバーには従業員 4 人規模の企業から数百人規模の企業が存在する。京都試作ネッ

トでは毎月開催される理事会と部会（国内営業部、国際営業部、企画部）があるが、理事会にはメンバー企業の代表者が必ず出席することを義務づけている。しかし、数百人規模の会社になると、社内会議とバッティングするといった声がある一方で、4人規模の会社では現場を離れられないと言う声もあがる。しかし、京都試作ネットに加入するのは、これまでとは違うお客さん、違うマーケットを見つけられるといった、自社だけでできない可能性を求めて入会するのであり、代理出席は認めていない。このため、次年度の京都試作ネットのスケジュールをメンバー企業の年間スケジュールよりも先に決め、メンバー企業の代表者（社長）に必ず出席してもらうようにしている。

　京都試作ネットの運営は、メンバー企業からの会費と、京都試作ネットを通じて受注した仕事の5％のコミッションで成り立っており、年間3000万円以上の予算規模となるが、この予算の一部は、新分野に進出を考えている企業に研究費として支給される。設立当初は国内で試作を請け負うところが少なく、京都試作ネットはさまざまな企業から重宝されたが、近年は他にも試作を請け負うところが増えている。そこで、現在は"超試作"をテーマとする実験的な研究を行っており、次代に向けた取組みをはじめている。すなわち、これまでの試作を超えるものは何かと考え、ベンチャー企業と組んだ新しい試作事業を始めたのである。「メーカーズブートキャンプ」と名づけられたそのプログラムは、ベンチャー企業では商品の企画とビジネスモデルは作成できるが、ベンチャー企業が思い描いたモノはなかなか作れない。一方の京都試作ネットはモノづくりのプロ集団なので、両者が連携することでwin-winの形を作ろうとしている。

### ④ 京都試作ネットを形作ったヒトの素描と時間軸の導入

　京都試作ネットが設立されたのは2001年だが、そのきっかけとなったのは82年に設立された京都機械金属中小企業青年連絡会（機青連）であった。機青連で代表幹事を務めた秋田氏は、任期終了後も何らかの活動を続けたいとの思いから、92年1月に「経営研究会」を立ち上げている。研究会はマーケティングを中心とする勉強会で、ドラッカーの『マネジメント』を輪読していたが、この研究会が京都試作ネットの直接の母体となる。ドラッカーを読むことは現在も続けられており、新規会員が入ってくるときには先輩のメンバーが講師となり学習している。こうして京都試作ネットの理念と共に、ドラッカーの考え

第 7 章　縮小時代の産業集積における新たなネットワーク形成による地域活性化　　127

表 7-1　京都試作ネットが誕生するまでと現在

|  | 機青連 | 経営研究会等 | 京都試作ネット | 京都試作センター（株） |
|---|---|---|---|---|
| 設立年 | 1981 年 | 1992 年 | 2001 年（現在に至る） | 2006 年（現在に至る） |
| メンバー数 | 80 社 | 10 社 | 10 → 35 社（現在） | 約 100 社 |
| 役割 | メンバーの選別 | メンバーの確定 | メンバーを増加 | 仕組を地域に拡大 |
| 内容・概要 | ・危機意識の醸成 | ・ドラッカー研究<br>・信頼関係の醸成 | ・強い絆の形成<br>・試作ビジネスの開発 | ・試作ビジネスの地域への波及 |

出所）筆者作成。

方がメンバーとして活動するための支柱となっている（表 7-1）。

　経営研究会を立ち上げた当時の地域情勢として、京都でも大手企業を中心に海外進出するところが現れ、空洞化の懸念が現実のものとなり、このままでは下請企業としての仕事が先細りするとの危機感が高まった。すなわち空洞化に対する危機意識が高まるなか、自分たちの仕事は自分たちで創出するしかない、中国に出て行くのは大手企業に任せておき、地域の雇用や暮らしを守るのはむしろ地域中小企業の役割ではないか、といった議論を交わしたという。これには、秋田氏がこれまで PTA の会長を務めるなど、地域への思いが人一倍強かったことがあるが、このなんとかしなければという機運が高まったこと、メンバー間の信頼の醸成と強い絆が形成されたことが京都試作ネット結成につながったのである。

　京都試作ネットは設立されて 20 年近くが経つが、その間、メンバーは 10 社から 35 社に増加したほか、代表理事は 1 期 5 年の任期で、現在の鈴木滋朗氏は 4 代目である。1 つの会社でも操業年数が長くなったり、事業承継の際などに、理念に込めた想いがぼやけてくることがある。京都試作ネットの場合は、複数の企業から構成されたネットワーク体で、バーチャルカンパニーであるから、普通では理念やネットワーク内部で発せられた情報がきっちりと共有され、信頼関係を維持していくことは難しい。このため、最初の理念を作成したときの思いが現在のメンバー企業に正しく伝わるように、設立時の OB を招き、話を聞くことで設立時の想いや理念が正しく伝わるようにしている。また、京都試作ネットで開催される年間会議は、各社のスケジュールよりも優先し、先に決定されることになっている。

　現在、京都試作ネットの活動は“オール京都”の取組みとして、京都試作センター株式会社の活動へと拡大し、地域全体の活性化にも一役買っている（図

128　第Ⅱ部　組織や仕組作りによる地域活性化

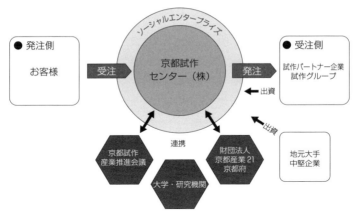

図7-2　京都試作センター株式会社の概要
出所）京都試作センター株式会社のホームページ（http://www.sisaku.org/company/、2019年3月19日閲覧）。

7-2）。すなわち、京都試作センター株式会社が京都府の支援を受け、京都・関西の大手製造業を中心とした28社の出資による21世紀型の純民営の公的株式会社（ソーシャルエンタープライズ）として2006年7月に設立された。京都試作センター株式会社は京都試作ネットのコア会員企業として、京都試作産業の発展育成を担当しており、顧客の研究開発インフラとして、京都試作ネット加盟企業と連携しながら高品位なものづくりソリューションサービスを提供している[4]。

### ⑤ 経営学的に見る京都試作ネットの強みの理解

　京都試作ネットを見る上で、重要な意味を持つのが創設当時から変わらない理念である。そこには、「商品開発初期段階から顧客と一緒に参画し、加工業者からの提案をし、顧客の開発の効率化を図る。企業連合で智恵を出し合って創発し、顧客にソリューションを提供し、新しい価値を創造する。試作という高度なものづくりを通じて、それに携わる人々に人としての成長の機会を提供する」とある。企業経営において理念が大切であることは論を待たない。たとえば、瀬戸［2017］は、中小企業の組織で大切なのは一体感であり、大企業と比べ相対的に少人数の組織で競争するには、チーム力をフルに発揮しなければならない。現場組織にはじまり、中間組織、経営陣に至るまでの企業内部のチ

ーム連携のよさが、まさに企業活性化に向けた大切な視点であり、そのために理念が重要であるとする［瀬戸 2017］。

しかし、理念は組織がサステナブルになるための必要条件であっても十分条件ではない。理念の考え方が従業員に浸透し、従業員の側も理念に沿った行動をする「自己組織化」が図られることが重要である。京都試作ネットの場合、この従業員に相当するのはそれぞれメンバー企業の代表者（社長）である。日頃は、自らが従業員たちに理念を理解させ、浸透させる立場にある人たちで、理念に基づいた経営の大切さを痛感していることから、自己組織化が働いている。

受注を得るためだけに京都試作ネットに入ろうと考える人は、そもそも入会を拒否されるが、それではいったい何のためにメンバー企業になろうとするのか。鈴木代表理事は、「受注は結果で、マーケティングとイノベーションをすることが目的である。1社では偏った情報しか入らないが、自分たちが望まれるもの、作れるものは何かをつかみ、それを実験的にするのが共同受注だった。設立当初、京都を一大試作の集積地にすることを掲げており、活動している地域の産業を発展、活性化させることを代々守り続けている。また、活動の中心は共同受注ではなく、真ん中には『学び』がある」と語っている。メンバーになることで即時的利益を追求するのではなく、得られた情報やノウハウは35社の中だけで共有される、メンバーにならないと得られない情報があることが京都試作ネットに加入した企業のメリットである。

具体的な得がたい情報として、京都試作ネットならではの情報が入手できることがある。これまで中小企業は特定の親企業を取引先に持つ下請であることが多く、そこでは長期継続的取引が行われていた。長期継続的取引の下では、親企業からしばしば、次の新製品の「企画」が出され、下請企業にも対応が求められた。具体的には、新しい部品作りや加工を意味するが、これこそが下請企業にとっても次の技術開発や加工の方向性を定めるものとなった。しかし、グローバル化の進展により長期継続的取引の割合が低下しつつある現在、下請企業も独自に自社の技術や加工の方向性を定める必要が出てくるが、京都試作ネットに加入すればそれが可能となる。すなわち、京都試作ネットに発注されるのは試作だが、この試作こそが次代の新製品や、これからの普及が予想される新分野と深く関わっているからである。業種が違えば入手しにくい新製品がらみの情報も、京都試作ネットの評判に引き寄せられる形で、さまざまな分野

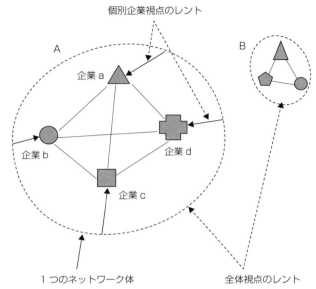

**図 7-3　中小企業ネットワークのレントの評価視点**
出所）筆者作成。

からの試作依頼が舞い込む。まさに、親企業の企画に相当する情報が得られるのであり、これが京都試作ネットに企業を惹きつける原動力や強みとなっている。

　以上のことを「レント」を用いて分析してみよう。レントとは、ネットワークに参加しなかった場合、あるいはネットワークが存在しなかった場合に比べ、ネットワークに参加したこと、あるいはネットワークが存在したことによって生じる便益を指すが、京都試作ネットの場合はこのレントが各メンバー企業や京都試作ネットの活動を推進するエンジンとなり、求心力になっていると考えられる。

　まず、「全体視点のレント」である。図 7-3 では、円で囲んだ A や B が 1 つの中小企業ネットワークを示しており、たとえば A が京都試作ネット、B は共同受注をするような中小企業ネットワークと想定してみよう。A では試作、B では共同受注が行われているが、その活動によってそれぞれのネットワークの評価や評判が定まることになり、それが A や B の全体視点のレントとなる。

　次に、「個別企業視点のレント」である。個別企業視点のレントは、企業 a

が中小企業ネットワーク体Ａ（たとえば京都試作ネット）に加入したことで得られるレントを意味している。京都試作ネットの場合は、「学び」という言葉で表現されていたが、１社では決して入手できない情報などがそれに該当する。もちろん、それに加えて受注したときの売上や利益もそれに当てはまるほか、ネットワークを通じて獲得した技術やノウハウなどもレントに含まれる。企業ｂ、企業ｃ、企業ｄについても同様である。京都試作ネットの場合の個別企業視点のレントは、ネットワークに加入することで当面の売上や利益が増えることや、メンバー企業からの有益な情報に加え、将来の企業成長に向けた研究開発による新技術やノウハウの獲得といったレントであり、前者は「当面の課題解決レント」、後者は「将来の課題解決レント」と呼べる。京都試作ネットは、この２つのレントの中でも、特に将来の課題解決レントの獲得を期待して企業が加入し、活動していると考えられる。

　しかも、そのレントには京都試作ネットを通した受注によるメンバー企業各社の売上増といった、金額換算できる「当面の課題解決レント」もあるが、それよりもむしろ将来の発展可能性を得るための金額換算しにくい、加えて、将来も確実に受益できるかはわからない不確実な「将来の課題解決レント」である[7]。メンバーになると、将来の課題解決レントを高めるために、クローズドなメンバー内でさまざまな情報やノウハウをオープンにして議論したり、京都試作ネットからの研究費を得て研究開発を行ったりしているが、メンバー間の緊密性や信頼度は、リアルな会社組織程度かそれ以上のものが感じられる[8]。

## (2)　産業集積地内での現代版ブローカー機能の形成[9]
### ① 東大阪市に誕生した現代版ブローカーと設立者の横顔

　地域が活性化するには、域内で取引が行われ、付加価値が付いたカネが動き、最終的には雇用が生まれることが期待される。東大阪市はすでに見たように、ピーク時からすると製造業の数が半減している。集積が集積を生む従前の流れからすると、逆の連鎖が発生しており、集積のメリットが大きく減少している。こうした状況の下、東大阪市在住の既存企業が現代版ブローカーの役割を果たしながら、中小企業のネットワーク化を進めている。

　ブローカーとは、商行為の媒介を業とする人を言い、さまざまな業界で見られるが、かつては機械金属関連業界でも多く見られた[10]。機械金属関連業界におけるブローカーの出自は、最初からブローカーとして始めた人もいるが、多く

132　第Ⅱ部　組織や仕組作りによる地域活性化

は機械金属加工業に従事していた人が定年退職したあとに始めたり、勤務先企業の倒産、廃業などでやむなく始めた従業員や経営者などである。機械金属関連業界のブローカーに関する統計は、「商業統計」の代理商、仲立業の一部が該当すると思われるが、正確な数字は分からない。機械金属加工をしている企業でヒアリングすると、近年ブローカーをしていた人が高齢となって辞めた後は誰も来なくなり、業界内でも存在を聞かなくなったという。

　ブローカーは、色々な企業に出入りすることを通じて、どこからともなく聞きつけた仕事の依頼情報を企業に紹介し、手数料や成功報酬を収入源としていた。現在のようにインターネットが普及していなかった時代では、ブローカーによる受発注機能は、営業機能をほとんど持たない地域の中小製造業にとって貴重であった。ブローカーの出自にあるように、多くは機械金属関連業種に従事していたことから、同業者や関連業者の情報（所在地はもちろん、経営者の性格、工場ではどのような機械設備や熟練技能者を保有しており、どのような加工や仕上げを得意とするかなどの加工レベルや技術情報、量産を得意とするのか、少量や単品生産を得意とするのか、さらには価格や納期などの情報）に明るい。これにより、地域内で的確に受発注のマッチングが行われていたことは想像に難くない。しかし、このブローカーも高齢化が進み、後継者がいなくなったことや、それほど高収入が得られるわけではないことなどから姿を消していった。

　こうした状況下、インターネットを活用したブローカー機能を新たに構築する企業が現れた。それがMACHICOCO（東大阪市）である。同社は、中辻金型工業株式会社（東大阪市　従業員20人）の経営者の娘である戸屋加代氏が2018年7月に独立、起業した会社である。

　ここで、中辻金型工業について見ると、同社はプレス金型、プレス加工、金属加工、板金加工、試作、オーダーメイド等を手がける会社で、創業は1974年である。戸屋氏は大学卒業後、情報系の会社で情報データ運用の業務に携わっていたが、2001年に父親の経営する中辻金型工業に入社した。2002年には同社で唯一NC工作機械を操作できる従業員が退社したため、父親からの強い要請により、NC工作機械の操作を1日でマスターしたという。また、入社時の従業員は5人だったが、2002年に1人が辞めたことでスタッフが不足し、営業もままならなかったことから、2007年にホームページを作成し、Webでの営業を開始した。

　入社後十数年現場体験したことや、取引先の町工場や関連企業とも親しくな

り、町工場の現状や課題が見えるようになった。すなわち、町工場側は、販路開拓したいができていないという課題や、技術はあるのにそれが発信できていないという課題があった。一方、発注側もどこに発注してよいか分からない、アイデアやデザイン、設計ができたけどどこに依頼していいのかわからない問題があり、戸屋氏に、加工先を紹介して欲しいといった問い合わせがしばしばあった。そこで、これまでの経験を生かし、Webを活用した現代版ブローカーを始めることにしたのである。

### ② 現代版ブローカーの仕組

具体的には、戸屋氏が技術力のある中小企業を定期的に訪問し、そこで仕入れた情報をMACHICOCOが運営するmonootoというサイトにブログ記事として定期的にアップして情報発信する[11]。ここでのポイントは、技術力のある"とがった中小企業"がネットワークメンバーである点で、中小企業であればどこでもよいわけではない。メンバー企業からは情報発信サービス料として、

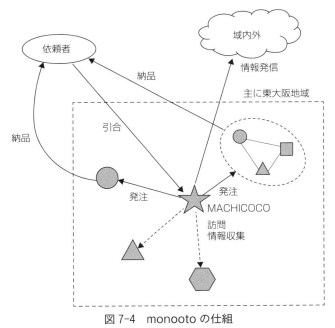

図7-4 monootoの仕組

出所）筆者作成。

134　第 II 部　組織や仕組作りによる地域活性化

毎月定額を徴収するほか、サイトを見た企業が monooto を介して成約すると成功報酬を得るというビジネスモデルである。MACHICOCO 自体はあくまで仲介と生産管理までの業務が中心で、品質管理等、それ以外の業務は発注企業が行うことになっている（図7-4）。

　現代版ブローカーは、戸屋氏のこれまでの取引などからフェース・ツー・フェースで発掘してきた企業がネットワークの中に入っており、戸屋氏の発信した SNS やブログなどに興味や関心を持った人がネット経由で訪れる。これまで下請として事業をしてきた中小企業は、技術はあっても営業が全くできないことが多く、デジタル技術を活用したブローカーとして注目されている。

## お わ り に

　これまで、地域で大きな役割を果たしてきた産業集積が負の連鎖に陥っているところが多いなか、産業集積に残ることを選択した企業を中心に新たなネットワークを形成し、地域活性化に大きく貢献していることを見た。こうした動きは、ほかの地域でも見られる。管見の限りだが、たとえば眼鏡の産地として有名な鯖江地域がそうである。鯖江地域もグローバル化の影響等により眼鏡関連業者が大きく減少するなか、これまでのフレームメーカーを頂点とする伝統的な垂直型生産分業体制の中で、全く取引することのなかった中小企業同士が連携し、バーチャルカンパニーを作って新たな活動を始めている。2008 年 5 月に 5 社（現在は 7 社）で設立された「チタンクリエーター福井」がそれである。[12] 設立のきっかけは、それまで東京の展示会などに個別に出展していたが、同じ鯖江地域の中小企業が単独で出展しているのを見て、一緒に出展するほうで出展費用が節約できるほか、露出度も上がるのでは、と話したことがはじまりで、そこから現在の共同事業に発展した。

　チタンクリエーター福井の設立の目的は、鯖江眼鏡の活性化と眼鏡プラスワンの地域をめざすことにあり、すでに医療器具、半導体部品などの新分野に進出しているが、現在、毎月 100 件を越す引合や見積り依頼がある。[13]

　さて、本章では産業集積において新たなネットワークを形成して地域活性化に貢献するヒトや仕組について見てきたが、根幹にあるのはヒトである。ヒトがその地域に対して熱い想いを持っていることが原点となっている。たとえば、京都試作ネットの創設者の 1 人で、現在は（株）最上インクス代表取締役会長

を務める鈴木三郎氏は、近年の中小製造業の人手不足や大企業との関係の希薄化を憂い、大企業を巻き込みながら地域で解決を図ろうとしている。すなわち、同氏が2012年頃から提唱している「経済の森構想」がそれである[14]。この構想では、大企業を"大木"、中小企業や下請企業を"下草"に例えながら、大木が育つには下草にも養分が十分に行き渡り、この下草が大企業にとって養分となること、また、下草にも水や養分が必要であるとする。下草にとっての養分は、大企業からの落ち葉が該当するが、落ち葉は大企業の従業員を意味している。大企業の従業員の中には、リタイアして海外企業で技術指導する人もいるが、地域にもそうした人を循環させることが重要だと説いている。ここでも企業のこと、地域のことを強く想うヒトの気持ちが活動の原点である。

　他の地域でもこうした地域に対して熱い想いを持ったヒト多いと思われるが、あとはそれをどのように仕組に変えていくかが問われる。1人ではできないことをするのが組織だが、地域活性化を図るにも組織化を念頭に置いて行動することが重要である。


注
1）東大阪地域は、大阪府守口市、枚方市、寝屋川市、大東市、門真市、四条畷市、羽曳野市、八尾市、柏原市、東大阪市。
2）この項と次の項は池田［2004］に加筆・修正。
3）この項は池田［2019a］による。内容は、2017年7月3日、京都試作ネット代表理事の鈴木滋朗氏へのヒアリングによる。
4）京都試作センター株式会社ホームページ（https://sisaku.jp/about.html、2019年3月19日閲覧）。
5）「自己組織化」とは、自らの組織構造に依拠しながら、自律的に秩序を持つ構造を作り出す現象のことをいう。
6）京都試作ネットに対する相談件数や、実際の売上も増加しているが、35社のメンバー企業で売上が7億円というのは、単純平均すると各社2000万円ほどの金額である。
7）このことから、京都試作ネットは儲けることを第一義とした組織ではないことがわかる。
8）メンバー間の親密度が高い例として、代表理事とメンバー企業とは1週間に2度ほど顔を合わせるほか、従業員に相談できないようなことでも、メンバー企業に相談することがあるという。
9）この節は、2018年6月5日、11月12日にMACHICOCO代表取締役　戸屋加代氏へのヒアリングによる。

136 第Ⅱ部 組織や仕組作りによる地域活性化

10) ブローカーというと、不動産取引で暗躍する人たちなど、悪いイメージで捉えられ勝ちだが、ここではクリーンな意味で用いている。また、ブローカーについて言及しているものに田中（2011）がある。

11) monooto については以下のホームページ（https://monooto.jp/、2019 年 3 月 19 日閲覧）MACHICOCO に関しては https://machicoco.co.jp/machicoco%E3%81%AB%E3%81%A4%E3%81%84%E3%81%A6/ を参照（2019 年 3 月 19 日閲覧）。

12) チタンクリエーター福井の概要は、以下のホームページを参照（https://tic-fukui.jp/、2019 年 3 月 21 日閲覧）。

13) 2018 年 9 月 3 日、事務局へのヒアリングによる。

14) 鈴木三郎氏への 2018 年 11 月 5 日のヒアリングに基づく。

## 参考文献

池田潔［2004］「北九州市中小製造業の自立化に向けたネットワーク戦略──全国 15 のケースより──」北九州市立大学産業社会研究所。

──────［2019a］「経営戦略論から見た中小企業ネットワークの成果と課題──サステナブル組織の形成に向けて──」『大阪商業大学論集』15(1)。

──────［2019b］「グローバル化の深化と中小製造業の経営戦略──グローバル中小企業とドメスティック中小企業のケースから──」、高田亮爾・前田啓一・池田潔編『中小企業研究序説』同友館。

植田浩史［2000］『産業集積と中小企業──東大阪地域の構造と課題──』創風社。

植田浩史編［2004］『「縮小」時代の産業集積』創風社。

大西辰彦［2011］「京都産業を育む知恵インフラ」『産研論集』（関西学院大学）、38。

関満博［1993］『フルセット型産業構造を超えて──東アジア新時代の中の日本産業──』中央公論新社。

──────［1997］『空洞化を超えて──技術と地域の再構築──』日本経済新聞社。

瀬戸正則［2017］『戦略的経営理念──人と組織を活かす理念の浸透プロセス──』中央経済社。

田中幹大［2011］「戦後復興期大阪における中小機械金属工業の再集積」『摂南経済研究』1（1・2）。

中小企業庁［2000］『2000 年版 中小企業白書』大蔵省印刷局。

──────［2003］『2003 年版 中小企業白書』ぎょうせい。

──────［2006］『2006 年版 中小企業白書』ぎょうせい。

中山健［2017］「はしがき」「企業のネットワーク組織とその特質」、関智宏・中山健編『21 世紀中小企業のネットワーク組織』同友館。

西口敏宏［2003］『中小企業ネットワーク──レント分析と国際比較──』有斐閣。

藤田昌久・久武昌人［1999］「日本と東アジアにおける地域経済システムの変容新しい空間経済学の視点からの分析」『通商研究レビュー』13。

町田光弘［2006］「産業集積におけるネットワークの特徴──東大阪地域について、浜松、多摩地域との比較から──」『産開研論集』18。

村社隆［2011］「産業集積と中小企業」、高田亮爾・上野紘・村社隆・前田啓一編著『現代中小企業論　増補版』同友館。

與倉豊［2017］『産業集積のネットワークとイノベーション』古今書院。

渡辺幸男［2011］『現代日本の産業集積研究──実態調査研究と論理的含意──』慶應義塾大学出版会。

第 8 章

# 都市農家と市民の協働プラットフォームによる地域づくり

## は じ め に

　近年、都市農業は「あってはならないもの」から「あるべきもの」へと、その位置づけを大転換させた。都市化による宅地需要の沈静化や震災経験を踏まえ、市民の価値観が変化し、都市農業の有する多面的機能[1]が見直されたからである。今後、各自治体の教育、福祉、防災、シティプロモーション等の政策課題と都市農業を連動させた方策の展開が必要とされている。

　そのような中、筆者も学生と共にボランティアスタッフとしての参加や、まちづくりサミットのファシリテーターとして関わってきた大阪府東大阪市では、行政関係機関や JA などで構成する「東大阪市農業振興啓発協議会[2]」が、既存の地域づくりに関する組織とは異なる横断的なプラットフォームを形成し、都市農家[3]と共に地域や近隣の住民や実需者を巻き込み、都市農地を活用した地域づくりに取り組んでいる。本章では、この取組みを紹介したい。

## 1 都市農家とは

### (1) 都市農家の特徴

　都市農家および都市農地の農地面積は、固定資産の価格等の概要調書である「都市計画年報」（平成 28 年）によると、全国の約 1.6％しかない。しかし、農林業センサスによると、農家戸数は全国の約 10.6％、年間販売金額は約 7.7％も占めており、都市農家は、決して取るに足らない規模ではないといえる。

　農家一戸当たりの経営耕地面積は、全国平均のおよそ半分しかなく小規模であるが、野菜のほか、畜産、果実、花卉、米、イモ類など、多種多様な農産物が生産され、年間販売金額は、100 万円未満の農家が 6 割強を占める。施設栽培による年間作付回数の増加や消費地に近いという利点を活かした販売方法等で、なかには年間 700 万円以上を売上げる農家もいる。農業所得の内訳では、

不動産経営所得の割合が65％を占めるという都市農家ならではの特徴もある。

### (2) 都市農家の位置づけと変遷

　農業政策および都市政策における都市農業の位置づけは、時代の変遷に伴い、変化してきた。都市農家はさまざまな制約により所有農地を年々減少させつつも、不動産経営と農業経営を巧みに組み合わせた特有の農業経営スタイルを確立させてきた。以下では、都市農家や都市農地の位置づけと変遷について概要をまとめる。[4]

### ①「なくてはならないもの」から「宅地化もしくは保全すべきもの」として

　昭和初期まで遡れば、現在、都市とよばれる地域にも大量の農地があり、農家の多くが田畑を耕す牛を１〜２頭ほど飼っていた。豆腐屋のおからや和菓子屋の餡粕などの商店から排出される食品残さは家畜の飼料となり、家畜や人からの排泄物は肥料として農地で活用され、再び、都市住民が消費するという資源循環の仕組が成立していた［石川 1997：154-176］。

　戦中・戦後の食料難の時代には、学校のグラウンド、都市の公園や道路まで掘り起こして、畑にしていたこともある［伊藤 2016：218］。都市農家は近隣に住む非農家都市住民にとって、食料調達ができる有り難い存在であり、「なくてはならないもの」であった［伊藤 1983：140-142］。

　ところが昭和30〜40年代の高度経済成長期に、都市部での宅地需要が高まり、地価が高騰した。その理由の１つに、都市農地を手放さない都市農家に原因があるともいわれた。また、1968年に市街地の無秩序な拡張を規制する都市計画法が制定され、「既に市街地を形成している区域及び概ね10年以内に優先的かつ計画的に市街化を図るべき区域（市街化区域）」を指定し、その区域内の農地は「宅地化すべきもの」と位置づけられた。[5]

　原則として、市街化区域内の農地は主要な農業振興施策の対象外となり、宅地並課税が適用された。この時期に相続が発生した都市農家は、高額な相続税に悩まされた。農地所有者の反対により、宅地並課税の実質的な免除措置を実施した自治体もあった［後藤 2003：21-22］。

　1974年に生産緑地法が制定され、面積要件や利用制限などを満たせば農地並課税が適用された。ただし、基本的に市街化区域は、「優先的かつ計画的に市街化を図るべき区域」とされたままで、市街化区域内農地は、あくまでも

「将来、公共公益施設への転用」が前提とされていた。生産緑地は「公害または災害の防止等良好な生活環境の確保に相当の効用がある」という環境機能と、「公共施設等の敷地の用に供する土地として適している」という多目的保留地機能の名目のもとで税制が優遇された。

バブルの崩壊や都市化の沈静により、1991年に生産緑地法が改正された。生産者には農地を「宅地化する農地」と「保全する農地」とに区分させ、「保全する農地」を「生産緑地地区」に指定し直すと税制猶予が受けられるようにした。面積要件は従来の 1000 m² から 500 m² に緩和したが、営農義務期間が 30 年となった。

### ②「あるべきもの」として

日本で初めて都市農業が農業政策上の振興対象として明文化されたのは、1999年7月12日に制定された食料・農業・農村基本法であったが、長らく具体的な施策は講じられず、2009年の国土交通省・社会資本整備審議会で、ようやく都市農地が「都市が将来にわたり持続していくために有用なもの」であると評価された。2012年9月には国土交通省で設置する都市計画制度小委員会の中間とりまとめの「都市計画に関する諸制度の今後の展開について」で、めざすべき都市像として、「集約型都市構造化」とともに「都市と緑・農の共生」が掲げられた。2015年に策定された「第五次国土利用計画」では、地目の利用方向として、住宅地は「人口減少社会に対応した秩序ある市街地形成や豊かな住生活の実現」、「既存住宅ストックの有効利用等を優先し、自然的土地利用等からの転換は抑制」と明記される一方で、農地は「市街化区域内農地の計画的な保全と利用」が明記された。こうした動きがあって、2015年に都市農業振興基本法が成立し、都市農地を「あるべきもの」とする政策の大転換が図られるようになった。

2017年6月15日施行の「都市緑地法の一部を改正する法律」では、都市部の「農地」が「緑地」の1つとなり、「都市農地の保全方針」が「緑地の保全及び緑化の推進に関する基本計画」の記載事項に追加された。その他、直売所や農家レストラン等の設置ができる土地の賃貸に関する行為制限の緩和、買取り申出始期の10年延期、田園住居地域の創設等、生産緑地法の改正が行われた。また、生産緑地地区の下限面積を市町村の条例で 300 m² に引き下げ可能とし、併せて都市計画運用指針を見直し、同一又は隣接する街区内の複数の農

地を一団の農地として生産緑地地区として指定できるようにもした。これにより、複数所有者で指定された生産緑地地区での道連れ解除を防止することができる。[6]

2018年5月11日には、所有者不明農地の貸借を促すとともに、一定の要件を満たす全面コンクリート張りの農業用ハウスの底地を農地とみなす「農業経営基盤強化促進法等の一部を改正する法律案」が成立したほか、2018年9月1日には、「都市農地の貸借の円滑化に関する法律」が制定され、生産緑地の賃借を可能とする新たな仕組もできた。

現在、都市農地は、1993年の14.3万haから2016年では7.2万ha（日本の農地面積の1.6%）にまで減少したが、市街化区域内農地のうち、生産緑地面積は前述の「営農義務30年」という縛りのおかげで、1993年の1.5万haから2016年の1.3万haと減少率は低い。しかし、現存する生産緑地の約8割に当たる農地が2022年に指定から30年を迎え、買い取りの申出を行う権利が発生するため、生産緑地面積の減少が懸念されている。

「あるべき都市農地」を存続させるべく、大きく政策転換が図られ、さまざまな制度改正が行われているが、最終的に都市農地の宅地転用をするかしないかを決めるのは、都市農家である。生産緑地の所有者が自作しなくても守れるようになった今日、都市農家が自ら耕すことができなくなった場合でも、耕作意欲をもつ第三者に農地を委ね、都市部での農業活動が継続することにメリットや農地所有者冥利を感じてもらえるような施策を整える必要があろう。都市農地の所有者と耕作意欲をもつ市民をつなぐ仕組が求められている。

## 2 都市農家と市民による協働システム

そこで、都市農家が市民と協働することによる取組みにより、農地を維持し得る代表的な3つのシステムを紹介する。近年、農家が消費者と直接的なつながりを持たずに、WEB上で農業経営に関する資金提供を呼びかけるクラウドファンディングへの取組みも見られるが[7]、以下では、具体的に顔と顔をあわせる直接的な関わりのあるシステムに特化することとした。

### (1) 産消提携システム

1971年頃から始まり、有機農産物流通のプロトタイプといわれる産消提携

142　第Ⅱ部　組織や仕組作りによる地域活性化

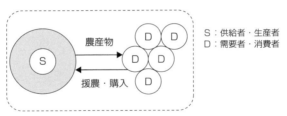

図 8-1　産消提携の取組みモデル
出所）筆者作成。

は、卸売市場出荷での過度な農産物規格が、生産者に農薬や化学肥料の多投を促したことを鑑みて、流通関係者を介さずに、生産者と消費者が直接、有機農産物を流通させる形態である（図 8-1）。

　これは、単なる「農産物（商品）」の産地直送や売買ではなく、作る人と食べる人との有機的なつながりがあってこそ成り立つ社会変革運動とされ、生産者は農法を、消費者はライフスタイルを変革する。[8] 従来、「つくる人（売る人）」と「食べる人（買う人）」という対立構造にあった生産者と消費者に、共生関係を構築することで、生産者は食べる人の想いに立ち、環境や健康に優しい有機農業を実践すること、消費者も生産者の責に帰しないリスクを共に分担することを可能とした。生産者は農産物の豊凶や市場の価格動向に左右されずに、比較的安定した農業所得が確保でき、消費者は安心して食べられる農産物を安定的に入手できる。それが、結果として「農地を守る」ことにつながっている。

### (2)　CSA（Community Support Agriculture）

　2 つめは、CSA である（図 8-2）。CSA とは、"Community Support Agriculture" の頭文字であり、「地域が支える農業」や「地域コミュニティに支持される農業」などと訳される。理念的には産消提携との共通部分があるが、CSA では前払いシステムをとるところが多い。

　CSA の仕組では、消費者が出資することで、生産者と共に同じ立場で農地を守り、豊作を共に喜び、不作を共に憂える関係が築かれ、従来、生産者だけが背負っていた天候や社会事情などに携わるリスクを共有する。生産者は作付け前に収入と販売先が確保でき、安心して農作業に専念できる。消費者は、生産者とともに大地の恵みを享受でき、共にコミュニティを楽しみ、共同の意識と誇りを高めることにもつながる。結果として、農地が守られることにつなが

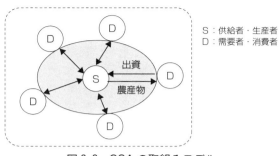

図 8-2 CSA の取組みモデル

出所）筆者作成。

る。

### (3) ファームマイレージ$^2$運動

 3つめは、ファームマイレージ$^2$運動である（図8-3）。「地域の野菜を食べることが、地域の畑を守る（増やす）」とする消費者起点のコンセプトで、「地産地消」をすすめる運動であり、プラットフォームに乗ったすべての関係者にメリットを生ずる地域独自の仕掛けである。ファームには「育てる場」、マイレージには「農地＋面積＋貯める」、2には「距離×距離＝面積（2乗）」という

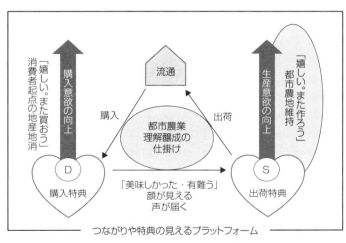

図 8-3　ファームマイレージ$^2$運動の取組みモデル

出所）筆者作成。

意味がこめられている。

例えば、生産者には作れば作るほど何かいいことがある出荷特典による遣り甲斐を、消費者（実需者）には自らの購買行動が地域の農地の保全につながることの認識を促しつつ、買えば買うほど何かいいことがある購入特典をつくる。また併行して、消費者（実需者）が生産者と顔をあわせ、都市農業の理解醸成を促す企画を実施する。これにより、生産者と消費者（実需者）は、自らの利益を追求することによって、「見えざる手」に導かれるように地域の農地を共に守り、都市農地を維持することにつながるのである。

## 3 東大阪市の協働プラットフォーム形成による地域づくり

### (1) 東大阪市の成り立ちと農業事情

東大阪市は、大阪府の東部に位置する面積 61.78 平方キロメートル、2019年 3 月時点で人口 49 万 5254 人（世帯数 22 万 8041 戸）の中核市である。

歴史を遡れば、約 7000～6000 年前には、河内平野は水面で覆われた河内湾とよばれる海であった。その後、川の幾度もの氾濫で土砂が堆積し、低地が形成された。1704 年に大和川の付け替えにより多くの新田が増設され、旧川床は河内木綿の一大産地となった。そこから、ボタンの穴あけ加工、歯ブラシの植毛加工、製糸業、タオル業などの木綿関連産業が発達した。山麓地帯では水車の動力を利用した地域産業も発達し、これらが現在の東大阪市のモノづくりのルーツになったといわれている。

明治維新以降、繊維が長くて柔らかい外国産の棉の輸入が始まると、丈夫で繊維が短く機械化に適さない河内木綿は、機械紡績が普及すればするほど、駆逐されていった。1885 年の明治大洪水では、二度にわたる豪雨で淀川をはじめ数々の河川が増水、決壊し、東大阪市界隈でも多くの家屋や田畑、作物の種が浸水した。この時の洪水をきっかけに農業をやめて商工業に転職した人が多かった［大阪府農業会議 1980：45］。

東大阪市は、いまや全国でも有数の中小モノづくり企業の集積地「モノづくりのまち」として名を馳せるようになり、工場密度は全国第一位を誇るまでになった。歯ブラシから人工衛星まで、高度な技術力を駆使した多種多様な製品が東大阪市で製造されている。

2017 年時点で、農家戸数は 556 戸で、自給農家が 425 戸、販売農家は 131

戸（うち専業農家44戸）である。農家の平均年齢は推定72歳であり、農地は市面積6178 ha に対して209 ha（3.38%）、そのうち市街化区域内農地は161.6 ha（うち生産緑地は111ha）である。

　JA の朝市は都市化に伴う農地面積の減少、生産量の低下などで、市場出荷が困難になった農家の野菜を、英田農協（現在の、グリーン大阪英田支店）の一角で販売したのが始まりで、1998年に地区農協の合併による JA グリーン大阪の誕生後は、各支店で実施されている。

　現在では、JA グリーン大阪直営の直売所が3店舗、朝市が9店舗、JA 大阪中河内直営の直売所が2店舗あり、1つの市に14店舗もの JA 直営の売り場があるところは珍しい。朝市の販売面積はコンビニエンスストアの野菜売り場と同等かそれ以下のところも多く、出荷する側も買いに来る側も徒歩か自転車でやってくることから、関係者は「コンビニ型直売所」とよんでいる［田中・中塚 2018：397］。

### (2)　大阪エコ農産物のブランド化とファームマイレージ$^2$運動

　東大阪市の農業の特徴は、大阪エコ農産物[9]をブランド化したことである。トマトをご当地ブランドにしようと試行錯誤したこともあったが、他地域と明らかに差別化できる要素や生産量の確保が困難であり断念した。そこで、発想を転換し、品目を限定せず栽培方法に特徴をもたせ、「東大阪市産の農産物は全て大阪エコ農産物にする」という目標を掲げたブランド化を2009年度から本格的にすすめた。市や JA が栽培技術や申請書類の作成などを支援したことで大阪エコ農産物の生産に取組む農家が爆発的に増加した［中塚 2016：120］。図8-4 は2018年度の大阪エコ農産物の認定申請件数であるが、東大阪市の申請件数が大阪府下で最も多い。

　大阪エコ農産物でブランド化をするからには、東大阪市内の農家には積極的に大阪エコ農産物を生産してもらい、消費者や実需者にも東大阪市産の大阪エコ農産物を積極的に購入してもらうよう、地産地消を促進するための仕掛けとして実施されたのがファームマイレージ$^2$運動である。運動に係る財源は JA グリーン大阪、JA 大阪中河内、東大阪市等で構成する東大阪市農業振興啓発協議会で賄われるようにした。2009年5月から導入した東大阪市のファームマイレージ$^2$運動の具体的な仕組は次のとおりである（図8-5）。

　消費者が大阪エコ農産物を購入し、袋に貼付されたエコシール50枚分を台

146　第Ⅱ部　組織や仕組作りによる地域活性化

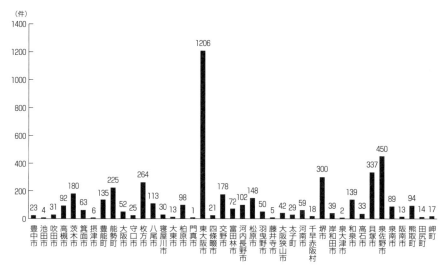

**図 8-4　大阪府の大阪エコ農産物の認証申請件数**（2018年度1月と7月合計）
出所）大阪府のエコ農産物認証状況より筆者作成。

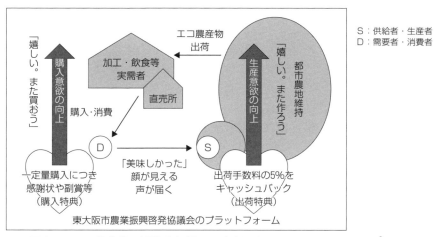

**図 8-5　エコ農産物の流通を促進する東大阪市のファームマイレージ$^2$運動**
出所）筆者作成。

紙に貼り直売所に持参すると、「5 m$^2$ の東大阪農地を守ったことに相当する」[10]として300円分のエコ農産物と感謝状を贈呈する。さらに感謝状を10枚集めた消費者には、表彰状と記念品（500円分相当の東大阪市産の醤油等）を贈呈し、

購入意欲を向上させる仕組をつくった。

一方、生産者には、JAの直売所に大阪エコ農産物を出荷すると、生産者名と連絡先が印刷された大阪エコ農産物の表示シールを無料で作成してもらえるほか、直売所への出荷手数料が通常15%をエコ農産物だと10%に下げた。しかも、一旦15%の手数料を差し引いた後、年度末に5％分をまとめてキャッシュバックし、通帳に具体的な数値として「見える化」した。生産者はエコ農産物を出荷すればするほど、キャッシュバック金額が増えるため、生産意欲と直売所への出荷意欲を高める仕組となっている。

JAの直売所におけるエコ農産物の売上金額は、ファームマイレージ[2]運動の取組み開始前の2008年度は1009万円であったが、2017年度には6253万円にまで増加した。2018年の消費者への感謝状発行枚数は年間で約1500枚であった。

### (3) 都市農業の理解醸成のための企画の運営体制

東大阪市内の農家は、共同で市場出荷するようなことはなく、個別に直売所へ出荷したり、飲食店等と取引したりしている。例えば、米と野菜の栽培を基本とし、養魚場での河内ブナの育成、農業オペレーター、いちご狩りなど、普

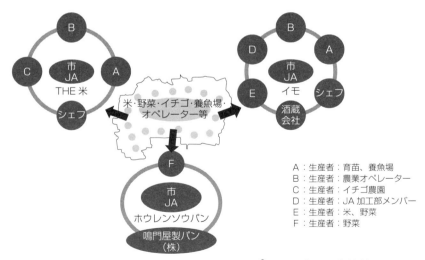

図8-6 東大阪市のファームマイレージ[2]運動の企画運営体制
出所）筆者作成。

148　第Ⅱ部　組織や仕組作りによる地域活性化

段は個々に独立して多種多様な農業経営を行っている。ファームマイレージ$^2$運動の一環として、東大阪市農業振興啓発協議会が都市農業への理解を醸成する企画を実施する際には、各農家の中からプロジェクトの運営協力に適した農家を選び、個々に緩やかなユニットを組んで運営体制を整えている（図8-6）。

### ①「THE 米」

「THE 米」は、小学生前後の子供と保護者を対象とし、「田植え・稲刈り」、「調理実習（フレンチ）と試食」、「JA 直売所での農産物の販売体験とレジ打ち体験」ができるキッザニアの実地版ともいえる食育教育プログラムである。

　参加費は1家族1500円で、収穫したお米を使ったフレンチの試食ができ、お米5キロがもらえる。このプロジェクトには、稲の苗づくり段階では、苗づくりを専門とする農家（A）を中心に農家（B・C）などが協力している。プロジェクト当日には普段、農業オペレーターとして田植え機や稲刈り機を巧みに操る農家（B）のほか、市内で地産地消にこだわるフレンチレストランを営む飲食店のシェフやJAの販売スタッフなどの協力があって実施できている。

### ② ほうれん草パンで東大阪市の農地を守るプロジェクト@鳴門屋製パン（株）

　大阪市内に本店と工場があり、東大阪市内の1店舗を含め5店舗の直営店と170以上の量販店と取り引きがある鳴門屋製パン（株）では、2012年よりほうれん草の旬の時期だけ、東大阪市産のほうれん草を練り込んだロールパンを製造している。地産地消に賛同する鳴門屋製パン（株）は「このパンを食べると東大阪市の農地が守れる」というファームマイレージ$^2$運動をPRしたタグで商品袋を閉じており、タグを3枚集めて応募すると、パンの原材料であるほうれん草の収穫体験に抽選で70名を招待するという企画を実施している。

　毎年500件を超える応募があり、奈良県吉野郡や兵庫県姫路市など遠方からの応募もあった。当選者は、東大阪市の畑で生産者（F）や鳴門屋製パンのスタッフと交流し、栽培やパンにまつわる話をきき、その場でほうれん草のシャブシャブも試食できる。収穫したほうれん草は、好きなだけ持ち帰れる。大量に持ち帰れば持ち帰るほど、ご近所や知り合いにおすそ分け（地産地贈）されることが想定され、その際の東大阪市の都市農業やファームマイレージ$^2$運動の意義、鳴門屋製パンの口コミアナウンス効果に期待がかかる。

### ③ 大人のための農業体験プログラム「いも」

「いも」は、「サツマイモ苗の植え付け」、「収穫」、「焼酎（収穫したサツマイモと東大阪市産の大阪エコ農産物の認定を受けたコシヒカリでつくった麹を使用）の試飲」ができる農業の理解醸成のためのプログラムである。参加費は１家族3500円で、サツマイモ１袋（収穫量によって変動）と焼酎１本を持ち帰ることができる。サツマイモは、長崎県の梅ケ枝酒蔵に委託製造し、「東大阪市の農〇女子がつくった焼酎」（〇には「マル」でも「業」でも「家」でも何でもあり、という緩やかな意味がこめられている）と銘打って東大阪に戻ってくる。焼酎１本をつくるのに必要な２キロのサツマイモと300グラムのお米の栽培面積から、「この１本で約１m$^2$の東大阪市の農地が守れます」と表示したファームマイレージ$^2$運動啓発商品となっている。

このプロジェクトには、市内の女性農業者で構成するJA加工部（ハッピークラブ）のメンバー（D）のほか、麹づくりで農家（B）や近隣農家（E）、試飲会時には前掲の飲食店のシェフに焼酎にあう料理の提供で協力をしてもらっている。

2013年からサツマイモの植え付けと収穫に大阪商業大学の学生がボランティアとして参画している（写真8-1）。そこで、2017年からは「大阪商業大学の学生有志がつくった『商酎』、（写真8-2）として商品化した。ファームマイレージ$^2$運動のコンセプトに賛同する酒屋の商店主の協力を得て、「酒のにしだ」（若江岩田商店街）で販売してもらったところ、学生、保護者、卒業生、教職員などの多くの大阪商業大学の関係者が足を運び、発売後２カ月足らずで完売と

写真8-1　運営スタッフと大阪商業大学の学生＆教員ボランティア

出所）筆者撮影。

写真8-2　オリジナルの「商酎」

出所）筆者撮影。

### (4)「地産地消 → 地産地創 → 地産地贈」への展開による都市農地への求心力

消費者は購買行動において、自らや知人が生産活動に関わったり、SNSで発信したりするなど、何らかの関わりがあるモノには、そうでないモノよりも愛着をもち、購入・宣伝意欲を高めるものである。本章で紹介した東大阪市の取組みには、筆者も学生とともにボランティア参画したことで、東大阪市の農業や農家、農産物に愛着を持ち、理解を深め、購入したり知人や友人に紹介したり、贈ったりしたいという気持ちをもつようになった。

都市農地の保全には、市民の農業への理解促進が不可欠であるが、教育や啓発だけでは限界がある。とはいえ、理解を促すために市民全員が農業に従事すべきという論理は現実的ではない。だからこそ都市農地を共生・創造の場とし、生産活動や商品化の工程の一部を生産者以外の市民が何らかの形で関わる仕組の構築が有効であると思われる。

「地産地消」を一歩すすめ、加工製造して商品化し販売する「地産地創」へ、さらに自分たちが関与した商品を知人や友人に贈る「地産地贈」への展開（図8-7）は、不特定多数の市民に都市農業の直接的利用価値や存在意義を共感、発信、拡散、連鎖させる求心力となるモデルになるのではないだろうか。

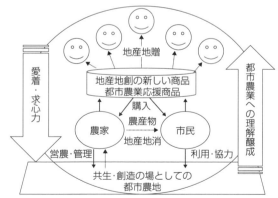

図8-7 「地産地消→地産地創→地産地贈」への展開
　　　による都市農地への求心力
出所）筆者作成。

第 8 章　都市農家と市民の協働プラットフォームによる地域づくり　　151

## お わ り に

　以上、都市農家と市民の協働プラットフォームによる地域づくりについて、東大阪市のファームマイレージ$^2$運動を事例として紹介した。

　都市の中に点在して現存する都市農地は、都市が拡大してきたことの帰結であり、年々、生産者の高齢化と、その面積や生産者数の減少がすすんでいる。人口減少社会に突入するにあたり、日本のコンパクトシティの形成に向けて、新たな土地利用や経営スタイルを創出することが期待されるようになった。

　東大阪市の取組みは、まずは個々の農家がしっかりと独立して農業経営を行った上で、都市農業への理解醸成のための緩やかな組織をつくっている。東大阪市農業振興啓発協議会がつくるプラットフォームに、多様な農家をはじめ外食産業や製造業などの実需者を含めたさまざまな組織が乗り、プロジェクト毎にしなやかにユニットを組むという形態をとっている。さまざまな仕掛けにより、生産者と消費者（実需者）は、自らの利益を追求することによって、「見えざる手」に導かれるように地域の農地を共に守り、都市農地の維持に加勢していることになるのである。

　新たな時代には新たな仕組が必要である。衰退の一途をたどってきた都市農業であるが、個々に独立した経営がすでに確立されている。従来の、共同出荷や一斉防除などが必要でなくなった今、都市農地のさらなる機能を発揮するためには、農家が個々に経営していることに加え、立場の異なる人々がつながることのできる中間組織が必要である。産学官民、多種多様な立場の人々が出会い、互いの知見を活かすことができるひらかれたプラットフォーム型の組織をつくり、その中から、必要に応じてユニットを組み、さまざまなプロジェクトを実践している東大阪市の事例には、「農のある都市」として豊かな生活環境を維持するためのヒントがたくさん詰まっている。

　注
　1 ）農水省では、都市農業の多面的機能として、景観創出機能、交流創出機能、食育教育機能、地産地消機能、環境保全機能、防災機能をあげている。（「都市農業の 6 つの機能」http://www.maff.go.jp/j/nousin/kouryu/tosi_nougyo/kinou/toshi_kinou.html、2019 年 4 月 11 日参照）。

152 　第Ⅱ部　組織や仕組作りによる地域活性化

2 ）東大阪市農業振興啓発協議会は JA グリーン大阪、JA 大阪中河内、東大阪市農業委員会、大阪府北部共済組合、東大阪市、大阪府中部農と緑の総合事務所（現在は脱退）で 2000 年 10 月に設立された任意団体であり、事務局は東大阪市経済部農政課が担い、年間予算は約 400 万円である。

3 ）2015 年に制定された都市農業振興基本法第 2 条では、都市農業を「市街地及びその周辺の地域において行われる農業」と定義づけていることから、本稿では、都市農家を「市街地およびその周辺の地域で農業を営む農家」とする。

4 ）都市農地の変遷については、図司・佐藤［2013］および中塚・金坂［2017］を参照。

5 ）1971 年 6 月に農林水産省農政課が出した「いわゆる都市農業についての考え方」では、「市街化区域内で農業を長期間続けることは、一般的に、経営の零細性、地価の高いこと、労賃が高いこと、環境の悪化等から困難である。もちろん市街化区域でも、野菜（特に施設園芸）、花木のように面積が狭くとも収益性の高いものは当面継続しうるが、それとても特殊な土壌条件を必要とし、移転の困難な花木のようなごく例外を除き、市街化区域内でなければならないというものではない。その意味からして、市街化区域内の農業について農業の側からどうしても存続させなければならないというものを見出すことは困難である」［農林水産省農政課 1971］と記載されていた。

6 ）道連れ解除とは、一部所有者の生産緑地地区が解除され、残された面積が規模要件を下回ってしまった場合に、生産緑地地区全体が解除されてしまうことである。

7 ）資金や支援者へのリターンのありかたによって、「寄付型」、「投資型」、「融資型」、「購入型」に分けられる。例えば、楽天株式会社が運営する Ragri（ラグリ）は、CSA と IT を組み合わせた新しい農業サービスであり、「購入型」の一例ともいえる。スマートフォンと実際の畑をリンクさせ、消費者が自宅にいながらにして、好きな作物を遠隔栽培するというもの。実際の畑で作業する農家からは農産物の成長過程が画像で送られてきたり、直接コメントのやりとりを行ったりすることもでき、収穫した農産物が届けられる。

8 ）例えば、「農産物の選別・包装の簡略化」、「原則として自主配送」、「自給する農家の食卓の延長線上に、都市生活者の食卓をおく」、「援農への参加」、「互恵精神に基づくこと」、「両者の話し合いによる価格決定」、「学習活動の実施」などである。

9 ）大阪エコ農産物とは、化学肥料（チッソ・リン酸）の使用量及び化学農薬の使用回数を、大阪府が定めている地域の標準的な使用量及び回数の 1/2 以下で栽培された農産物のことである。年に 2 回の申請期間があり、現地調査を経て大阪府知事に認証された農産物は認証マークを貼って販売することができる。

10）エコ農産物のシール 1 枚で守れた農地の面積を便宜的に 1000 cm$^2$ とし、シール 50 枚分を 5 m$^2$ と換算している。


**参考文献**

石川英輔［1997］『大江戸リサイクル事情』講談社。

伊藤整［1983］『太平洋戦争日記（二）』新潮社。

伊藤礼［2016］『ダダダダ菜園記明るい都市農業』筑摩書房。

大阪府農業会議・東大阪市農業委員会［1980］『東大阪市の地域開発と農業』45。

後藤光蔵［2003］『都市農地の市民的利用』日本経済評論社。

図司直哉・佐藤真弓［2013］「都市農業をめぐる研究動向と今日的論点――『農業不要論』から『農のあるまちづくり論』へ――」『サステイナビリティ研究』3。

田中康太・中塚華奈［2018］「都市農業における食農教育型六次産業化の可能性――東大阪市のファームマイレージ$^2$運動からの波及――」、戦後日本の食料・農業・農村編集委員会編『食料・農業・農村の六次産業化』農林統計協会。

中塚華奈［2016］「消費者との連携による都市農業の保全と課題――東大阪市のエコ農産物特産化とファームマイレージ$^2$運動――」『農林業問題研究』52(3)。

中塚華奈・金坂成通［2017］「都市内の緑地保全に関する一考察――大阪府東大阪市の生産緑地を事例として――」『公益社団法人日本不動産学会 2017 年度秋季全国大会論文集』33。

農林水産省農政課［1971］「いわゆる都市農業についての考え方」。

第 9 章

# 官民協働でイノベーションの
## 　　創出に挑む"ものづくり"のまち八尾

## は じ め に

　近年、日本では中小企業の数が減少を続けており、製品・サービスの提供だけでなく雇用創出面にも影響がみられるなど、地域経済の発展が危惧されている。そのため中小企業の経営力強化や事業継承など、各地ではさまざまな支援の手が差し伸べられ、地域活性化に向けた取組みが行われている。本章では、ものづくり産業集積の1つでありながら支援が遅れていた大阪府八尾市が、先進地域同様の支援提供のキャッチアップを達成し、ものづくりのまちとして、官民協働により今後も成長を遂げようとする取組みを紹介する[1]。具体的には、市民・事業者の代表者等からなる産業振興会議と、提言から生み出された、イノベーション推進拠点「みせるばやお」の活動に注目する。

## 1　ものづくりのまち八尾の特徴

### (1)　八尾市の所在と産業の発展

　八尾市は、地理的に大阪府の東部地域に位置し、西隣の大阪市、北隣の東大阪市、南隣の柏原市に囲まれている。2019年1月現在の人口は26万6943人[2]で、大阪市の衛星都市として多くの住民が暮らしている。また、ものづくりのまちとして発展を遂げ、市内の事業所数は1万1940となっている。このうち製造業が3075、卸・小売業が2448で、それぞれ全体の25.8%、20.5%を占めている[3]。

　八尾市は、第7章や第8章で紹介された東大阪市とともに古くは河内と呼ばれた地域に当たり、江戸時代以降、両市は類似の発展を遂げる。その中でも歯ブラシの生産が八尾市を中心に盛んに行われ、最盛期の八尾の歯ブラシ生産量は全国の約5割を占め[4]、地域の特産物（地場産業）として成長発展を遂げる[5]。

　その後、第二次世界大戦中に大阪市内で武器の製造を行っていた企業のうち

空襲で焼きだされた者や、戦後の復興期に新たな事業を開始する者が近隣の東大阪や八尾に新たな事業所を構えた。これら企業が高度経済成長期を経て発展を遂げる過程で、そこに勤務していた従業員の独立・開業が日常的にみられるようになり、金属加工を中心とする、ものづくり企業の集積が形成されるようになった。また、経済が成長するにつれて取引先からの受注が増加し、都市部で操業する中小企業者においても工場の敷地が手狭となり、大阪市や東大阪市から地価が安価な八尾市へ工場を移転する者が増えたことも集積が形成されるうえでのプラス要因となった。

### (2) 八尾市の産業の特徴

八尾市内に存在する事業所の主な業種を**表 9-1**でみると、製造業が 25.8%で最も多く、卸売業・小売業が 20.5%でこれに続いている。事業所全体に占める製造業の割合は、大阪府の 10.9%や全国の 8.5%と比較しても、極めて大きな値となっている。

次に従業者数についてみても、製造業が 34.5%で最も多く、第 2 位の卸売業・小売業の 19.0%を大きく上回っている。また、製造業に従事する者の割合は、大阪府の 13.8%や全国の 15.6%と比較しても格段に大きい。

これらのことから、八尾市は日本を代表するものづくり企業の集積地の 1 つであり、産業の発展にものづくり企業が不可欠であることがうかがわれる。なお、以下では、ものづくり企業である製造業に焦点を当て、八尾市の産業をみていくことにする。

### 表 9-1　八尾市内の事業所及び従業者の状況
（2016 年）

(%)

|  | 業種 | | 従業者数 | |
|---|---|---|---|---|
|  | 製造業 | 卸・小売業 | 製造業 | 卸・小売業 |
| 八尾市 | 25.8 | 20.5 | 34.5 | 19.0 |
| 大阪府 | 10.9 | 25.3 | 13.8 | 22.8 |
| 全国 | 8.5 | 25.4 | 15.6 | 20.8 |

出所）地域経済分析システム（RESAS：リーサス）データより筆者作成。

156　第Ⅱ部　組織や仕組作りによる地域活性化

### (3)　製造業実態調査から見た特徴

　八尾市では、2013 年度に市内の工業事業者を対象に全数の実態調査が行われている。ここでは、この調査結果から八尾市のものづくりの実態についてみていこう[7]。

　まず、代表者の年齢は、60 代が 32.1％で最も多く、70 代（21.3％）、50 代（20.3％）がこれに続いている。60 歳以上が過半数を超えている現状にある。

　従業員の規模についてみると、「1 ～ 4 人」が最も多く 43.2％となっている。続いて「5 ～ 9 人」が 22.4％、「10～29 人」が 21.5％となっている。従業者数 10 人未満の事業所が全体の約 7 割という、小規模の企業が多い特徴がある。

　事業所の開設年は、昭和 41～50 年が 21.0％で最も多く、昭和 51～60 年（17.8％）、昭和 61～平成 7 年（17.2％）が続き、業歴の長い企業が多くみられる。その一方で、平成 8 年以降に開設された比較的新しい企業が 22.0％存在することは産業の発展につながり、将来に向けて希望が持たれる。

　業種別にみると、金属製品製造業（31.9％）、その他の製造業（11.4％）、プラスチック製品製造業（10.5％）の上位 3 つで過半数を占めている。

　次に生産形態についてみると、「下請け製造」が 28.7％で最も多く、次いで、「自社製品主体の製造」が 26.9％となっており、それぞれ全体の約 1/4 強を占めている。「賃加工」についても 24.9％と全体の約 1/4 を占めている。自社ブランド製品の有無については、「ある」と回答した事業所は 17.7％で、2 割弱の保有率となっている。

　企業が自社の強みとして強く認識しているのは、「技術力・製造（加工）精度」が 38.7％で最も多く、次いで「小ロット・試作対応」が 16.9％、「在庫・納期対応（スピード）」が 13.1％となっており、この 3 項目で全体の 7 割弱を占めている。

　以上みてきたように、八尾市は企業の大半が取引先からの要望により製品・部品を製造する、いわゆる小零細規模の下請型加工体制を有していることがわかる。


### (4)　企業が抱える課題

　八尾市のものづくり企業は、国内他地域のものづくり企業と同様に厳しい経営環境下に置かれている。すなわち、大手企業の海外進出に伴う受注量の減少、中国をはじめとする海外ものづくり企業の台頭による競争の激化などである。

第 9 章　官民協働でイノベーションの創出に挑む "ものづくり" のまち八尾　　157

　また、個別企業に目を転じれば、事業後継者が存在しないために廃業を余儀な
くされる企業が存在する。この他にも、労働者の確保、とりわけ若年労働者の
確保が困難な状況にあり、中小企業が蓄積してきた技術やノウハウの伝承が難
しい状況を迎えている。さらには、地域内に存在していた取引先の廃業により、
これまで発注していた加工を担える企業が身近から消滅したため、新たな取引
先の開拓を行い品質の維持・確保の必要に直面する企業も存在している。
　先の調査結果から、八尾市の企業が抱えている具体的な経営課題をみると、
「人材育成」が 23.0％で最も強く認識されており、「営業力・ブランド力」
15.4％、「価格対応」が 9.1％で続いている。
　このように、ものづくり企業の集積地として一定の評価を受けてきた八尾市
にあっても、厳しい経営環境に置かれていることに変わりはない。この状況を
打開するには池田［2012］が指摘するように自立が不可欠で、新しい時代を切
り引いていくことのできる人材の確保や、社内従業員の能力向上が避けて通れ
ない。また、従来同様に大手企業との取引を継続していくには営業力の強化が
不可欠で、これ以外の活路としては自社のブランド化が重要と考えられている。

## 2　地域振興に向けた八尾の支援施策

### (1)　八尾市産業振興会議と中小企業振興条例の制定
　日本の中小企業支援は、中小企業庁が支援施策を策定し、それを全国に展開
する方式が長らく採られている。そのため、全国一律的な支援が根底にあり、
地域の特徴や中小企業の実態を踏まえた支援を行えるのは、人材・資金の面で
一定の規模以上の組織力のあるところに限られていた。八尾市においても、中
小ものづくり企業が数多く存在しているものの、精力的に支援に取り組むのは、
平成の時代になってからである。多くの中小企業を抱える自治体が先行して実
施する施策を研究し、その中から市内企業の経営力向上に有用と考えられるも
のが導入されていった。この時、こうした活動の中核的役割を担ったのが、八
尾市経済環境部産業政策課[8]である。また同組織は市内事業者等からの意見を踏
まえた地域振興を円滑に行うため、1998 年に「八尾市産業振興会議」（以下、
産業振興会議）を設置した。この組織は、市内商工業者、卸・小売業者が属する
業界、消費者団体の代表者に加え、八尾市の産業施策に関心を有する市民と、
学識経験者及び支援機関（近畿経済産業局、大阪府商工労働部）の代表がメンバー

158　第Ⅱ部　組織や仕組作りによる地域活性化

となり、事業の継続や発展に必要な施策の検討を行う役割を担う。

　また、八尾市は、全国の他の自治体に先駆けて、「八尾市中小企業地域経済振興基本条例」を 2001 年に制定した。これは、「地域産業の栄えるにぎわいのあるまちづくり」を目標に市内中小企業の振興による、まちの活性化をめざすもので、その後、全国的に広がる中小企業振興条例制定の模範とされた。この条例の素案を検討する際にも、産業振興会議が重要な役割を果たした。そして、当初の条例制定から 10 年を迎えた 2011 年に同条例が改正される際も、改正の方向性について提言が行われている。こうした産業振興会議が果たしてきた役割の重要性が認識され、改正後の同条例第 9 条では、八尾市の産業政策の中に中小企業支援の進め方についての意見を聴く場として、産業振興会議が正式に位置づけられることになった。

## (2)　産業振興会議の運営実態[9]

　産業振興会議は、市内事業者の代表者、消費者の代表、公募の一般市民、学識経験者等、総勢 18 名程度の委員で構成されている。運営は全ての委員が出席する全体会議と、全体会議で承認された約 12 名のメンバーによる部会に分かれて行われている。

　全体会議は年 3 回開催され、部会は、これとは別に全体会議で承認されたテーマを検討するために年 5 回程度開催される。1 回あたりの会議時間は概ね 2 時間で、事業を営んでいる方や勤務している方が参加しやすいよう、部会は午後 7 時から開始されている。

　産業振興会議に類似した会議は、他の自治体でも開催されているが、その運営方法は八尾市とは異なる。一般的に行政が主宰する会議では、行政が考える基本的な施策案が提示され、それに基づく検討が行われることが多い。これに対して八尾市では、施策案は提示されずテーマが与えられるだけで、委員がそのテーマに基づいて意見を述べる。つまり、他の自治体で行われている会議は、行政が考えている範囲内で委員に意見を求めることが多いのに対して、八尾市ではそうした制約がなく、各々の委員は自らの体験や考えに基づき自由で、より実践的な意見を述べることができる。そのため出席した委員から次々と意見が述べられ、熱心な議論が行われることから、所定の 2 時間が瞬く間に経過していく。

第 9 章　官民協働でイノベーションの創出に挑む "ものづくり" のまち八尾　159

## (3)　八尾市の産業施策の動向

産業振興会議は、1998 年に設置されて以降、八尾市の産業振興の方向性や長期的な施策、「中小企業地域経済振興基本条例」の改訂等の施策提言を行ってきた。その結果、中小企業への支援施策が次々と整備され、概ね 10 年で先進地域が取り組んでいた支援を実施することができるようになった。例えば、企業情報のデータベース化として八尾ものづくりネットの構築、中小企業の経営や技術面の支援を行う中小企業サポートセンターの設置、ビジネスマッチング博の開催などである。そして、中小企業振興条例が制定されて 10 年を迎えた 2010 年には、それを改正するための検討と改正案の提言が行われ、2011 年に現行の条例制定につながった。そして 2012 年度以降、この条例の目的達成に向け、市内企業の実情に合わせたさまざまな独自施策が検討・実施された（表 9-2）。そして近年では、八尾市の企業が抱える課題解決に向けた施策が展開されている。

## (4)　産業振興に力を注ぐ行政と組織風土

八尾市が産業振興に力を注ぐようになったのは、産業振興担当者の危機感からであるという[11]。ものづくり産業の集積地である、尼崎、東大阪、東京の大田区、墨田区などと比べ、出遅れ感を抱いた当時の担当者が、先進地域に学ぶことの必要性を痛感し行動を起こす。担当者レベルの横のつながりの勉強会からスタートした取組みが、後の中小企業都市サミットへと進展を遂げ、地方自治

### 表 9-2　八尾市で実施された新たな支援策（2012 年度以降）

| | |
|---|---|
| 2012〜 | 「八尾産業情報ポータル」のサイト運用開始 |
| 2013〜 | 大阪シティ信用金庫との産業連携 |
| | ものづくりカレッジの開始 |
| | 事業承継セミナーの開始 |
| | 市内事業所人材確保支援（労働支援課、八尾市無料職業紹介所）の開始 |
| 2014〜 | 八尾あきんど起業塾の開始 |
| | 環山楼塾の開始（次世代経営者育成支援） |
| 2015〜 | 八尾市中小企業ブランド戦略推進事業「STADI」（製品化支援） |
| | 八尾市製造業現場改善支援事業 |
| | 医療機器・介護機器分野参入促進事業 |
| 2017〜 | 千年企業創造ラボ（事業承継支援） |
| | IoT を活用したハードウェアイノベーション拠点デザイン事業（みせるばやお） |

出所）八尾市産業振興会議 ［2018：1］ より筆者作成。

160　第Ⅱ部　組織や仕組作りによる地域活性化

体の首長が出席する大きな事業になった。そして、こうした動きが市長に中小企業支援の重要性を認識させることに繋がる。その後、八尾市では、産業振興に興味・関心の高い職員を募り、応募した職員に業務を託する画期的な人事異動が行われ、集結した意欲の高い者が産業振興会議の設立や中小企業支援に関するさまざまな事業を実現していった。彼らの多くは予算獲得に長けていたことから、産業振興会議からニーズを吸い上げ事業実施に必要な予算を獲得し、次々と先進地域へのキャッチアップが可能となった。このような産業振興に対する先駆者の熱い想いが組織内に醸成・蓄積され、歳月が過ぎようともそれが組織風土となって染みついているのである。

　このことから、人事異動で産業政策課に配属された者は、諸先輩の働きに学び、自ずと中小企業支援に対する熱い想いをもち、行動するようになるのである。なかでも、2013 年度から同課に配属された松尾泰貴氏は、人一倍、熱い想いを寄せ、持ち前の行動力を思う存分に発揮している。松尾氏が提案したことに上司の後藤氏が興味・関心をもち、両名が中心となって積極的に活動できるよう組織に働きかけてきた。そのため、松尾氏は仕事の遣り甲斐や楽しさが実感できることから、残業を厭わなくなったという。[12]

　他の地方自治体と同様に八尾市も、産業振興に対する財源が十分に確保されているわけではない。そのため、限られた財源を有効活用する方策を検討するとともに、内閣府、経済産業省等の政府機関が有する補助金などにも積極的に応募し、資金の獲得をめざしてきた。また、松尾氏はこの分野での知見やネットワークを拡大するため、2014 年に大阪府商工労働部が設置した「EG（エコノミック・ガーデニング）おおさか」の第 1 期研修生として参加している。この EG は、府内のものづくり中小企業等を発掘・育成し、成長に繋げる取組みで、自治体や商工会・商工会議所、公的産業支援機関、大学、金融機関の職員が、それぞれの機関の取組みや情報を共有し連携していくものである。具体的には、“顔の見える関係づくり” と支援力の向上がめざされており、研修の場に地域産業のさまざまな現場で活躍する府内外のキーパーソンを講師に迎えることで、受講者は企業支援のために必要となる「集成力、想像力、連携力」の向上が図られるのである。

　また松尾氏は、2015 年からの 2 年間、近畿経済産業局に業務出向した経験を有している。このときの体験が、全国的規模で活躍する中小企業者や支援者等との交流に繋がるとともに、国政レベルで策定される施策にも精通するよう

第 9 章　官民協働でイノベーションの創出に挑む "ものづくり" のまち八尾　　161

になったという。このような経験や人的ネットワーク、さらには習得した中小企業支援の方法論を駆使して、八尾市オリジナルの支援施策が構築されていく。その最たるものが第 4 節で述べる「みせるばやお」を核とした、中小企業によるイノベーションを創出するための仕組である。この他にも、松尾氏をはじめとする産業政策課の職員は、限られた時間の中で地域企業の抱える課題解決に向けた新しいアイデアを織り込んだ各種申請書類の作成を精力的に行い、経済産業省の地域未来投資促進法の認定や、内閣府の地方創生推進交付金の受給など、国からの財政的支援も獲得している。

## 3　行政の役割を補完する「有志の会　八尾」の取組み

### (1)　「有志の会　八尾」の必要性

　これまで、産業振興を行政機関の側からの視点で捉えてきたが、産業振興は行政のみが行うものではない。なぜならば、そこに事業者や市民が存在しなければ具体的な活動となり、真の意味での産業振興には繋がらないと考えるからである。その点、八尾市では、産業振興会議委員の中から自らの活動によって市の産業振興に貢献しようとする動きが見られることは特筆される。

　従来からの行政施策は、工業、商業といった分野単位で行われ、一定の成果を挙げてはいるが、両者の課題解決に向けた垣根を越えた活動はほとんどみられない。そこで、有志の会で考え出されたのが、地域の商工業者が互いの強みを生かし、市民が必要とするものを工業者が製造し、卸・小売業者を通じて市民に販売することをめざした取組みである。これにより、地域の経済循環を生む、元気なまちの実現が期待されるのである。[13]

　この一連の活動の中心的役割を果たしているのが、藤原義春氏である。藤原氏は、（株）藤原電子工業の代表取締役であり、産業振興会議の委員を長らく務めた経歴の持ち主である。藤原氏は、産業振興会議の委員就任時から、企業支援が工業と商業に分かれて実施されていることを問題視し、両者が協力し合って地域の発展に寄与するまちづくりを行うべく、行動してきた。具体的には、工業者と商業者の課題を解決する方策の 1 つとして、八尾の商店街にロボットを配置するプロジェクトを提案し、賛同者を増やして事業を実現させていった。この取組みが始まるまでは商業者と工業者の接点がなかったが、藤原氏が同じ産業振興会議委員である大阪経済法科大学の教員に働きかけ、同大学が本プロ

162 第Ⅱ部 組織や仕組作りによる地域活性化

ジェクトに関与することにより、両者の信頼関係が構築されたという。

「八尾のまちを活性化させたい」との想いを共有する産業振興会議の有志メンバーを中心に、藤原氏は 2015 年 9 月 24 日に具体的な活動を行う任意組織「八尾市産業振興会議有志の会」[14]を設立した。その後、地域で生活する市民や事業者、学生等にも働きかけ、活動内容がより具体的に実践されていく。実際に行われた取組みは、次のとおりである。

① 商店街の賑わい創出に向けた喋るロボットの配置
② 枝豆を活用した製品化事例（枝豆ビールをはじめ、幾つかの製品化への取組みが始まる）

以下では、その取組みの概略について、みていこう。

### (2) 「有志の会 八尾」の具体的な活動事例
#### ① 商店街の賑わい創出に向けた喋るロボットの配置

「有志の会」が考案した商店街にロボットを配置する計画は、商工業者の連携による取組みで、商店街に来店する方の興味・関心を高めること、より具体的には小学生以下の子どもを抱える消費者の来店を促すことを目的としている。子どもが商店街の店舗に配置された喋るロボットに触れることで、ロボットだけでなく、店舗や商店街への興味・関心を高めてくれると考えられたのである。

実際にロボットを製作し、店舗に配置するまでには幾つもの解決すべき課題が存在したが、藤原氏は有志メンバーに精力的に働きかけ、自身で対応できないことの対処を依頼し、実現にこぎつけた。例えば、ロボットの製作にあたっては、以下の依頼をしている。

① ロボット筐体の製作 → 3D プリンターによる製作を振興会議委員、並びに大阪経済法科大学に依頼
② ロボットの部品調達、制御（ソフト）→ 藤原氏と藤原電子工業で対応
③ ロボットの部品の組立とメンテナンス → 大阪経済法科大学の学生に依頼
④ ロボット操作に関する教育 → 藤原電子工業が大阪経済法科大学の学生に実施
⑤ ロボットに着せるぬいぐるみ（犬・猫）の製作 → 藤原氏が理事長を務め

る社会福祉法人信貴福祉会リンゴの木に依頼

　また、こうしたロボットの製作費を捻出するため、藤原氏は大阪府地域民間支援活動サポート事業補助金の申請を行い、資金の獲得に成功している。

　このようにして、22台のロボットが製作され、北本町中央通商店街と城正会に加盟する店舗等に2016年3月からそれらが配置された。来店客には大いに喜ばれ、一定の成果を収めた。しかしながら、ロボットはメンテナンスが必要なことから、常時店舗に配置して消費者の来店頻度を高めることができなかった。また、工業者と商業者との連携の必要性を感じて参加した者と、後から同プロジェクトに参加した者との間に認識の違いがみられるなど、連携の在り方に関しては新たな課題も明らかになった。[15]

### ② 枝豆を活用した地ビールの開発・販売

　もう1つの取組みが、八尾市の特産品である「枝豆」を活用し、地ビールをつくり普及させる活動である（**写真9-1**）。これは、一般的に6次産業化と言われるものである。地域の農家が生産する枝豆を加工して、製品となるビールをつくり、それを消費者に販売するものである。藤原氏は、ビールの原料となる枝豆の生産農家を八尾市産業政策課から紹介を受ける一方で、それを使用してビールを醸造してくれるブリューワー（八尾出身者）を知人から紹介してもらい、ビールの醸造に向けての道筋をつける。そして、農家から提供を受けた枝豆を使用した枝豆ビールの試飲会を複数回実施し、参加者のビールに対する意見や反応をもとに改善・改良が繰り返された。2017年度は、9月に開催される八尾河内音頭祭りにおいて一般市民に販売することを目標とした活動が精力的に行われた。その結果、開発された「八尾の夜明け」と名付けられた枝豆のクラフトビール約200ℓは、販売当日に完売した。[16]購入者からは、「また飲みたい」や「缶入りで販売されたら買いたい」という喜ばしい声を聞くことができたという。その後の2018年2月に開催された八尾シンポジウムにおいても枝豆ビールの限定販売が行われ、ここでも成功をおさめている。

　以上みてきたように、藤原氏のアイデアをもとに、「八尾を元気なまちにしたい」との想いに賛同する多くの事業者や市民を巻き込んだ取組みの形ができ上がり、八尾市の特産物である枝豆を活用した枝豆ビールの開発と販売が実現した。行政の補完的な形で地域の活性化を進めるには、資金の調達はもちろん

164　第Ⅱ部　組織や仕組作りによる地域活性化

**写真 9-1　枝豆ビールのポスターと販売の様子**
出所)「有志の会八尾」facebook より筆者一部加工（https://www.facebook.com/YUSHINOKAIYAO/、2019 年 3 月 10 日閲覧）。

のこと、具体的な活性化のアイデアを形にし、それを実現していく行動力が必要となる。また、地域を元気にしたいという者のつながりの輪を広げるとともに、賛同者の気持ちを 1 つに纏めることも不可欠になる。

## 4　「みせるばやお」を核としたイノベーションの実現に向けて

### (1)　「みせるばやお」の設立経緯

　八尾市のものづくりの特徴として、加工型の企業が多く、自社のオリジナル製品を有していないことの弱みが指摘されてきた。これを受けて産業振興会議が、これまでの数多くの検討結果をまとめ提言を行うと、2015 年度から中小企業が保有する技術力を生かし、自社製品・サービスの開発を支援する STADI 事業が開始されることになった。この事業はデザイナー等のサポートを受けながら製品の完成をめざすことができるため、企業の満足度も高い。しかしながら、年間で採択される企業の数が限られており、量的に多くの企業を支援することができないという課題を内在している。

その一方で、ものづくり企業数の減少は、集積としての八尾の魅力減少に繋がることから、いかにして集積を維持させるかについての議論や取組みも行われてきたが、一過性で終わっていた。その1つが、2014年度のものづくり企業の魅力を纏めたDVDの作成である。後継者不足や従業員の確保難といった問題を解決するには、ものづくりの面白さや魅力を幼少期から子どもたちに伝えることの必要性が唱えられ、小学生の社会科授業での使用を念頭に置き作成された。しかし、教育現場では学習指導の面でさまざまな課題があるとされ、普及には至らなかったのである。

そして、八尾市のものづくり企業の課題解決に向けた新たな方策を検討している最中に、西武百貨店八尾店が閉店することになり、その跡地の有効活用についての検討が松尾氏らの産業政策課によって行われた。「ものづくりのまちなのに、ものづくりで溢れていない」と感じていた松尾氏は、企業の垣根を越えた交流によるものづくりや、小学生にものづくりの面白さを体験してもらえる機能の必要性を唱え、これらをプログラムとして提供できる施設、「みせるばやお」が2018年8月8日に設立・オープンするに至ったのである。[18)]

ここで留意すべきは、この施設が行政により一方的に設立されたのではなく、産業振興会議における提言を受けた内容を具現化している点である。つまり、中小企業者がAI、IoT、ビックデータなどの最新の技術を活用することで、自ら考え、行動し、新たな価値の創出を行い、産業集積を維持することが必要と考えられていたのである。

### (2) 「みせるばやお」が提供する機能と取組み成果

「みせるばやお」は、「『出会いが加速する場』誰もが、いつでも、クリエイティブを！」をコンセプトとして、次の3つの機能を有している（写真9-2）。第1は、八尾の企業の製品や技術力を感じることのできる展示体験、第2は中小企業の技術やものづくりを体験できるワークショップ、そして最後がさまざまな出会いやアイデアを生み出すコラボレーションである。

オープンからの約6か月間で、展示体験では、常設展示の7社のほかに、自社製品の展示販売を希望するショップ出店が21社となった。

体験ショップでは、217回のワークショップが実施され（写真9-3）、八尾市民にものづくりの楽しさや面白さが伝えられた。このことから、八尾には素晴らしい企業が存在することを市民が認識しつつあるといえよう。

166　第Ⅱ部　組織や仕組作りによる地域活性化

写真9-2　みせるばやおの会場風景
出所）筆者撮影。

写真9-3　ワークショップの様子
出所）八尾市産業政策課提供。

　コラボレーションでは、参画企業を中心に34のプロジェクトが進行しており、3年間で目標とするプロジェクト数88の達成も初年度で実現可能な勢いとなっている。

　以上みてきたように、関係者による精力的な取組みが行われ、施設オープンの2018年8月8日から2019年3月末までに来場された方は、2万4247名（累計）に上っている。また、年会費200円を支払って会員登録した方（ビジター会員と呼ばれる）は、5391名となっている。一方、当該事業に賛同する企業は当初35社であったが、2019年3月末現在で103社にまで増加している。これは、当初の会員企業により任意組織「みせるばやお」が設立され、理事となった6社[19]が中心となって役割を果たすべく事業計画の作成から運営に関する業務の一端を担ってきた成果であるといえよう。

　ここで特筆されることは、八尾市の主導により施設の設置は行われたが、その運営は、市内事業者、市民、大学等が関与し、さまざまな人により実施されている点である。また、前述した国からの財源以外に、当初の施設運営に必要な費用の一部をガバメント方式によるクラウドファンディングを活用し調達している[20]。

(3)　「みせるばやお」設立による波及効果

　「みせるばやお」は、施設としてのハードの側面と、事業を運営する組織としての側面の2つの顔を有している。すなわち、前者としては場所の提供という意味で、八尾市で開催される創業スクールやあきんど起業塾を受講した後に

起業した方が自身の事業プランを発表し、参加した地域住民や地元経営者が応援投票を行う交流会「八尾地域クラウド交流会」の開催や、中小企業者が相互にIT・IoT活用手法について学び合う「みせるばやおIT道場」の実施などで活用されている。

一方、組織としては、企業間のコラボレーションを検討するメンバーと、市民の興味・関心を深める内容を検討するメンバーに分かれて取組みが行われている。前者では、八尾発の身近な製品が試作段階にある。後者では子どもを対象とした本の読み聞かせ会などが精力的に行われている。また、2018年11月にスタートした「みんなの楽校」は、楽しむことを通してそれぞれの人が自分らしい生き方に気づく場所として、誰でも参加できる形態がとられており、多くの参加者が集い、交流の輪が確実に拡大にしている。

その一方で、同一地域で事業を営んでいながら接点のなかった企業が繋がり、そこから共同で製品開発に成功した事例も見られる。その製品は、手作りアロマスプレーキット「LOMAルームフレグランスアロマミスト」(**写真9-4**)で、これは木村石鹸工業(株)と(株)友安製作所の手によって開発されたものである。両社は、いずれも昨今衆目を集めている企業でありながら、互いに接点をもっていなかった。松尾氏らの行政メンバーが触媒となり、つながりを創出したのである。

「みせるばやお」は、企業間コラボレーションを推進する『×88』(カケル88プロジェクト)を目標として掲げており、上記のコラボ製品は同プロジェクトの市場での販売の第1号となるものである。この他にも、みせるばやおで行われ

写真9-4　コラボ商品「LOMAルームフレグランスアロマミスト」
出所）株式会社友安製作所提供。

168　第Ⅱ部　組織や仕組作りによる地域活性化

ているワークショップで魅せる技術を習得し、エンドユーザーとのつながりが社員のモチベーションにつながると感じた企業が「魅せる工場づくり」を計画、その監修や製品の購入まで会員企業を活用するなどの動きも見られる。また、取組み途上のものや、事務局が把握できていないものも存在すると考えられ、今後のさらなる成果が期待されるところである。

## お わ り に ──官民・業種の垣根を越えた取組みの課題──

　これまで八尾における産業振興の状況について、藤原氏、松尾氏という官民それぞれの立場にある方の活動を通して紹介してきた。2人の八尾のまちを愛する熱い想いが周囲の人々に伝わり、活動の輪が拡大し成果につながりつつあると言えよう。とはいえ、活動はまだ緒についたばかりであり、市民と事業者が連携した恒常的活動として根付くには、今しばらく時間を要すると考えられる。以下では、こうした取組みがさらに発展を遂げるための留意点に触れておこう。

### (1)　行動指針となる目的の共有化

　「みせるばやお」は、設立から約8カ月を過ぎ、順調に歩み始めている。これは、企業や市民、ボランティアスタッフ、NPO法人、大学、さらには行政など、さまざまな立場の方の努力と協力があってのことである。今後も、この流れを継続して行くには、当施設の設立目的を皆が理解し、共通の認識を持って取組むことが肝要である。そして、1年を終え2年目にみせるばやおの取組みをさらに発展させることである。みせるばやおの会員企業数は、設立当初の約3倍に拡大したが、その効果を発揮できるかが大きな課題となるであろう。なぜなら、活動が一巡するとマンネリ化が生じたり、期待する成果が得られないと活動を停止したりするメンバーが見られるようになる。あるいは会員企業の数が増えると設立当初からのメンバーとその後に加入したメンバーとの間に意識のズレが生じ、組織としての一体的な活動が実施できなくなるからである。その意味で、みせるばやおの設立の想いを皆がいつまでも共有し活動できるような体制を構築することが重要である。

### ⑵ さらなる「みせるばやお」ファンの拡大に向けて ──活動の継続と発展──

　「みせるばやお」への来場者は、約半年間で2万人となり、ワークショップにも多くの方が参加している。中には、ワークショップに魅力を感じ何度も会場に足を運ぶ親子の方も見られ、非常に望ましいことである。とはいえ、「みせるばやお」を知らない方、名前は知っているが利用した経験のない方はまだ多い。ワークショップの開催情報は、市内の小学校新聞を通して、その保護者に、またインターネットを活用して広くPRされているが、より直接的な参加を促す取組みも検討の価値がある。

　例えば、小学生の教師に対するアプローチである。小学校新聞で「みせるばやお」の存在を知っている方は少なくないと考えられるが、必ずしも足を運ばれているわけではない。そのことから、先生方に対する研修の一環として、「みせるばやお」の見学やワークショップを体験してもらう。そして、校外学習という、学校の行事の一環として利用してもらえるような取組みにつながれば、「みせるばやお」の存在を広め、利用者の裾野を広げることになる。

### ⑶ 信頼に基づく企業間連携の促進

　前節で紹介したように、「みせるばやお」が触媒となることで市内企業同士が繋がり、顔の見える関係になる土壌が育ってきている。企業がお互いに相手の特徴や強みを理解することができれば、自身の弱みを補うことや、強みをより一層強固なものにすることを通して、実際のビジネスのさらなる発展も期待できる。

　また将来的には、八尾市内企業と市外企業との企業間連携が生まれる機会を提供することも必要であろう。例えば、東東京の墨田区は、地域企業が集結し地域のイベントとして自らの事業を情報発信している[21]。そうした熱心な取組みを展開する地域や企業と連携することも今後の展開を考えると必要になる。

　このことを実現するには、次の2点が重要になると考えられる。まずは、会員企業が自らの強みを理解し、他者から認められるよう、その強みに磨きをかけることである。そうすることにより、連携の可能性が大きく広がるからである。もう1点は、信頼を失う行為を厳禁化することである。企業間連携は異業種交流会という名称で全国的にも実施されてきたが、成果に繋がった例は少ない。その理由は、自己利益を優先する行動をとり仲間を裏切る者が出現するからである。

170　第Ⅱ部　組織や仕組作りによる地域活性化

　これらのことが順守され、他者が保有する素晴らしい技術・ノウハウと、自
社にある強みを掛け合わせることができれば、きっと八尾発のオリジティあふ
れる製品を誕生させることができるであろう。


注
1）本章の執筆にあたり、ヒアリングにご協力くださった㈱藤原電子工業の藤原義春氏、
　　八尾市経済環境部産業政策課の松尾泰貴氏に感謝申し上げる。なお、本文にかかる一
　　切の責任は筆者に帰属する。
2）住民基本台帳人口（2019年1月末日現在）による。
3）総務省統計局「経済センサス――基礎調査報告――」（2016年6月1日現在）による。
4）庄谷［1960：381-382］、『八尾市勢要覧 1963年版』（p.33）による。
5）明治・大正期における八尾の産業の変遷については、山中進［1977a；1977b］を参
　　照されたい。
6）以下の数値データは、八尾市製造業実態調査報告書［2014］による。
7）八尾市が実施した調査以外で市内企業の経営実態を明らかにしたものに中瀬・田中
　　［2002］が存在する。また、個別企業の経営実態については、立見・藤川・宮川
　　［2012］に詳しい。
8）八尾市産業振興会議の全体会議、並びに部会開催の事務局の役割も担っている。
9）会議の運営については、筆者が委員として中小企業振興に関する複数の自治体との対
　　比において経験したことをもとに記述している。
10）産業振興会議の委員の就任期間は2年とされている。筆者は、2010年から産業振興
　　会議の委員を務め、中小企業振興条例の改正作業をはじめとするさまざまな検討に参
　　画した。2012年から17年までは座長の職責を果たした。
11）松尾泰貴氏への聴き取り調査（2019年3月28日）による。
12）こうした松尾氏の精力的な活動は対外的にも高く評価され、株式会社ホルグが2017
　　年から実施している『地方公務員が本当にすごい！と思う地方公務員アワード』の
　　2019年度受賞者の1人に選出されている（https://www.holg.jp/award/201902/、
　　2019年8月19日閲覧）。
13）以下の記述は、代表を務めている藤原義春氏へのヒアリング（2019年4月16日）、
　　及び「有志の会 八尾」議事録に基づく。なお、藤原氏は、『日本経済新聞』人間発見
　　のコーナーにて2019年5月13日〜17日まで5回にわたり紹介されているので、参
　　照されたい。
14）八尾市産業振興会議有志の会は、より広くメンバーを募り活動することから、2016
　　年6月28日に名称を「有志の会 八尾」に変更されている。
15）この後、有志の会ではロボットの活用の在り方などに関する検討が引き続き行われて
　　いる。

第 9 章　官民協働でイノベーションの創出に挑む "ものづくり" のまち八尾　171

16）このことは、『日本経済新聞』においても記事として掲載されている（2017/9/12）
　　（https://www.nikkei.com/article/DGXLASJB11H12_R10C17A9LKA000/、2019 年 3
　　月 10 日閲覧。
17）STADI 事業については、八尾市経済環境部産業政策課［2017］を参照されたい。
18）西武百貨店八尾店の閉店に伴う跡地の有効活用策の 1 つとして織り込まれた。
19）前項で紹介した藤原義春氏は、この組織の代表理事を務めている。
20）目標 200 万円の調達に向けて 2018 年 5 月 8 日から 8 月 8 日まで公募が行われ、関係
　　者の働きかけもあって 166 人寄附額 220 万 4000 円と目標を達成している。
21）このことは、2018 年 11 月 17 日及び 18 日に開催された、すみだファクトリーめぐり
　　「スミファ」に参加し確認した。

## 参考文献

池田潔［2012］『現代中小企業の自律化と競争戦略』ミネルヴァ書房。
植田浩史［2005］「地方自治体と中小企業振興——八尾市における中小企業地域経済振興
　　条例と振興策の展開——」『企業環境研究年報』10。
庄谷邦幸［1960］「八尾のブラシ」、中小企業調査会編『地域経済と中小企業集団の構造』
　　東洋経済新報社。
立見淳哉・藤川健・宮川晃［2012］「地域中小企業の環境適応能力と産業集積：大阪府八
　　尾市における中小企業の聞き取り調査から」『季刊 経済研究』（大阪市立大学）、35
　　(1/2)。
中小企業総合研究機構研究部編［2001］『集積地域の課題および集積支援のあり方に関す
　　る調査研究』中小企業総合研究機構。
徳丸義也［2012］「都市型産業集積の多層性と中堅・中小企業の複数事業所展開：大阪大
　　都市圏・八尾市の事例を通して」『地域経済学研究』23。
中瀬哲史・田中幹大［2002］「21 世紀を迎えた産業集積地域の現状」『経営研究』（大阪市
　　立大学）、53(1)。
日本経済新聞［2019］「人間発見　藤原電子工業社長　藤原義春さん(1)〜(5)」2019 年 5 月
　　13 日〜17 日。
八尾市［2014］「八尾市製造業実態調査報告書」。
八尾市経済環境部産業政策課［2017］「八尾市における RESAS を活用した分析事例」『経
　　営システム』26(4)。
八尾市産業振興会議［2018］「平成 28・29 年度 八尾市産業振興会議〜活動報告〜」
　　（https://www.city.yao.osaka.jp/cmsfiles/contents/0000044/44402/shiryou6-1.pdf、2019
　　年 3 月 20 日閲覧）。
山中進［1977a］「大阪における近代工業の発展と八尾地域の変容」『立正大学文学部論叢』
　　59。
山中進［1977b］「明治・大正期の農家副業からみた八尾地域の変容」『人文地理』29(6)。

# 第III部

# 教育・人材育成を通じた地域活性化

## 第 10 章

# 大学と地域の共生
## ──松本大学によるヒトづくりと産学官連携──

## は じ め に ──特色 GP の採択が大学の転機に──

　「人類の知的活動のさらなる発展」「今後の人類の営みを担う若者育成」、つまり「研究」「教育」を任務とする大学が、地域活性化にいかに関わっているか、関わるべきか、そのあり方を考察する。

　2003 年特色 GP の長野県で唯一の採択 [住吉 2003：25-48；2008：45-52] が、本学の転機になった。前年の研究面につづき、教育面で優秀な大学への補助金制度の設置が報道された。[1] 周到な準備をして採択をめざそうとしたが、松本大学の創設は 2002 年 4 月で、特色 GP 応募の前提である実績が不十分なため、松商短大部からの申請となった。

　それまでコンペもなく、教育に自信があっても判断指標がなかったため、単なる「採択」以上の意味を持った。短大部やそれを受け継ぐ松本大学の地域連携教育は、「特に優れており全国の模範となる Good Practice」と評価された。申請に関わった職員も「方向性に間違いはなく、このまま進めれば良い」と確信し「今後も教職協働で競争的資金に挑戦しよう」と変化した [松本大学創立 10 周年記念誌編集委員会 2015：12]。採択を機に本学は全国的に知られ始め、発展軌道に乗った。しかしその前段階にあった事実を知らねば、この流れがいかに創られたかを理解するのは難しい。

　本章の構成は、第 1 節で GP 採択以前に地域連携の重要性を気付かせた事例と、大学教育に取り入れた経緯を示す。第 2 節では地域連携が大学教育に持つ意味と、それを理論化した「帰納的教育手法」を説明する。第 3 節では、まず地域が活性化している状況について考え、その実現に向け本学が実施している地域連携活動を紹介する。おわりに大学発展の方向性を、地域活性化の視点から展望する。

176　第Ⅲ部　教育・人材育成を通じた地域活性化

## 1　地域連携の重要性に気付くプロセス

### (1)　GP 採択以前のいくつかの重要なできごと
### ① 胸に響いた進路指導の言葉とボランティア活動単位化の試み

　私は、研究中心の生活から、短大生に基礎的内容を教える生活に入った
(1987 年)が、カルチャー・ショックが無かったと言えば嘘になる。こんな時、
本学に多くの生徒を送る中堅校の教員から、学生募集活動中に受けた言葉が胸
に響いた。「貴方はこれまで成績上位の人だけが相手の生活だったでしょう。
私たちが貴学に送るのは、偏差値では中位だが社会のマジョリティです。この
力を伸ばせないなら、貴学の存在意義や日本の教育を語る資格はありません」。
私が地方大学での教育のあり方を考えるに至る大きな出来事だった。当時私に
は別の問題意識もあった。学生に社会性が欠如しており、何とかしなければと
いう思いだ。「社会に通用する学生へと成長を図る」ため「ボランティア活動
に単位を付けよう」と松商短大教授会に提案した。「『学友会活動』を牽引する
学生にも単位を」と付け加え、これを担当できる教員の採用をと主張した。し
かし「単位を付ける？　ボランティアの意味がわかっているのですか？」と却
下された。

　その後松本城四百年祭[2)]において、夏休みにボランティア活動に参加した学生
が見違えるように成長、苦手だったコミュニケーションも克服し、元気になっ
て登校した。単位化に反対した教員のゼミ生で、指導に手こずっていたためか
ボランティア活動の教育的効果に気付き、すぐの制度化には至らなかったが、
担当できる教員（以降S先生：松本城でのボランティア活動紹介者）の採用に理解を
示すように変化した。この数年後に阪神淡路大震災があり、ボランティア元年
とも言われたので、短大教授会への提案が早すぎたのかも知れなかった。

### ② 大学と地域とで異なる学生へのアプローチ

　私の赴任当時の松商短大は敷地も狭く、学生駐車場は夢のまた夢であり、自
動車通学禁止を地元と約束していた。大学周辺は小学生の通学路で「無茶な運
転で危険だ」という恐れからだった。しかし都会と違い、公共交通が未発達な
上に運賃も高額で通学に不便を感じていた。この状況下で、やんちゃな学生が
無断で所かまわず駐車したため、住民からはこんな場所に駐車され、「商売に

ひびく」「防災上問題だ」「公共施設の利用住民に迷惑だ」等々、抗議が頻発していた。そこで違反学生を摘発し、学生委員長、次に学長の厳重注意を行ってもまだ改めない場合は、停学処分まで行っていた。

　卒業間際になれば停学期間がなくなる。何の咎めも無いのでは辻褄が合わず、教育的配慮としてペナルティを課した。重労働の除雪を、大学周辺の道路で実施させた。違反回数に応じ、「貴方は○○日間、ここからここまで」。渋々ながら学生が動き始めた。若夫婦は働きに出ており、留守を任された高齢者が自分達にはハードな雪かきの音に気付く。「有難いが誰がやってくれているのだろう」と窓から顔を出すと、市職員ではない若い男女で、一目で短大の学生と分かる。日頃怒っているので「ありがとう」とも言えず、ある場合はジュースを、別の場合は昼食でもとお金を包んで、孫を通して「ごくろうちゃま」と渡してもらった。変化は劇的だった。怒られてばかりの学生が「評価してもらえた」のだ。気分が悪いわけがない。決められた日程を終えても「先生、明日も来る」「なぜ、もう終わったからいいよ」「やり残した箇所があるから」。短大の対応は「北風を吹かせること」だったが、住民は「太陽で温める」と理解した。周到に意図したものではない地域の〝教育力〟の偉大さを学んだ経験だった。

### ③ 町内会婦人部の○さんとの交流

　Ｓ先生と私のゼミが、新村町会婦人部の○さんに公民館に招かれた。○さんは学生との交流を求めており、「ぼんぼり花瓶づくり」を準備してくれていた。部屋の後方に材料が置かれており、作り方の説明を終え「さあ、持ってきて」。しかし、学生は初対面の○さんの指示通りには動かない。「これはまずい」とＳ先生と私が立ち上がった時、「先生が動いたら駄目」と一喝。学生にも「先生にやらせてどういうつもり」と怒った。私たちは首をすくめ、学生達はばつ悪そうに歩き始めた。○さんと仲間は軽食も用意していた。作業後は和やかな昼食会に様変わり。「われわれはあんなに怒れないな〜」。真剣な怒りで、逆に本当は優しさを兼ね備えた方だと学生は見抜いた。何年か後、○さんが病に倒れた葬儀に、今でも語り継がれるほど多数の学生が参列したことから、いかに慕われていたかわかる。ここでも地域の〝教育力〟に気付く、貴重な体験ができた。

178　第Ⅲ部　教育・人材育成を通じた地域活性化

## ⑵　地域づくり考房『ゆめ』の設立

　地域連携活動は、① 教員の専門性を生かした取組み、② 地域の求めに応じた学生の自主的取組み、③ ゼミや講義など教員主導の課題解決型の教育活動等に分類できる。③の詳細は次節で述べる。

### ① アニュアル・レポートの作成 ──教員の地域連携活動のまとめ──

　特色 GP の成果を記録するため、①に関してアニュアル・レポート［住吉 2004：55-73］を作成。「地域貢献」活動を教員毎に『地域総合研究』誌に記載し、2004 年 10 月号に掲載。その後「研究」「教育」「地域貢献」「大学運営」の諸活動を網羅する報告書へと整備。作成には時間を要するが、充実度を高め刊行している。現代的視点では、教員及び大学の組織活動を PDCA で点検・評価する際の、D の作成に対応している。GP を契機に、時代を先取りした取組みができていた。

### ② 地域づくり考房『ゆめ』 ──学生の地域連携の拠点──

　②の学生の自主活動については 2005 年 7 月、短大部や総合経営学部の学生を対象に「地域づくり考房『ゆめ』」を開設［福島 2015：188-95］。しかし開くだけでは、地域と縁の薄い学生が急に何かを始めるわけではない。先ずは信頼できる地域の方を学生に紹介することが肝要だった。『ゆめ』の担当者として、地域に信頼できる知人を多く持つ人物を捜すことが課題となった。見つければ、学生へのアドバイスや社会では必須の「責任感」「協調性」「相互理解」等を活動の中で鍛えてもらえる。学生を思い通りに動かそうとするのではなく、裏方に徹し学生との信頼関係を育む姿勢がないと勤まらない職であった。

　その後学生の多様な大学生活を、「勉学」「学友会」「クラブ」「就職」「ボランティア」の諸活動に分類し、「学生版アニュアル・レポート」として発行［浜崎・片庭・柴田・住吉 2014：77-85］した。これは 2008 年採択の学生支援 GP への対応だったが、個人情報も多く取扱には細心の注意を払っている。

　この冊子の作成は「学修成果の可視化」という現代的課題に対し、学生生活を振り返り、改善策を多角的に考えるのに必要なデータ表示という試みだった。ここでも、GP を契機にディプロマ・サプリメント作成にもつながる、時代を先取りした取組みが展開できていた。

### ③ 工学部のロボットづくりに対応するものは ——金沢工業大学に学ぶ——

③は教育のあり方への問題意識と結びつく。自ら学ぶ姿勢が無いと「やらされ感がある学び」でしかない。覚えた内容を試験で出せば、後に何も残らないのでは点数が良くても「自信の獲得」にならず、本物の学力が身に付いたとは言えない。この問題意識に応えたのが、金沢工大のロボットづくりへの取組みだった［増田 2003］。学生はロボコンに出場し、他大学に負けたくないと思う。「夢考房」に出かけロボット制作に工夫を重ねるが、簡単には大会で勝利できない。何とかしようと本を読み耽り、新たな知見を加えたいが、微分方程式も解かねば前進はない。教員にも尋ねるなど、まさに「自らの意思で学び、解決策を考え、実践する」、これを繰り返す。「工学系なのでロボットづくりか、うまいなぁ」「基礎学力の回復にも踏み込めている」「社会科学系の本学で、ロボコンに何が対応するのか？」当時考えていたことだ。そこで本節(1)①②③の経験が蘇る。学ぶテーマ"ロボット"を誰が提供するのか。1つは教員の専門性に基づく問題意識だ。しかし学生が自らの課題とするには高尚すぎる場合も多い。地域で「困っていること」「切実に感じる課題」を「何とかして」と住民が学生に直接訴える場合もある。学生が自ら地域課題を考え始めたら、自学自習の軌道に乗るのではないか。松本大学は「地域の"教育力"に恵まれた環境にある」という認識があったからこそ到達できたアイデアである。

## ２ 　地域連携活動と帰納的教育手法

本学が採択された特色 GP は「課題解決能力を育成する」という現代的テーマと符合していた。採択時、審査委員から「地域住民と多様な活動を展開すると同時に理論的にもまとめている」との評価を得た［住吉 2003：25-48；2008：45-52］。本節では地域連携は教育活動にいかに位置付けられるべきか、その考え方や理論的枠組みについて言及する。

### (1) 　地域社会をフィールドとした「帰納的教育手法」の提唱

各学部・学科の専門教育において「教科書の内容を体系立った知識として吸収するだけでは不十分」との認識が必要である。卒業後の社会において、直面する課題解決に向け、獲得した知識や技術を活かせるか？　今やこのような能力が求められている［住吉 2003：25-48；2008：45-52］。

180　第Ⅲ部　教育・人材育成を通じた地域活性化

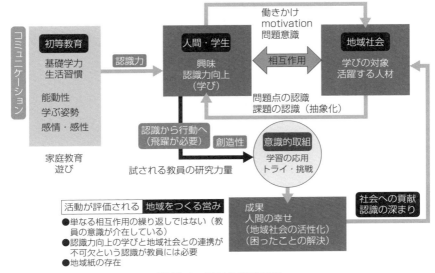

図 10-1　帰納的教育手法

出所）住吉［2007：図2］を一部修正。

　そこで、松本大学や松商短大部で考えた、課題解決能力育成のための学びの手法を紹介する。まず学外（アウト・キャンパス）に出て、聞き取り調査をする、また観察を通して現場の問題意識を感じ取る。"なぜ"この現実が生じているのかと課題意識を持つことに端を発し、解決を図るために学内（イン・キャンパス）に戻り、図書館を利用しての文献調査や仲間との討論、教員に意見を求める等、納得できるまで学びを深める。その後、再度現場に出て調査、観察する。この往還の繰り返しで、問題は徐々に抽象化され本質に迫る。本質の理解が進めば、問題の枠組や構造が見えてくる（これが、学生が理論化するプロセスとなる）。次の段階は根本的解決策の提示となるが、そのためにも意欲的な実践活動に挑戦することになる（図 10-1）。地域社会の困った現実の認識に始まり、その背景を探りつつ、高い視点から俯瞰し、なるほどと納得できるまで追究するという、現場重視の考え方である。つまり、

　　　　（現実の調査・観察 → 理論的考察）の繰り返し → 解決に向けて実践

のように、具体（「下」）から抽象（「上」）へと遡って、螺旋を描きながら理解を

深めるため「帰納的教育手法」と呼び、従来の理論をマスターすれば現実が理解できるといった「演繹的教育手法」にとって替えるべきと提起した。活字離れの進む時代に、目標が定まらない"迷える学生"には、現実から理論に向かう学びの方が、より適合した手法と思われたからである。

　いったん教育手法が理論化されると普遍性を持つため、分野に関わらず、誰もが取り組めるようになる。図10-1を念頭に、今何をどういう目的でどの段階にあるのか、授業全体を客観化し、自信を持って推進できるのが強みだ。ここでもエピソードがある。S先生が、独居老人の庭に実った柿を利用し、商品開発を考えさせようとした。ゼミ生が木に登っている写真付きの記事が地方紙に掲載された。ところが「松大生には柿取りで時間をつぶし単位を与えている」との心ない噂が大学へ届いた。S先生も「そこまで言われるなら、大学のためにならないからやめる」と怒りとともに落ち込んだ。「一瞬だけならそう見えるかも知れないが、長期的に見れば本当の意味がわかるので気にしなくて良い」との私からの助言にS先生も開き直れた。これも理論化の意義であろう。

　高校からの依頼講演でも、活動の意図を説明すると「なるほど深い意味があるのですね」という反応が返る。こうした認識が広まると、背景や経過も報道され、教育活動として支援する大学も評価される。学生は肯定的な報道に自信が芽生え、もっと深く学びたいと好循環が生じる。この自信は、卒業後の活躍にもつながっている。

## (2)　松本大学の教育哲学　──「研究」と教育の連携──
### ① PBL型教育の本質は研究活動そのもの

　PBL型という言葉が使われるずっと前から、「現場」から「理論」へと遡る「帰納的教育手法」を提唱した背景には、自ら学ぼうとしなければ血肉となった知識や技術は身に付かないという思いがある。逆に、なぜ？　どうして？という自発性に基づく探究的学びでは、なんとしても知りたい、理解したいという強い願いから、深く掘り下げようとする。必要にかられ文献を探し、仲間や教員との対話を求める、まさに金沢工大の"ロボット製作"に対応している。見方を変えれば、研究者が行う研究活動（図10-2）そのものである。図10-1と図10-2は似ているが、何が共通しているのか？　それは共に「未知」を「既知」に変えるという営みだという点である。「どうすればよいかわからない」ことに対し「こう考えてみたら」と試行錯誤を繰り返し、「こうすれば、こう

182　第Ⅲ部　教育・人材育成を通じた地域活性化

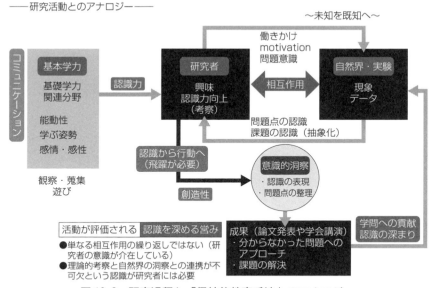

図10-2　研究過程と「帰納的教育手法」のアナロジー
出所）住吉［2007：図1］を一部修正。

考えれば理解できる」と1つの結論に達する。つまり研究活動の本質である、課題解決の営みを学修活動の基本に据えるのである。こうした研究型の教育が展開できれば、いつか地域課題への解決策の提言につながり、「地域貢献」は結果としてついてくる。「教育」活動と異なるのは、「研究」では学会という厳格な中において、肯定的な評価がなされることが鍵となる、という点だけである。

②「既知」の内容定着を偏差値で確認する教育からの脱出

偏差値は「既知」の問題に対し、いかに早く正解を出せるかを測れるが、独創性や創造性が必要な現代では学修成果を測る指標としては疑問だ。この問題意識から「帰納的教育手法」が救いの手立ての1つになると考えた。地域社会は大学教育に不可欠の「解決すべき課題」の宝庫で、もはや大学が何かをしてあげる対象ではない。

義務教育では「ゆとり教育」と揶揄されてはいたが、「総合的な学習」を「研究的要素を持つ学習」と認識することもできる［寺脇 2007；和田・寺脇 2000］。

近年初中等教育においても同様の問題意識を持った動きが出ている。首都圏中学模試センターで進める、偏差値とは異なる評価軸としての「思考コード」という考え方がそれである［おおた 2018］。

## 3 地域活性化に向けた松本大学の多様な活動

### (1) 地域活性化とは ——「ヒトの循環」と「経済の循環」——

さて、地域社会が消滅［増田 2014］することなく活性化しているためには、地域内において、1つは「ヒトの循環」、2つ目に「経済の循環」が成立していることが条件であろう［藻谷 2013；岡田 2009］。

地域で生まれ、地域で育ち、その地域で家庭を築けば、「ヒトの循環」ができる。産業の担い手も受け継がれ、新しい産業も振興する可能性がある。付け加えれば、地域の伝統文化の継承も可能になってくる［住吉 2007］。また、「ヒトの循環」が成立すれば、日々の生活を通し「経済の循環」が生じる。地域内の産物を用いた産業が発展し、さらに「観光」等で外部からヒトの流入があれば、購買行為を通して経済面でのプラス効果がもたらされる。逆に域外からモノが流入すればその対価が流出する。いずれにせよ域内でヒトが活動し、行政も機能していることが地域活性化の必要条件になる［住吉 2018b：35-40］。

### (2) 「ヒトの循環」には、地方ならではの魅力を持つ大学が必要

「ヒトの循環」が成り立つには、若者が域内に留まることが課題となる。それには高校卒業後域内の大学進学を促進する、域外へ出た人材を戻す等に力を注がねばならないが、都市間競争もあり一度都会へ出た人材を引き戻すことは難しい。これに対し、域内の大学へ進学した場合4年間の学生生活は「経済の循環」にも貢献するが、この状況を創出するには、存在するだけでなく、高校生が進学したいと思える魅力ある大学として機能していなければならない。

#### ①大学の魅力 ——学修内容、キャンパスの雰囲気、外部要因——

大学の魅力は① 学修面では、学びたい学部・学科の存在。学修支援や福利厚生面での充実度、経営面での安心感等が考えられる。② キャンパスの雰囲気では、教職員と学生との距離感にも敏感だ。クラブ活動など活発な自主活動や在学生の学ぶ姿から明るいキャンパス・ライフがイメージできること。③

184　第Ⅲ部　教育・人材育成を通じた地域活性化

外的要因でも、下宿やアパートの充実や通学面、ショッピング等、まちの住環境も考慮されよう。

### ② 地方の大学だからこその魅力

　地方自治体や地域社会との連携や支援など、都会にはない「温かさ」や「ゆったり感」のある雰囲気、地域企業との良好な関係も魅力に映る。町内会活動など住民と良好な関係が保たれていることも、住んだ後では欠かせない条件となる。こうした要素が揃えば、まだ偏差値には敵わないかも知れないが、立地する地域では「通う価値のある大学」と見なされる。地方大学は地方ならではの独自の魅力向上策を探究し、地域活性化に向けた役割を果たすべきである［住吉 2018b：35-40］。

### (3)　COC（Center Of Community）の採択と地域活性化

　COC 申請時に、本学の多様な地域連携活動を「ひとづくり」「健康づくり」「まちづくり」のカテゴリーに分類した。ここではそれぞれに少数の活動紹介に止め、他のいくつかの例は**表 10-1** に、活動の種類（教育、自主、研究）や担当部署毎に分類してまとめた。

### ①「ひとづくり」のカテゴリー

　「ひとづくり」では、高大連携や公開講座の開催、伝統文化の継承、子ども対象の支援活動などが含まれる。総合経営学部や短大部では県の商業教育関係団体と連携し、マーケティング塾を開講している。その成果は、地元百貨店の協力を得た"デパートゆにっと"という実践活動を通しても評価される［大野 2015；白戸 2015］。商業系高校が意識するこれからの商業教育の在り方をめぐる取組みであるが、高校生への学修支援だけでなく、大学生の学びを深める側面も持っている。

### ②「健康づくり」のカテゴリー

　医師を市長に持つ松本市は、全国に先駆け「健康寿命延伸都市」の実現を謳っている。健康であれば医療費削減の効果も見込まれ、「健康づくり」には自治体も躊躇なく投資できる。本学は「運動」「食」の観点から支援しているが、病院、ホテル、福祉施設も本学の理論的、実践的活動に学び、「健康づくり」

という異分野の事業に参画してきている。松本地域が全国に比べ特別な地位にあるのは、市長の姿勢に加え、「脚伸展力」「脚屈筋力」「最大酸素摂取量」「収縮期血圧」「拡張期血圧」「下肢静的筋力」等の諸データを集積できる力があることだ。活動参加者の協力があって初めて成果の科学的検証が可能であり［根本ほか 2007：803-11］、この面からも全国モデルとなっている。

　また、Ｊリーグの松本山雅チームに対する市民・県民の熱狂的応援を支援する一環として、地元食材を取り入れた「スタジアム弁当」を、学生が中心となって幾種類も考案している。試合会場で当日販売し、スタジアムを盛り上げるのに一役買っている［石澤 2011：18：2013：15］。

### ③「まちづくり」のカテゴリー

　ユニバーサルデザイン（UD）の視点から、障がいの有無、年齢、性別、国籍、妊婦など誰もが住みやすい都市、防災士養成を含む安全・安心の対策が充実した「まちづくり」の取組みなどが挙げられる。

　他にも、市場には出せない不揃いの野菜を安く集荷し、買い物が困難な高齢者の居住地域で販売した。女子学生の発案による、農家と高齢者が抱える課題の同時解決をめざす活動がある［白戸 2011：12］。買い物弱者や高齢化が進むまちの実態を認識し、肌で感じる中で住民の交流の場が不可欠と見抜いた学生はさらに「まちなかカフェ」を開店するといった発展型を編み出し、高齢者に限らず多世代の住民から、若者が力になってくれたと大いに喜ばれている。

### ④ 大学の姿勢に対する地域の認知度が上昇

　松本大学はCOC採択により資金面の心配なく、行政、産業界、教育界、NPOなど多様なセクターと手を結ぶことで、「豊かな自然に囲まれ　住みやすく、活力溢れ　安全・安心で健康なまち　人に優しいまち　歴史・文化薫るまち」、このような地域づくりをめざそうと活動した［木村 2013：4-5：木村・白戸・廣田ほか 2015：2-5］。これまでに述べてきた課題解決型学修の具体例は、枚挙に暇がない。新聞報道に接した市民や団体から「私たちとも協働できないか」という申し入れが年間200件を越えるなど、大学の認知度が上がっている証左である。ここでは各学部・学科毎にその典型的な事例を挙げ、表10-1にまとめるに止める。

186　第Ⅲ部　教育・人材育成を通じた地域活性化

表10-1　地域と連携した地域課題解決型活動の典型例

| 種別 | 担当部署<br>学科名等 | 特徴的な地域連携活動の具体例 |
|---|---|---|
| 教育活動 | 総合経営 | 高齢者向けコンピュータ教育、防災・災害対策とその支援、道の駅活性化、花卉栽培のマーケティング、疑似企業経営体験　等 |
| | 観光ホスピタリティ | 買い物弱者支援、マーケティング塾催催、デパートユニットの支援、UDレビューとまちづくり、高大・自治体連携「地域人教育」等 |
| | 健康栄養 | 入院患者及び家族との交流と臨床栄養指導、地産地消の食品開発、アスリートの食事指導、旬菜旬消の「一日限りのレストラン」の開催　等 |
| | スポーツ健康 | 市町村、企業、行政（含町内会）に対する「健康づくり」の指導、子ども達への運動指導、ヘルスツーリズムの展開、プロ・スポーツチーム支援　等 |
| | 学校教育 | 学校ボランティア活動、学校インターンシップ、通学合宿支援、出前演奏活動、養護学校支援活動、障がい者のインターンシップ受け入れ対応　等 |
| 自主活動 | 地域づくり考房「ゆめ」 | 子どもの社会体験「あるぷすタウン」の開催、「BBS」への取組み、障がい者支援活動「Sign」、「すすき川花火大会」実施支援　等 |
| | 学友会常任委員会 | 県内大学合同企画「かえる祭」への参加、クラブによる技術指導、地域に開かれた「梓乃森祭」の開催、地域貢献大賞企画実施　等 |
| 研究活動 | 地域総合研究センター | 各種公開講座・公開講義の開講、まつもとシニアカレッジ開催、防災士養成講座開催、観光ホスピタリティ・カレッジへの取組み　等 |

出所）筆者作成。

## (4)　研究活動を基盤にブランディング事業や 6 次産業化を推進

### ① ブランディング事業の展開　──若い世代からの健康づくり──

　COC での「健康づくり」は、高齢者を対象にインターバル速歩を中心とした運動指導を実施し、健康寿命の延伸を図る活動であった。新たに採択された研究ブランディング事業では、経営者の理解を得て、現役世代を対象に「健康経営」の視点で手掛けている。福利厚生対策、あるいはホワイト企業と言われるように、従業員の「健康づくり」の時間を"勤務"の一環として設定するなど、実績を積み上げようとしている。まだ初歩的段階だが、ある企業では既に参加従業員の医療費に削減効果が出てきている。予防医療は先進各国共通の課題で、中国でも関心が高く、本学と提携する嶺南師範学院が、この分野の新学科増設をめざし視察にこられた。本学は世界的課題の先端を切り開いていると自負している［等々力・根本 2018：8-9；住吉 2018b；住吉編 2008］が、さらにデータを増やし、地域での健康増進の成果を、科学的により強固に示すことが、世界に向け情報発信する際の課題にもなっている。

## ② 食品加工分野での「松本大学地域活性化モデル」の推進

安曇野は観光地であり、農業地帯でもある。全国的に有名な、わさび、蕎麦、林檎など地元の特産物を活用し、安曇野市商工会や食品加工・流通産業との共同で6次産業化を図り、商品開発を行っている。これまで捨てられていたわさびの葉を活用し「わさび葉ペースト」という食品素材の開発がその1つである。これを利用してわさびという接頭語のついたコロッケ、ソーセージや豚まん等、学生のアイデアも採り入れ、多様な商品開発につなげている。「焙煎そば粉」と「わさびプロジェクト」は、2016年度「第4回食品産業もったいない大賞」で、最高の農林水産大臣賞を受賞している［矢内 2017：5］。2つ目は、不要品として破棄されていたそば粉の残渣から抽出した「焙煎そば粉」である。これを利用して開発された「アルクマそば」は、JR東日本と連携して既に57万個を売上げ、総額1億円を超えるヒット商品となっている。地域と連携したモノづくり・コトづくりに対し表彰する、同社の「のもの」アワードにおいて、「信州アルクマそばシリーズ」として2017年度に入賞している。

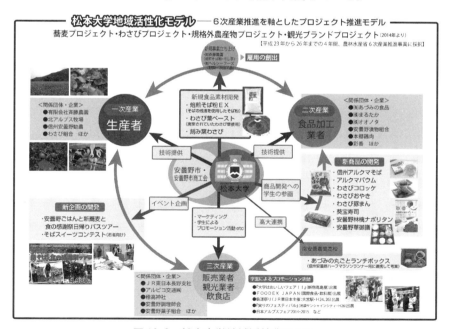

図 10-3 松本大学地域活性化モデル

出所）矢内［2017b］。

188　第Ⅲ部　教育・人材育成を通じた地域活性化

　全国規模のコンペで２つの表彰は名誉だが、観光地だけに土産品の開発、観光産業の発展に寄与し、地域にとっての意味は大きい。大学、特に健康栄養学科の食品加工の分野を中心に、１、２、３次の産業界を結びつけた６次産業振興の意味で、産学官連携の「松本大学地域活性化モデル」（図10-3）となっている［Nomoto 2018：12-13］。

## お わ り に ──今後の大学発展の方向について──

### ⑴　県内残留率の行方 ──県内高等教育機関の動き──
### ① 長野県の進学事情
　長野県は、大学進学率は全国平均に比べ約10ポイント低いが今後上昇する可能性は残っている。また県内大学への残留率は全国平均40％強に対し、15〜17％と低迷している。これは県内での収容定員が少なく、分野も狭いためと考えられる。また、松本大学が開学した2002年以前は、国立１校（信州大学）、公立１校（県看護大学）、私立２校（長野大学、松本歯科大学）しかなかったため、大学進学は勢い県外をめざす他なかったという影響もある。当時の県内残留率は６％程度で、全国最下位を争う状況であった。

### ② 松本大学等四年制大学の設置及び県立大学の設立をめぐる混乱
　2002年の松本大学開学と同時に諏訪東京理科大学が短大を廃止し四大化。これで残留率は12〜13％程度に上昇。その後、単学部で小規模の清泉女学院大学（2003年）、佐久大学（2008年）、長野保健医療大学（2015年）が相次いで開学し、残留率は15〜17％になった。
　長野県立短期大学の四大化（2018年）は、県内高等教育のあり方に波乱を起こした。県内の比較的大きな私大２校が、定員割れに拍車がかかるとの危機感から、公立化に舵を切った（2017、2018年）。本学も同系列の学科構成の変更を求め激しく抗議した［住吉 2017］。県立大学開設後は、１国立大学、４公立大学、５私立大学となり、全国的にも「公立の割合が高い」県になった。県内大学は国立を除き収容定員が少なく、多くて1700名程度（本学）、1000名以下も６校ある。2019年に２私大が看護学部を増設したが、単科も３校残る。公立化した２校で県外生の増加（２校の県内学生の割合は1/4と1/3に留まっている）[6]が影響し、県内生の門戸は狭まった。本学の教育学部増設（2017年）や２学科の

定員増（2018 年）にも関わらず、残留率は下がった。[7]

## (2)　県内高等教育の可能性 ——地域活性化を図る人材確保——

### ① 大学進学率と県内残留率の上昇で、少子化の影響を凌ぐ

2018 年度は長野県の高校卒業生数は約 1.9 万人。大学進学率が約 39％で、進学者数は 7400 人程度。県内残留率は 16％として県内大学進学者数は 1200 人弱である。将来大学進学率を 6 ％、県内残留率を 10％上昇させれば、たとえ高校卒業生が 2040 年度に 30％減少しても、県内大学進学者は現在より約 370 人増える。県の活性化を「ヒトの循環」の側面から図っていくには、この数に見合う定員を社会のニーズに合った分野で増やす必要がある。

県内大学への進学需要は、 1 つは旧私立大学 2 校に入れなくなった層にある。さらに故郷の活性化に貢献したいと本気で思う高校生である。これらを吸収できるのは、地元高校生を主な入学対象者とする私立大学である。もし本学が公立化すれば、他大学の二の舞で県内残留率を下げてしまうため、「ヒトの循環」という意味では、地域活性化とは真逆の方向を辿ることになる。

### ② 新たな高等教育機関の充実で地域活性化を

四大定員の拡大では、単学部の私大が付設の短大部を廃止して新学部を増設する、専門学校が新形態の職業専門大学をめざす、短大が他大学と共同で大学化する等の可能性もある。既設の私大が定員を増やす場合は資金面を含めクリアすべき条件がいくつもある。公立化した大学では競争倍率が高いため、財政事情が許せば新学部増設も不思議ではない。しかし、公立大では増加定員の極一部だけしか県内高校生を吸収できない。これに比して私大（歯学部を除く）では、在学生の県内出身学生の割合は 80％以上で、就職先も県内企業が多く「ヒトの循環」への貢献度が高い。投資するなら私学というのが正常な判断ではないか。

地域活性化が「ヒト」と「経済」の地域循環の実現にあるという視点からは、いかに残留率を引き上げるかが焦点となる。県外へ出ても多くがＵターンすれば別だが、都会生活に憧れて出た若者は、高齢になって郷愁の念に駆られて戻るまでは難しいのが現状だ。働く場所がないことより、都会の華やかさという魅力に勝てないのである。「地方大学の生き残り」の問題でもあるが、「日本という国の将来のあるべき姿をどう描くか」という大きな問題の一断面でもある。

190 第Ⅲ部 教育・人材育成を通じた地域活性化

この視点から地方大学に限らず、どの大学も大局的な立場から深刻に考えなく
てはならない問題である［住吉 2015］。

### 注

1）「教育の質『トップ100』選別　文科省、重点助成へ」『朝日新聞』2002年8月19日
　　付。
2）『国宝松本城400年まつり：カラーグラフ』市民タイムス、1993年。
3）自己点検・評価報告書 1998年に松商短大から最初の報告書を発行し、以降ほぼ毎年
　　発行。
4）学長インタビュー『学校法人』35(4)、2012年、pp. 2-10。
5）「2040年に向けた高等教育のグランドデザイン」（答申）中央教育審議会、2018年11
　　月26日。
6）「県外大学への流出率　全国5位に上昇」『長野県民新聞』2018年8月25日付。
7）県立大学における全入学者に占める県内高校出身者の割合は58％と報道（「県立大船
　　出　使命重く」『信濃毎日新聞』2018年4月3日付。「公立諏訪東京理科大学　初の入
　　学式」では27％と報道（『信濃毎日新聞』2018年4月7日付）。

### 参考文献

石澤美代子［2011］「松本山雅FC『スタジアム弁当』の開発」『蒼穹』（松本大学学報）、
　　101。
―――――［2013］「地域の健康づくりを支援する地域健康支援ステーション」『蒼穹』（松
　　本大学学報）、111。
おおたとしまさ［2018］『受験と進学の新常識――いま変わりつつある12の現実――』新
　　潮社。
大野整［2015］「松本大学の高大連携教育『デパートサミット』の取り組み　―上―」『教
　　育学術新聞』9月16日号。
岡田知弘［2009］『一人ひとりが輝く地域再生』新日本出版社。
木村晴壽［2013］「大学COC事業に採択」『蒼穹』（松本大学学報）、112。
―――――［2018］「COCを締めくくるにあたって」『蒼穹』（松本大学学報）、130。
木村晴壽・白戸洋・廣田直子・犬飼巳紀子・沖嶋直子［2015］「大学COC活動の道筋を
　　描く――本学の最近の取り組み――」『蒼穹』（松本大学学報）、118。
白戸洋［2011］「『もったいないプロジェクト』から買い物弱者支援へ発展」『蒼穹』（松本
　　大学学報）、101。
―――――［2015］「松本大学の高大連携教育「デパートサミット」の取り組み　―下―」
　　『教育学術新聞』10月7日号。
住吉広行［2003］「多チャンネルを通して培う地域社会との連携――地域社会で存在感

のある大学を目指して——」『地域総合研究』（松本大学）、3。

———— ［2004］「教育・研究活動とアニュアル・レポート作成の意義」『地域総合研究』（松本大学）、4。

住吉廣行 ［2007］「『幸せづくり』『地域の必需品』大学への挑戦——地域社会と連携した教育手法の視点を添えて——」『大学と教育』46。

———— ［2008］「地域連携を取り入れた松本大学のユニークな教育の展開」『大学と学生』51。

———— ［2015］「地方・小規模学校の戦略的マネジメント」『私学経営』487。

———— ［2017］「地域創生に貢献する松本大学の挑戦」『大学マネジメント』12(12)。

———— ［2018a］地方創成に向けた大学のあり方検討小委員会報告「地方創生と私立大学」『平成 29 年度教育学術協議会報告書「私立大学の将来像」』pp. 35-40。

———— ［2018b］「松本大学の地域の「健康づくり」への取組」『地域開発』625。

————編 ［2008］「健康な地域づくりを目指して」松本大学出版会。

寺脇研 ［2007］『それでも、ゆとり教育は間違っていない』扶桑社。

等々力賢治・根本賢一 ［2018］「現役世代を対象とする健康づくりの推進」『蒼穹』（松本大学学報）、131。

根本健一他 ［2007］ "Effects of High-Intensity Interval Walking Training on Physical Fitness and Blood Pressure in Middle-Aged and Older People," *Mayo Clinic Proceedings*, 82(7).

浜崎央・片庭美咲・柴田幸一・住吉廣行 ［2014］「カリキュラム・ポリシーの成功度を評価する指標の開発——教職協働と Institutional Research の発展——」『松本大学研究紀要』12。

Nomoto, M. ［2018］ "WASTE NOT Feature," *Agriculture Highlighting Japan*, 120.

福島明美 ［2015］「松本大学の挑戦——開学から 10 年の歩み——」、松本大学創立 10 周年記念誌編集委員会『松本大学出版会』松本大学出版会。

増田寛也 ［2014］『地方消滅——東京一極集中が招く人口急減——』中央公論新社。

増田晶文 ［2003］『大学は学生に何ができるか』プレジデント社。

松本大学創立 10 周年記念誌編集委員会 ［2015］「松本大学の挑戦——開学から 10 年の歩み——」松本大学出版会。

藻谷浩介 ［2013］『里山資本主義——日本経済は「安心の原理」で動く——』角川書店。

矢内和博 ［2017a］「そば粉とわさびのプロジェクト『もったいない大賞』最高賞の農林水産大臣賞受賞」『蒼穹』（松本大学学報）、126。

———— ［2017b］『長野県安曇野市における 6 次産業推進モデル』地域活性研究（地域活性学会）、8。

和田秀樹・寺脇研 ［2000］『どうする学力低下——激論・日本の教育のどこが問題か——』PHP 研究所。

# 第 11 章

## 教育プログラムと地域活性化
### ——兵庫県立大学のコミュニティ・プランナー育成 プログラム——

## は じ め に

　「コミュニティ・プランナー育成プログラム[1]」（CP プログラム）とは、宮城大学と兵庫県立大学が相互の強みを活かして連携し、地域社会が抱える課題解決と健全な地域コミュニティの担い手となる人材「コミュニティ・プランナー」の育成をめざした教育プログラムである。両大学は「ともに被災地に立地する公立大学」として、「被災後 18 年に及ぶ復興の経験（兵庫）と今後 10 年以上継続する復興のフィールド（宮城）を持ち、地方都市や農山漁村の問題など取り組むべき共通の地域課題」を有している。CP プログラムは、両大学が有する「ビジネス」「ケア」「デザイン」という 3 領域にわたる教育資源を融合し真に持続的な地域コミュニティ形成に貢献しようとするところに大きな特徴があった。兵庫県立大学にとって、いわゆる「地域人材育成」に焦点を合わせた初の全学教育プログラムであり、大学としての地域連携・社会貢献活動を全面に打ち出す大きな意義があった。2012 年、大学 COC 事業に先立って施行されていた文部科学省の「大学間連携共同教育推進事業[2]」の補助を受け、 2 年間の準備期間を経て 14～18 年度計 4 期にわたって実施してきた。2019 年 4 月からは、並行して実施されてきた「ひょうご・地（知）の五国豊穣イニシアティブ」（大学 COC 事業）と発展的統合を行い、副専攻「地域創生人材教育プログラム」として提供されている。

　本章の目的は、CP プログラムの意義及び同様の教育プログラムと地域活性化との関係について考察することにある。筆者は、CP プログラム第 1 期（2014～16）の主担当として、CP プログラムの全体構想とプログラムを実施するための一連のプロセス（講義の提供、フィールドワーク先の選定、フィールドワークの中身づくり、学生が参加するプロジェクトの企画、学生の評価方法の開発等）に主体的に関わってきた[3]。本章では、客観的な考察はもとより、本書の特徴でもある当事者としての見解も提示していきたい。そのため、本章における考察は、筆者

個人の認識によるところも大きく、CP プログラムに携わったスタッフ、教員の総意ではないことを明記しておく。

# 1 コミュニティ・プランナー育成プログラムの概要

本節では、CP プログラムの概要について説明する。CP プログラム開発から実施（第1期）までのプロセスを辿り、どのような意図の下、プログラムづくりを進めていったのかについて振り返る。

## ⑴ コミュニティ・プランナーの概念

CP プログラムを開発するにあたって、最も重要となったのが、「コミュニティ・プランナー」の概念であった。CP プログラムは、当初から、宮城大学・兵庫県立大学、両大学が有する教育資源を活用するという狙いがあり、「ビジネス」「ケア」「デザイン」という3領域を想定していた。そこに、両大学の連携の土台となる「復興」という特色を明らかにするため「グリーン」という視点を加味した（図11-1）。持続可能な地域コミュニティを維持していくために、人、植物、動物そしてそれらが生きていく緑ある環境、自然における全ての生命がつながり関わり合うことが必要となる。「グリーン」とは、「すべての生命のつながり、関わり」を象徴していた。この「グリーン」を基軸に、生業・自立のコミュニティづくりに必要な「グリーンビジネス」、健康・癒しのコミュニティづくりに必要な「グリーンケア」、安全・快適・美しいコミュニティづくりに必要な「グリーンデザイン」という3分野を体系化した教育プログラムを創り上げていくことをめざした。

両大学において議論を積み重ね、最終的な「コミュニティ・プランナー」の定義は、「地域特有の風土、歴史文化、社会経済的状況、価値観などを踏まえた上で、地域コミュニティが抱える諸問題を適切に把握し、課題解決への客観的な調査分析能力、協働のスキルと事業マネジメント能力を身に着け、地域課題のソリューションを導く専門的知識と技能を身に着けた人材」「地域が求めるコミュニティづくりに貢献し、持続可能な地域再生に向けて主体的に取り組むアクティブなゼネラリスト」となった。実際のロールモデルとしては、地方公務員、保健師、建築士、専門コンサルタント、地域コーディネーター、コミュニティビジネスの企業家、住民リーダー等を想定していた。職業としてのコ

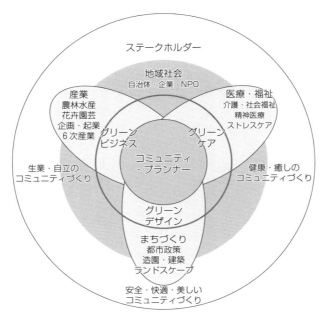

**図11-1 コミュニティ・プランナーの概念**
出所）内部資料及びCPプログラムウェブサイトより筆者作成。

ミュニティ・プランナー（例：専門コンサルタント）だけではなく、他の職業に就きながらコミュニティ・プランナーとして活躍する人材像を描いたのである。

### (2) カリキュラム構成

次に、コミュニティ・プランナーが有すべき能力として、4つの能力を定めた。それぞれ、①関心・意欲・態度〔地域コミュニティが有する課題への深い「関心」と地域と共同してその解決を図ろうとする「意欲」、地域の持つ自然・社会資源や風土を尊重し、地域が求める持続可能な地域社会づくりに主体的に取組む積極的な「態度」〕、②知識・理解〔地域、社会、コミュニティ、グリーンの概念等に関する「知識・理解」〕、③思考・判断〔「グリーン」を活かして地域の課題を解決し、地域再生を図っていく手法を活用した「思考・判断」〕、④表現・技能〔「グリーン」を活かして地域とともにその課題を解決し、地域再生を実現していく調査力、地域資源発見力、地域資源活用力、企画力、ファシリテーション力、プレゼンテーション力、実行力〕、である。

第 11 章　教育プログラムと地域活性化　　195

　これらの能力を段階的に育成するため、継続してフィールドに入ることができるよう3年にわたるカリキュラム（CP概論 → CP実践論 → CPFW演習）を組み立てた。CP概論は、まずは「知る」ということで、フィールドから活きた知識を学び、地域コミュニティと向き合う機会、地域課題への深い関心、地域と共同してその解決を図ろうとする意欲を高めるという目標（能力①に対応）を設定した。CP実践論は、「考える」ことを重視し、地域コミュニティに関わる専門家と共に学生が考え、実践の知恵を得る機会を得るという目標（能力②に対応）を設定した。CPFW演習は、実際に学生が「やってみる」、知識を実際の技能に転換するためのフィールドワークによる実習を重視し、ステークホルダーと協働しながら地域課題解決の実践的な経験を積むことを目標（能力③④に対応）とした。加えて、CP関連科目を指定し、グリーンビジネス、グリーンケア、グリーンデザインのうち2領域から3科目以上を選択し、受講生が所属している各学部の領域だけではなく、他領域の知識と理解を深めることをめざした。そして、CP概論、CP実践論、CPFW演習の履修に加え、CP関連科目を修得した学生に対しては、「コミュニティ・プランナー・アソシエイト」という称号を付与することになった。これは、コミュニティ・プランナーとしての基礎となる素養を身につける初級編の修了認定（アソシエイト）という意味合いがあった。本来的な意味でのコミュニティ・プランナーの育成には学部だけのカリキュラム構成では限界があること、将来構想として大学院との接続が必要であることを前提としていたからである。

　また、宮城大学と兵庫県立大学との連携事業であることを重視し、両大学のお互いのフィールドの訪問を行う交流会、インターネットを利用したビデオ会議を活用することで双方向での遠隔授業が実施できる環境づくりについての準備を進めた。

## (3)　CP プログラム（第1期）の実施

　CP概論は、現場を知る、体験することから得られる気づきを重視し、フィールドを1日かけて見学することからスタートさせた。ただし、単なる体験や気づきだけでは不十分であり、それらを学びに変換するためには、「振り返り」が非常に重要となる［井関 2018］。そのため、CPプログラムでは、進捗状況に合わせた授業内での個人・チームでの振り返り及びかなりの分量の振り返りシートの提出を課すことにした。加えて、グリーンビジネス、ケア、デザインの

それぞれの観点からコミュニティ・プランナーに必要となる基礎的な知識の習得を狙いとした授業を行った。筆者が担当した授業では、「地域には多様な主体があり、自分たち学生が地域にどのように関わっていけばよいのか」「様々な想いをもった地域の方々とどのようにして共同してプロジェクトを進めていけばよいのか」について考えてもらうことを重視した。CP 概論のまとめとして、学生が実際に取り組んでみたい理想のプロジェクトについて考えてもらい、宮城大学の学生と互いの成果を遠隔授業にて共有した。

　２年目となる CP 実践論では、CP 概論の振り返りからスタートし、実際に学生が携わるプロジェクトを想定して、グループワークを通じたプロジェクト案の作成を最初に行った。学生が参加するプロジェクトは、準備期間中に調整を進めていた兵庫県神崎郡神河町の４つの地区で行うこととした。いずれも、筆者個人及びゼミ活動として５〜７年にわたる協力関係を構築してきた地域であった。これら４地区に対し、３日間の集中的なフィールドワークを行った。CP 実践論の最終講義では、フィールドワークの成果をまとめあげ、学生たちが実際に取組むことを想定した具体的なプロジェクト案を報告した。この報告も宮城大学と双方向で発表を行い、互いの成果の共有を行った。

　こうして迎えた３年目の CPFW 演習は、CP 実践論にて学生が考えたプロジェクトを実際に「やってみる」ということで進めた。チームごとに担当教員を決め、４つのプロジェクトを進めていった。筆者は、２つのプロジェクトを担当した。第１に、当時、改修が進められていた古民家の具体的な利活用方法について考えるもの、第２に、地元団体が主催している都市・農村交流を目的とした農・収穫体験ツアーの改善及び学生主導での新たなツアーの企画・実行について取組むものであった。次節で取り上げる CP プログラムの修了生は、この後者のプロジェクトに参加していた。同プロジェクトは、ツアーに実際に参加しながら、その都度問題点を洗い出し、次回のツアーで改善策を実施していくという流れで進められた。中間報告会において、具体的な改善策及び目標を提示し、その後も、学生はツアーに参加しながら、自分たちが提案した目標を達成できるよう学生自身が改善策、新しい企画を実施していった。プロジェクトの最終報告会では、学生主導で１年間のツアーの振り返りを実施すると来年度のツアーについて考えるため、実際にツアーを担っている地元の方々と一緒にワークショップを行った。

　学生の評価については、複数教員及びステークホルダーからの評価を総合す

るという多面評価を行った。特に、CPFW 演習では、ルーブリック（学習達成度を測定するための評価方法）を活用した到達度評価を個人及びチーム単位で行うことで、どれだけコミュニティ・プランナーとしての能力を身につけることができたのかについて厳密に評価した。

## 2　CP プログラム修了生の事例

　2019 年現在、CP プログラムの修了生は、1 期 16 人、2 期 16 人、3・4 期の学生は在学中であり、質的・量的な側面からの修了生への組織的なフォローアップはこれからの課題である。また、2019 年 4 月から「地域創生人材教育プログラム」として改革を進めながら新たな教育プログラムとしてスタートしている。そこで、本節では、CP プログラムの意義について考察するための参考として、調査協力を得ることができた CP プログラム第 1 期修了生である松澤育未氏の個別事例を取り上げる[5]。松澤氏は、2 年次から筆者のゼミに所属しており、CP プログラムだけでなく、ゼミ活動においても地域に関わるプロジェクトに参画していた。2018 年 3 月に卒業し、生活協同組合コープこうべに就職している。

### (1)　地域やコミュニティについての関心
　松澤氏が地域に関心を持つようになったのは高校生のときであった。松澤氏が在籍していた高校では課題研究という授業があり、地域課題の解決に実践的に取り組んでいる。その授業で松澤氏は地元商店街の活性化プロジェクトに参加した。松澤氏のチームは、商店街の空き店舗を活用し、夏休みに祭りを開催するというイベントを企画・実行した。イベントは大成功に終わり、非常に多くの人々で賑わった。しかし、イベントが終われば元のシャッター商店街に戻ってしまった。このとき、松澤氏は、次のような疑問を抱いた。快く協力してくださった商店街のひとたちは、本当はどう思っていたのだろうか。来場してくださった人たちはどう思っていたのだろう。高校生には地域活性化はむりなのだろうか。そもそも地域活性化とはなんだろう。地域とはなんだろう。これらの疑問を解決したい、答えが知りたいという想いから地域連携活動の実績があった兵庫県立大学経営学部への入学を志望した。

198　第Ⅲ部　教育・人材育成を通じた地域活性化

## ⑵　CP プログラムの受講 ──意識の変化──

　松澤氏が大学に入学した 2014 年 4 月、最初の CP プログラムである CP 概論が開講された。新入生向けのオリエンテーションにおいて CP プログラムが紹介されたとき、受講を即決した。しかしながら、CP 概論では、まだまだ目的意識が育っていなかったため「よくわからないままに終わってしまった」と言う。

　松澤氏の意識が変わったきっかけは、宮城大学の学生との交流会であった。これまで接したことがない他県の学生、しかも同じ教育プログラムを受講している学生と深く関わることができ「人との関わりの楽しさ」を実感したと言う。実は、この感情は初めてのものではなく、上述の高校生のときのプロジェクトでも経験していた。宮城大学の学生と交流したことで、再確認、再認識したのである。CP プログラムでは、地域と関わり合うさまざまな機会を課外活動でも提供していたが、それまではあまり積極的には参加してこなかった。しかし、宮城大学の学生との交流を契機に、課外活動も含めた CP プログラムに積極的に参加するようになった。

## ⑶　CP プログラムでの学び

　宮城大学との連携に加え、CP プログラムの大きな特徴は、学部横断型の教育プログラムにある。1 期生では、経営学部、経済学部、環境人間学部、看護学部の学生が履修していた。CP プログラムの最終年度、松澤氏は環境人間学部と看護学部の学生 2 人とチームを組んでいた。CP プログラムのチームでは、課題に取組む際の前提や目線が異なっており、「知らず知らずのうちに自分の視点が狭まっていることに気がついた」と述べている。

　　もともと、地域活性化の答えを探して CP プログラムを受講したんですが、一言で言うと答えはないということがわかりました。地域の抱える問題というのはすごく深くて、いろいろな問題があって、それがその地域ごとに全部違うということがわかりました。答えなんかないし、これをすれば解決するというのものでもないというのがわかって……。誰か 1 人の力では絶対に解決はできないだろうし、こうしたら解決できるということもないだろうし、私だけの力では無理だなと思いました。

　松澤氏の行動が目に見えて変化したのは、この「地域の抱える問題は簡単に

は解決できないこと」を深く理解してからであった。松澤氏がとった行動の1つが、地域に直接足を運ぶということであった。何度も何度も地域に入ることで、地域の方々に名前を覚えていただける。足を運ぶたびに信頼度が上がっていくということを実感した。逆に、「学生という立場で甘やかして地域に入らせてもらっている」ということにも気がついた。ただ入らせてもらっているというだけでは問題は解決できない。問題を解決するためには、信頼を得ていくことが重要であり、会議にも積極的に参加するようになった。地域課題の解決を大上段に構えるのではなく、できることから少しずつ始めようという考え方に変化したのである。

　1年目、2年目のときは、こうすればいいとある意味で簡単に提案ができた。しかし、3年目に実際に地域に入って一緒に活動していくなかで、学生たちが提案したことを誰が実行するのか、どうやって続けていくのかというところまで考える必要があるということに気付かされた。松澤氏は、次のように述べている。

　　地域の方々からすれば、学生の提案をそのままやろうと思うわけがないし、そこまで信用できるはずもないと。わたしたちは、話を聞いて、提案して発表するというところまでで精一杯だったので、誰がどのように実際に運営していくのかというところまでは考えられませんでした。でも実際にはそれが一番大事で私たち学生だったら簡単にできることも、地域の方々ができるのかということを考えて提案していくことが大事だなと思いました。

　そして、CPプログラムを受講したことで、地元である兵庫県のことがもっと身近に感じられるようになったと言う。逆に言えば、CPプログラムを受講したことで、「いかに自分が兵庫県のことを知らないのか」ということに気付かされた。フィールドであった神河町を知ることで、兵庫県及び松澤氏の地元である小野市についての理解が深まったのである。

⑷　**就職との関係**
　松澤氏は、就職活動が始まるまで就職先については具体的には考えていなかった。しかし、CPプログラムを受講したことで、松澤氏の中に1つの軸ができていた。

200　第Ⅲ部　教育・人材育成を通じた地域活性化

　　CP に参加したことが、私の大学生活の全てを作ったと言っても言い過ぎ
　　ではないです。CP で出会った場所・体験・人　全てが私の世界を広げて
　　くれました。本当に CP に参加していなかったらと思うとどうなっていた
　　んだろうと。結構ゾッとします。

　就職活動を続けるなか、CP プログラム、ゼミの経験から、「地域に関わる
仕事がしたい」という想いが強くなっていった。結果、松澤氏が最終的に就職
先として選んだのが、コープこうべであった。働き始めてから半年が経ち、い
まは仕事を覚えることで精一杯であると言う。日々の仕事に追われるなか、
「段々と地域に対する関心も薄れてきてしまった自分に気がついた」と述べて
いる。しかし、最近、地域の子育て支援事業に関わる仕事をしたことで、「や
っぱり地域に関わっていきたい」と思ったそうである。現在、そういった仕事
ができるように異動についての希望を職場に伝えていると言う。

## 3　CP プログラムの意義、教育プログラムと地域活性化との関係性

　本節では、CP プログラムの意義について考察し、そこから同様の教育プロ
グラムが地域活性化にどのように貢献できるのかという点について考察する。

### ⑴　CP プログラムの意義

　現在、CP プログラムと同様の趣旨の教育プログラムは全国各地の大学で実
施されている。とりわけ、2013 年「地（知）の拠点整備事業」（大学 COC 事業）、
2015 年「地（知）の拠点大学による地方創生推進事業」（COC＋事業）の採択を
受けた大学では、「地域人材育成」に特化したさまざまな取組みが非常に積極
的に展開されている［野澤 2016］。この点、CP プログラムは、これらの COC
事業に先行して取り組まれていた事業であり、大学間連携による全学教育プロ
グラムの開発をめざしていた点が異なる。そして、受講生が学部横断であるだ
けでなく、担当教員がその所属を超えて協働している点が大きな特色であろう。
　松澤氏の事例からもわかるように、学部横断でのチーム編成や地域に入り込
むことでの学びは、通常の学部の授業やゼミ活動では得られない多くの人々と
の出会いから涵養される知識や能力を学生に提供することができた。複眼的な

教育効果は、われわれが想定していたコミュニティ・プランナーの定義である「アクティブなゼネラリスト」の育成に大きく貢献していた。1〜3年次にわたって経年で実施していたことも有効であった。松澤氏も1年次ではまだまだ問題意識が育っていなかったが、2年次、3年次と学年をあがるにつれ地域に対する理解が深まり、行動に変化が現れてきた。このような教育効果については、同様の教育プログラムでも頻繁に言及されているものでもある［羅 2016］。

　一方、複数教員がチームを組むことによる教育効果も非常に大きかった。CPプログラムの担当教員の所属は、経済学部、経営学部、環境人間学部、看護学部、緑環境景観マネジメント研究科と多岐にわたっており、それら専門性の異なる教員がチームを組んで指導にあたっていた。一般に、複数教員による指導体制といっても、それらの教員の所属が学部横断とは限らない。教員の所属が複数学部にまたがっていたとしても、オムニバス形式が採用されていることも多い。実際に、筆者は、CPプログラムに関わるまでは、他学部の教員と一緒に授業を行う、フィールドワークを実施するといった機会、経験はなかった。この複数教員がチームを組むことにより複眼的な視点、複数の専門性から地域課題の解決にアプローチすることができた。これにより、地域連携活動の課題として指摘されている地域が抱える課題の複雑性から生じる地域の要望と大学の教育研究資源のミスマッチ［西村 2016］を避けることができたと考えられる。

　加えて、コミュニティ・プランナーという人材育成を主目的とした教育プログラムであったことも結果として地域との思惑のずれを避けることにつながった。中塚・小田切［2016］は、近年の地域連携活動の課題として、連携の多様性から生じる地域と大学の認識のすれ違いについて指摘している。例えば、地域側が、教員の研究者としての専門性に基づいた直接的な地域課題の解決を求めているのに対し、大学側が学生主体の交流活動を行うといった場合である。この点、CPプログラムは、学生が地域課題の解決に関わりつつも、あくまでも主眼は人材育成、学生の学びにあることを地域側に理解してもらい進めることができた。

　そして、発見事実であり、筆者が大きな効果があったと考えているのが、「教員への教育効果」である。筆者自身、多様な専門性を持つ教員との協働を通じて、非常に大きな学びを得ることができた。CPプログラムに参加する以前は、ゼミ活動として地域課題の解決に取り組んでいたが、その時と比べると

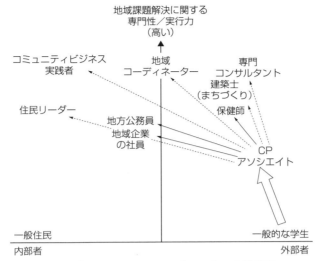

**図 11-2　コミュニティ・プランナーの職業像**

注）就職との関係では、直接的には、「地方公務員」「地域企業の社員」「保健師」に限られる（実践矢印）。松澤氏が現在勤めているコープこうべは、CSV（Creating Shared Value：共有価値の創造）を体現している組織であり、「地域企業の社員」に該当する。
出所）井関崇博准教授（兵庫県立大学環境人間学部）が作成した内部資料を一部修正して筆者作成。

自身の視野がひろがり、まさに複眼的思考により地域課題解決に向けた活動を行うことができるようになったのである。

　地域人材育成という点でも学部生を対象とした教育プログラムとしては、狙い通りの効果があったと考えている。図 11-2 は、コミュニティ・プランナーの職業像のイメージである。横軸は、コミュニティ・プランナーとしての活躍の場が地域内部にあるのか外部にあるのか（当事者性の違い）を示している。縦軸は、地域課題解決に関する専門性や実行力の高低を表している。CP プログラムの地域人材育成効果は、外部者である一般的な学生の当事者意識を高め、地域課題解決に関する専門性や実行力を底上げ（CP アソシエイト）することにあり、将来的にコミュニティ・プランナーとして活躍できる道筋を示したことにあると言える。

### ⑵　教育プログラムと地域活性化との関係

　CP プログラムのような地域人材育成をめざした教育プログラムの直接的な

第 11 章　教育プログラムと地域活性化　　203

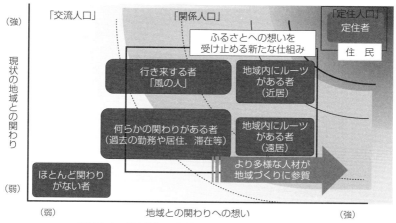

図 11-3　地域外の人材と地域との関わりの深化
出所）総務省［2018：26］より転載。

効果は、文字通り、これからの地域づくりの担い手を育成するということにある。しかしながら、CP プログラムからもわかるように、域内就職率が上昇することと地域づくりの担い手を育成するということは必ずしも直結しない。

　むしろ、地域連携活動として教育プログラムを実施すること自体が、地域活性化に貢献するという視点が重要になると思われる。これは、近年注目されている「関係人口」の枠組みで捉えることができる（図 11-3）。関係人口とは、「移住した『定住人口』でもなく、観光に来た『交流人口』でもない、地域と多様に関わる人々を指す概念である」［総務省 2018：19］。「交流者」（端的に言えば観光客）は、地域と「ほとんど関わりがない者」であり地域との関係は一過性に過ぎない。「定住者」は地域との関わりとその想いは強い。しかし、少ないパイの奪い合い、各自治体における過当競争を行っているという現実があり、加えて、移住者、定住者だからといって、必ずしも地域活性化に貢献するとは限らない。地域社会へ溶け込むことには関心の低い定住者もいる［田口 2017］。そこで、重要となるのが、多様な地域づくりの担い手の確保であり、地域活性化に貢献する人々となる「関係人口」である。

　田口［2017］は、この関係人口を地域側が戦略的に活用できるか、多様な担い手をその地域自治に活かしていけるかが鍵となると指摘している。図 11-4は、関係人口を活用した多様な担い手による地域自治のあり方についてのイメ

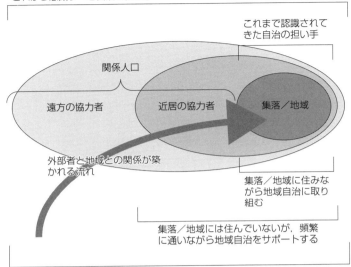

図 11-4 地域自治の多様な担い手

出所）田口［2017］より筆者作成。

ージ図である。図中の「外部者と地域との関係が築かれる流れ」は、まさにCP プログラムのような大学の教育プログラムが当該地域で実施されることに該当する。CP プログラムの場合、経年で地域に関わり、かつ学生が提案に留まらずに具体的な行動を起こすというところに効果があった。逆に言えば、同様の趣旨の教育プログラムであっても、当該地域との関わりが一過性に過ぎない場合、学生が改善案の提案だけを行うといった場合には、それほど効果は期待できないだろう。実際、CP プログラム第 1 期のフィールドとなった神河町の場合には、CP プログラム終了後も、筆者のゼミ活動及び学部のインターンシップ・プログラム（研修先は神河町役場）により毎年延べ数十人単位で学生が関わっており、まちづくり活動や政策提言に関わらせていただいている。

## おわりに

最後に、CP プログラムも含め教育プログラムの今後の課題について若干の

考察を行いたい。第1に、フォーマルな教育プログラムの限界である。これは、CP プログラムのように、綿密に構成された教育プログラムであるからこその悩ましい問題である。筆者の経験では、学生の間に突出した活動を行う学生、まさにコミュニティ・プランナーとして活動するような学生は、CP プログラムのようなフォーマルな教育プログラムではなかなか捉えきれない、窮屈がって参加しないということがある。筆者のゼミの卒業生で、学生の間からソーシャルアントレプレナーとして活動している学生がいたが、課外活動が中心になってしまい、大学教育という枠組みからは外れていた。このような学生にとっても魅力ある教育プログラムを構築することができるのかという課題である。

第2に、持続可能性である。中塚・小田切［2016］が指摘しているように、現在、全国各地で地域連携活動が活発に展開されている一方、「地域の不満・大学の不安」という構図が一般化してきている。その大きな要因には、両者ともに地域連携活動を実施するための制度・組織づくり（例：地域連携活動を担当する教員への評価）が不十分なことがある。たとえ地域・大学ともに成果があがっていたとしても、互いの過度な負担の上に連携事業が行われているのであれば破綻を免れない。関係人口の活用とも通ずるが、地域・大学にとってこれまでにないスキーム、真の意味でパートナーたる互酬的な関係づくり［野澤 2016］が行えるかどうかが持続可能性を担保する鍵となるだろう。

## 注

1）補助事業の正式な名称は、「コミュニティ・プランナー育成のための実践的教育課程の構築」（補助期間：平成 24～28 年度）である。以下、CP プログラムに関する記述については、内部資料及び「コミュニティ・プランナー育成のための実践的教育課程の構築」（http://cpec-uh.net/、2019 年 4 月 23 日閲覧）を参考にしている。

2）国公私立の設置形態を超え、地域や分野に応じて大学間が相互に連携し、社会の要請に応える共同の教育・質保証システムの構築を行う取組みの中から、優れた取組みを選定し、重点的な財政支援を行うことにより、教育の質の保証と向上、強みを活かした機能別分化を推進することを目的とした文部科学省の補助事業である。

3）これまで 4 期実施しており、第 1 期は神崎郡神河町、第 2 期は南あわじ市（福良）［嶽山ほか 2019］、第 3 期は姫路市（二階町、北八代）［井関ほか 2018］、第 4 期は神戸市（明舞団地）である。このうち、筆者は第 1 期の主担当を務め、第 2～第 3 期においてもグリーンビジネス領域を担当した。第 3 期からは、2 年次の前・後期に集中して実施する形式に変更し計 2 年のプログラムとなっている。

4）当初、CP プログラム開発に関わっていた学部等は、宮城大学（事業構想学部、看護

学部、食産業学部）、兵庫県立大学（経営学部、看護学部、環境人間学部、緑環境景観マネジメント研究科）である。兵庫県立大学では、第3期から経済学部の教員も加わった。現在、宮城大学は学群制に改められ、兵庫県立大学も2019年度から国際商経学部（経済学部・経営学部が統合）となっている。

5）以下の記述については、松澤氏の在学時（2018年3月15日）、就職後（2019年9月14日）に実施したインタビュー調査（それぞれ90分）、及び松澤氏が在学中にコメントを寄せていたコミュニティ・プランナー育成プログラムのウェブサイトの内容に基づいている。この場をお借りして、本章の執筆にご協力を賜った松澤育未氏、掲載許可を頂いた生活協同組合コープこうべ様に深謝の意を表したい。

## 参考文献

井関崇博・内平隆之・安枝英俊・内田勇人・二階堂薫・田中友香里［2018］「地域課題解決学習における振り返りに関する研究：兵庫県立大学コミュニティプランナー育成プログラムにおける取り組み」『兵庫県立大学環境人間学部研究報告』20。

総務省［2018］「これからの移住・交流施策のあり方に関する検討会報告書」総務省。

田口太郎［2017］「『関係人口』の地域づくりにおける可能性」『調査研究情報誌ECPR』2。

嶽山洋志・平田富士男・牛尾裕子・西井進剛・杉山武志・大瀬祥子・越知昌賜［2019］「地域の環境資源を活用したコミュニティ・プランナー育成プログラムの構築」『造園技術報告集』10。

内閣府経済社会総合研究所［2016］「大学等の知と人材を活用した持続可能な地方の創生に関する研究会報告書」内閣府。

中塚雅也・小田切徳美［2016］「大学地域連携の実態と課題」『農村計画学会誌』35(1)。

西村順二［2016］「地域社会における社会的存在としての大学の役割、特徴、そして課題」『江南経営研究』57(3)。

野澤一博［2016］「大学の地域連携の活動領域と課題」『産学連携学』13(1)。

羅一慶［2016］「学生を媒介とする文系の産学公（官・NPO）連携と学び合う地域」、渋谷努編『大学と地域社会の連携——持続可能な協働への道すじ——』石風社。

# 第 12 章

## 地域の正式な「担い手」としての学生
―― 北九州市立大学の実践 ――

## はじめに

　地域を志向する学部の設置が相次いでいる。1996年に高崎経済大学が地域政策学部を設置して以来、国公私を問わず多くの大学で「地域」を学部名称に冠した学部や学科の設置がなされている［岩崎 2016：136］。文部科学省は大学の機能分化の方向性の1つに地域貢献型大学を掲げ、地域社会に貢献するという1つの大学の在り方を示している。一方で、人口減少、高齢化、商工業の衰退など、日本の至る所で社会課題が山積している。地域には解決すべき課題が多く、その解決に大学の知見を活用する必要性が今まで以上に強まっている。このように、学生の教育に加えて地域の課題解決が大学の役割として強く認識されるようになってきている。

　本章では、学生の教育と地域の課題解決を同時に取組む試みを展開している北九州市立大学の事例から、地域と大学の接点、大学教育の在り方、その成果などを確認し、地域と大学の関係の在り方について考察する。

## 1　地域と大学双方の課題

### (1) 地域の課題

　日本は人口減少局面に突入した。また、高齢化が進行し、地域差はあるものの高齢化率は27.7％と全体としては少子高齢化社会の到来に異論を挟む余地はない。今後さらに少子高齢化が進行することが見込まれており、より少ない生産年齢人口がより多くの高齢者を支えなければならない状況となる。また、東京への人口一極集中の勢いも衰えを見せない。人口動態からみると、全国から東京が人口を吸い上げている構造である。年齢レンジ別では、15～19歳、20～24歳、25～29歳の若者、第一線で働く年齢ともいえる世代が東京に集まってくる。1) このことは、吸い上げられる側の地方の人口減少、特に生産年齢人

口の中心が流出していることを示している。

　そのような中、政府は「地方創生」を政策の柱に据え「まち・ひと・しごと創生総合戦略」を策定。全国津々浦々でさまざまな「まちづくり」「地域活性化」に資する取組みやイベントが開催されてきた。しかし、目立った成果をあげている地域は多くはない。

　地方都市である北九州市も例外ではない。戦後、小倉市、門司市、八幡市、若松市、戸畑市の旧５市が合併して1963年に九州初の政令指定都市として北九州市は誕生した。八幡製鉄所（現：日本製鉄株式会社）は北九州市の発展の礎となり「四大工業地帯」の１つにも数えられるようになった。1978年には人口108万人を誇る九州一の大都市となったが、深刻な公害問題を経験し、昨今では産業の衰退等の影響から人口減少が続いている。人口減少数が全国の自治体で最も多く、2019年３月31日現在では人口は95万人とピーク時と比較すると１割程度の人口が減少している。年齢別の人口動態では、20〜24歳、25〜29歳、30〜34歳で流出超過が顕著である[2]。このことから、北九州市では地域における若年層の存在感が希薄になり、「まちづくりの担い手」不足が恒常化している。そのため、わが国における社会課題に先んじて直面している都市であると言える。

　一方で、近年は地方創生に対して高い評価を獲得するという一面も見られる。公害克服の歴史から環境保全に対する取組みは世界でも先駆的都市となっている[3]。また、高齢者が住みやすい街としてのシティブランドが確立されつつあり、子育てしやすい街という評価もある[4]。遊休不動産を利活用する取組みであるリノベーションの街としては先駆け的な存在である[5]。また、2015年に国連で採択され、世界的に推進されているSDGsの取組みに関しては、2017年度「第１回ジャパンSDGsアワード」特別賞の受賞、翌年の「SDGsモデル都市」選定など先駆的都市としての位置づけがなされている[6]。

　このように、北九州市は潜在的にも顕在的にも多様な社会課題に直面しているものの、それらの課題を解決する試みが各方面で実施されており、わが国の将来に向けての先導的な都市であるといえる。

## ⑵　大学の将来像と北九州市立大学の改革

　2005年の中央教育審議会答申「我が国の高等教育の将来像」はその後の大学施策に対して大きな影響を及ぼした。まず、大学の機能として１．世界的研

究・教育拠点、2．高度専門職業人養成、3．幅広い職業人養成、4．総合的教養教育、5．特定の専門的分野（芸術、体育等）の教育・研究、6．地域の生涯学習機会の拠点、7．社会貢献機能（地域貢献、産学官連携、国際交流等）といった7つのモデルが示された。また、今後の大学に対して「主体的に変化に対応し、自ら将来の課題を探求し、その課題に対して幅広い視野から柔軟かつ総合的な判断を下すことのできる力（＝課題探求能力）の育成が重視される」と指摘している。2008年には答申「学士課程教育の構築に向けて」が示され、グローバルな知識基盤社会の到来や、少子化による大学全入時代がもたらす学生の質の低下などの背景から「21世紀型市民」を育成する必要性が言及されている。教育課程の再構築や教育方法の改善などの教育の充実や、その教育の質を保証するシステムの再構築、社会で通用する創造的職業人の育成等が大学に求められるようになったのである。

　北九州市立大学は2005年の独立行政法人化を契機として大規模な大学改革を断行した。2003年7月に「北九州市立大学の今後の在り方検討委員会」が設置され、独立行政法人化を含んだ「北九州市立大学改革プラン」が同年12月に示された。その中で「教学改革」「経営革新」を盛り込んだ中期計画が立てられた。独立行政法人移行後は、大学内の機能分化、経営の主体性の発揮、学士力の向上、質保証システム構築、教育方法の改善など、積極的に対応策を打っていった［矢田 2010：29］。その中でも「多様かつ複雑化する地域の課題に真正面から取り組む人材を育成することを目的」とした地域創生学群の設置が改革の目玉の1つであった。地域創生学群は「学際性」「総合性」を重視し、座学中心から現場実習中心の教育方法への転換を志向するカリキュラムを構築することとなった［同：115］。

## (3) 地域創生学群の設置

　2009年に設置された地域創生学群の目的は以下の三点で表現できる。一点目は地域における大学の存在意義を高めること、二点目は社会で求められる能力を育成するための実践的な教育を展開すること、三点目は既存の文系学部に併設されていた夜間主コースの再編である。特に一点目はこれまでの大学と地域との関係性の在り方自体を抜本的に見直す必要性から生じていた。これまでの典型的な大学と地域との関係性と言えば、教員が持つ専門性に依拠した研究、教育活動であった。この「当たり前」ともいえる大学の営みが、必ずしも地域

210　第Ⅲ部　教育・人材育成を通じた地域活性化

にとってプラスに働いているわけではなかったのである。筆者は新学部設置準備委員として地域の方々と新しい大学像について議論する機会に参加したのだが、その際に、地域の方々から大学に対する「愚痴」「不満」が吐露されたことに驚きを隠せなかった。「教員の意見、論理を押し付けてくる」「スケジュールは大学の都合を優先する」「研究、教育活動が終了したらその後は何もフォローがない」「口ばかりで一緒に問題を解決しようといった姿勢が見られない」といったような声である。これまでの科学技術の進展や社会の発展に対して大学が果たした役割が多大であることは言うまでもない。しかし、一方でさまざまな課題を抱えながら日常生活を送る地域からは、このような大学に対する「不要論」ともいえる見方も存在することが明らかになった。北九州市立大学は公立大学として北九州市の発展に寄与することが義務付けられている。だとするならば、大学と地域との関係性を抜本的に見直し、真に地域に必要とされる大学に変貌する必要があった。そこで、新設する地域創生学群では「専門性の追求というよりは、まずは地域に飛び込んで、何ができるかを地域の方と共に考えて実践する」という方向性が強く示されたのである。

　地域側に目を転ずると、少子高齢化によりまちづくりや地域運営の担い手が極端に不足している中、大学生たちが実践的に地域活動に関わることは歓迎された。「イベントに学生らしい企画を取り入れたい」「地域のお祭りに学生の力を借りたい」といった地域の声がそれを示している。しかし、肯定的な側面ばかりとは限らない。地域側と学生の世代間ギャップによる意見の食い違いや、学生を無償の労働力として受け入れるのではなく教育的な関わりを持つ難しさなど、地域に負担を強いる側面があることも否めない。それでは、地域側は学生をどのように取り扱えば良いのだろうか。これは、非常に難しい問いである。大学の理論を提示することは、前述のような地域との関係性悪化の要因となりうる。また、学生は進級、卒業で入れ替わるなど地域の方々との人間関係を構築するのが難しい面もある。これについては試行錯誤の連続と、地域と大学の対話の繰り返しによる解決しか方法がないように思われる。もちろん、マクロ的な視点としての、地域と大学の関係性構築方法について同意する必要があるが、繰り返し発生する小さなトラブルを解決し続けていく中で双方の認識が徐々に適合してくるのである。

　以上のように、地域創生学群設置は地域に貢献する大学としての位置づけと評価を獲得するため教育的実験を繰り返している。

## 2　地域創生学群における教育実践の特徴

### (1)　日常に入る

　地域と大学の関係性構築のためには、大学、学生が地域の日常を共有することが重要である。この考えに至ったのは大学側に寄せられる地域からの不満に端を発しているが、それに限らず地域を志向する大学の教育には必要不可欠と考えられる点が存在する。

　まずは、当然であるが地域と大学・学生と良好な関係を築くという点である。地域創生学群における地域での実践活動は「地域創生実習」として必修化されており、学生は1年次から3年次にかけて連続して履修し、基本的に3年間同一テーマ同一地域で活動する[9]。これは学生にとっては必ずしも簡単なことではない。人間関係の良し悪しやテーマの好き嫌いなど、ミスマッチがあったとしても3年間やり遂げなければならないのである。しかし、学生が同一地域に継続的に関わることで、地域の中で正式な地域の担い手としての位置づけを獲得できる。「猪倉」実習では長屋を賃借して学生が毎週末宿泊しながら農作業を行ってきた。「小倉」実習では、毎週定期的に清掃活動やさまざまな地域活動を展開してきた。その他の活動についても週1回かそれ以上の定期的な活動を通年で行っている[10]。定期的な活動を長期間継続することで、さまざまな人的交流が生まれ、次第に地域の方々からの信頼を獲得する。また、学生たち自身にも当該地域を運営する重責を担っているという自覚と責任感が生まれるのである。

　次に教育的視点である。大学・学生が地域に継続的に関わり、地域運営の「正式な」[11]担い手として認められることで、学生たちが取組む活動が地域に存在するありのままの課題に立脚したものとなる。一時的な関わりであれば、そのような体験はできないだろう。このことは、正統的周辺参加を促し、長期間に及ぶ活動の中で学生たちはより高度で複雑な知見を獲得していくと考えられる[12][Lave and Wenger 1991：邦訳4]。

　もう1つは、教員個々人の研究に対する側面である。地域創生学群開設当初「専門性の追求というよりは、まずは地域に飛び込んで何ができるかを、地域の方と共に考えて実践する」という方向性が示されたため、教員たちの戸惑いは小さくなかった。地域にはさまざまな課題が存在することは言うまでもない

212　第Ⅲ部　教育・人材育成を通じた地域活性化

が、大学教員の多くは特定の分野を深く追求することがその生業である。従って、さまざまな課題に対応することは門外漢であることが多いため、自身の専門外の分野を取り扱わなければならないことも多くなったことは教員には苦痛を伴った。しかし、試行錯誤を重ねながら時を経るに従って、徐々に教員自身の専門性に引き付けて地域課題を捉えるようになった。また、専門分野を研究するフィールドを当該地域に見出した教員も存在した。教員も地域との関係性を構築できたことで研究フィールドとしても深く関与できるようになったのである。

　以上のように、大学、学生が地域の日常に入り込み、日常を体験することによりさまざまなメリットを享受できたのである。

## (2)　学生の主体性を担保する

　大学生の学修時間の短さが日本の大学教育の課題の1つにあげられている。国立教育政策研究所の調査によると、大学低学年生の1週間あたりの授業出席時間は20時間となっている[13]。しかし、予復習の時間（授業に関連した自律的学修時間）は非常に少なく、分野によってもバラつきがあるものの、社会科学分野では「5時間以下」が全体の8割を占めている。しかしながら、地域での実践活動が学生の学修時間を伸ばす可能性が地域創生学群の実践活動から示唆された。地域創生学群生260名に地域実習に関するアンケートを実施したところ、地域実習に要する時間は平均で週30.2時間となり、最も多い活動では週70時間を要しているとの回答があった。地域実習には現場での活動だけではなく、活動を効果的に進めるためのミーティング、文献調査、事前準備などさまざまな時間を含んでおり、相当な時間を地域実習に割いていた。その理由は以下の二点である。

　1つは、地域創生学群の教育方針として、大学・学生が地域の日常を経験することを重視しているため、自ずと活動時間が長くなることである。少なくとも週1回程度の活動があり、かつ複数のタスクを同時並行していることは、実際の活動現場に限らずその準備等に多くの時間を費やす。また、学生は成長実感や楽しさを地域実習に見出している。各地域実習ともに、イベント等を年間に何度も繰り返し実施する。学生にとって実践の場が多いことは、それだけ身体的精神的に負担が大きく、莫大なエネルギーを必要とする。しかし、それを乗り越えやり遂げたことによる達成感や、繰り返し実践することによる成長実

感が更に取り組んでみたいという充実感につながり、活動自体を楽しいと感じるようになるのである。

　もう1つは、これが地域実習を行う際に最も重要と考えられるが、学生の主体性を担保することである。地域実習への教員の関わり方は「できるだけ教えない」ことを重視している。教員は教師ではなくあくまで伴走役として振る舞い、学生の主体性を引き出すようにサポートするのである。筆者も学生たちが企画について議論していた際に「このようにするといいのではないか」と発言したことによって、学生たちの思考が停止し、筆者の言った通りに事を進めたことが何度かあった。自分たちで考え、調べ、議論し、試行錯誤しながら進むべき方向性を見出す。そうすることが学生たちの学修への主体性を育むことになるのではないだろうか。変化の激しい時代に社会に出ていく学生たちを育成する大学としては、主体的に学び続けることを厭わない人材を育成する必要がある。誰かが言ったことを忠実に再現できる人材を育成することが時代遅れになっていることは、指摘するまでもなく昨今のさまざまな調査レポートが指摘していることである。

### (3)　チームで取組む

　経団連が例年実施している新卒採用に関するアンケート調査において「選考にあたって最も重視した点」で「コミュニケーション能力」は82.4%の企業が重視すると回答している。[14] これからの時代はチームで仕事を遂行する機会がこれまで以上に増加することは言うまでもないが、そのチームとはどんなチームなのだろうか。ダイバーシティ推進は社会課題の解決に留まらず、企業経営に対してメリットが大きいことが指摘されているものの、日本は世界的には遅れをとっていると言われている。[15] チームをより良い方向性に導き、成果を出せるような能力を育成することが大学として必要となる。そのベースとなる能力の1つがコミュニケーション能力やリーダーシップである。

　地域創生学群の地域実習は基本的にチームで取組む。その中でもコミュニケーション能力の重要性やリーダーシップを発揮することの重要性を体感してもらうために取り組んでいるのがコミュニティFM局「FM KITAQ」の番組を制作する実習である。これは初年次教育に位置づけられており、ラジオ番組企画、提案、取材、構成、生放送、振り返り、と一連のプロセスを経験する中で、地域で活動するための基礎を体得してもらうのである。入学直後にまだ友達関

214　第Ⅲ部　教育・人材育成を通じた地域活性化

係も構築されていない時期にランダムに５人チームを組まされる。そして３〜
４カ月後の本番放送に向けて活動するのであるが、授業時間では各チームの準
備に関する進捗確認しか行わない。企画を検討したり、取材に行ったり、アン
ケート調査をしたりといった番組を構成するための活動は、自分たち自身で行
わなければならない。受講している講義が異なったり、アルバイトやサークル
等の個々人の活動が並行する中で、期限内に準備を進めなければならない。し
たがって追い込まれた状況で積極的にコミュニケーションやリーダーシップを
図らざるを得ない。このように、チームビルディングに関して過度な授業設計
をせず、ある意味「放置」される状況を意図的に作り出すことが学生たちのコ
ミュニケーション能力やリーダーシップ涵養の場となる。

　もちろん、地域実習においても同様である。社会福祉士をめざす学生は障が
い者を対象とした療育センターで実習を行っている。言葉を話すことができな
い重度障がいの入所者と適切にコミュニケーションを図らなければならない。
自分の言動がどのように相手に伝わっているのかを、微妙な反応の違いを察知
しながら読み取る。最初はうまくいかないが、次第に感覚がつかめるようにな
り、学生たちは入所者にも認められるスタッフの一員となっていく。このケー
スでは、対人支援技術の獲得と、その繰り返しの鍛錬がコミュニケーション能
力の成長につながっている。

　チームで取組むことは「仲間」の獲得という効果も認められる[16]。自身の成長
のトリガーを 10 名の学生に語ってもらったところ、486 のキーワードが見い
だされ、類型化を試みると成長には８つのトリガーが存在することが判明した。
その中でも最も効果的だったのが「仲間」であった。時には成長に向けてのラ
イバルであり、時には苦労を分かち合う同志であり、喜びを共有する友である。
このことが人としての成長を促進することは間違いないであろう。

　以上、チームで主体的に活動に取組む環境をつくることによって、将来必要
不可欠になるコミュニケーション能力やリーダーシップを育むだけでなく、人
間的な成長を促すことができるとのである。

## ③　地域実践教育は地域に何をもたらしたのか

### (1)　地域の新たな担い手の発見

社会課題の解決に実践的に取組む地域創生学群は地域に何をもたらしたのだ

ろうか。実際の活動から見えてくる地域と大学・学生との関係性を考えてみたい。

「猪倉」実習は、北九州市八幡東区の中山間地域である猪倉、高槻地域をフィールドとした実習である。当初、地域の方が大学側に語ったことは、「若い人が流出してほとんど残っていない」「半分以上が耕作放棄地になってしまった」「生活していてこれといった楽しみもない」といったような悲観的なものであった。そこで耕作放棄地を利用し、農家の方からの指導を受けながら学生たちが農作物を生産・販売するところから地域と大学の協同作業が開始された。毎週末の農作業を行うために平日は作付け計画策定や作業の役割分担などを行い、効率的な農業生産をめざした。地域との関係性がより深まったのは「猪倉サテライト」の開設であった。学生がかかわり始めて1年後、地域の方々との関係をより深めることができないかと考えていた際に、地域側からももっと大学・学生とかかわりを深めたいという意見が同時に出された。そこで耕作地に隣接する空き家を大学が賃借することになり、毎週土曜日から日曜日にかけて学生たちはそこに宿泊して農作業を行うようになった[17]。すると、地域の方から晩御飯のおかず差し入れがあったり、夜な夜な地域の歴史に関する話をしたりと、農作業だけではない地域と大学・学生との関係が生まれてきた。次第に地域側から大学・学生を地域の正式な一員を認めていただけるようになり、当該地区のまちづくり協議会の正式なメンバーに加わることにもなった。その後も大学・学生の活動は継続しているが、目に見える変化がある。大学・学生がかかわる前から実施されていた「蕎麦の収穫祭」「市民センターまつり」といった地域行事の参加者が増加しているのである。以前はまちづくりの役職者30名程度の集まりであったのが、大学・学生が参加するようになり次第に参加者が増加し、現在では以前の2～3倍もの参加者を見るようになっている。学生は地域の高齢者の方からすると孫のような存在であり、話すことが純粋に楽しいというお話をよく耳にする。また、高齢者同士の難しい人間関係が、学生が間に入ることより円滑になるという例も見られた。農作業に限らず農作物の販売、お祭り等へ参加など、継続的に地域にかかわることで学生と地域の方との人間関係が構築されたことが地域の活力の向上に寄与していると考えられる。

コミュニティソーシャルワーク実習は、高齢化が著しい大型団地をフィールドとしている。活動の1つに夏休みを中心とした子どもたちへの支援活動がある。この活動は「子ども食堂」「ATB」という2つの活動から構成される[18]。子

ども食堂は、地域の自治組織、生活協同組合、大学・学生が協力して定期的に主として子ども向けの食事を提供している。いずれも団地内の集会所で実施している。「ATB」は集会所に集まってきた子どもたちに午前中は学生たちが勉強を教える。午後からは学生たちが企画したさまざまなアクティビティを室内外で実施している。夏休み期間中に限定された活動とはいえ、学生たちにとって終日にわたる活動は負担が大きく、期間中に４、５回の実施となっていた。しかし、期間終了後のアンケートによると地域の保護者から「自分の将来を語りだしました」「来年も続けてほしい」といった声が多く見られた。大学生は子どもたちにとってのロールモデルとなりえているようである［坂本 2019：42］。

　以上、地域創生学群の２つの地域実習事例を取り上げ、大学・学生が地域にどのような影響を及ぼしているかを示した。大学・学生が日常的に地域にかかわることで地域の変化を誘発するきっかけとなり、大学・学生に対する期待が更に高まるのである。しかし、継続的にかかわることや地域の受け入れ先の理解、実践活動の目的や具体的な取組み内容、実施体制などの適切な設計が重要であることは言うまでもないだろう。

## ⑵　地域を志向する大学としてのポジショニング

　地域創生学群の設置は地域貢献を志向する大学としてのポジションの確立にいかに寄与しているのだろうか。これには、地域創生学群の設置だけではなく地域共生教育センター、北九州まなびと ESD ステーションの存在も大きい。

　2009 年に地域創生学群が設置され、学生たちが正課科目として地域で活動する取組みがスタートした。そこに他学部の学生たちへの地域活動参加の枠組みを作り、多くの学生が地域で実践活動を行うことで、地域に役立つ大学としてのブランドを形成したいという考えが生まれた。さらに、地域での実践活動を通じて、学生たちに社会で必要な能力を身につけて欲しいという目的から、地域共生教育センター（通称：421Lab.・ヨンニーイチラボ）が構想された。2009 年に申請した『平成 21 年度「大学教育・学生支援推進事業【テーマＡ】大学教育推進プログラム」』の採択を受けて、2010 年 4 月に設置された。文部科学省の補助事業終了後の 2012 年からは本学常設のセンターとして設置継続している。単なるボランティア情報の学生への提供にとどまらず、サービスラーニングや PBL を展開する組織である。2018 年度は約 2000 名の学生が登録し、19 プロジェクト約 400 名が活動している。

地域創生学群、地域共生教育センターが設置され、地域の課題解決に資する学生の地域活動が量的に拡大されてきたが、一方で人的、時間的な限界に達した。つまり、地域の全てのニーズに応えられないということが発生したのである。そのような時にESD（Education for Sustainable Development[19]）と文部科学省の大学間連携共同教育推進事業を活用し、北九州市内の他大学を巻き込み、北九州市全体で学生と地域が協働して地域課題を解決する仕組を構築するという目的を持って北九州まなびとESDステーションは構想された。地域創生学群や421Lab.で培ってきたノウハウを拡散しつつ、他大学学生にも地域活動への参加を促すことで、地域活動の更なる規模的、領域的拡大をめざしたのである。そして2012年度の同事業の採択を受けて、市内10大学の連携拠点が北九州市の中心市街地である小倉魚町商店街内に設置された。文部科学省の事業終了後は、北九州市の外郭団体である北九州ESD協議会の運営に組み込まれる形で発展的に継続する形となった。そして2017年度からは、北九州まなびとESDステーションは真の意味での多世代交流によるESD推進拠点となったのである。

2015年10月に発表された「北九州市まち・ひと・しごと創生総合戦略」の中にも、大学生の地元定着を目的としたCOC＋事業[20]、若者のシビックプライド醸成ための北九州まなびとESDステーション事業など、大学生がその取組みの中心的な役割を担う項目が多数盛り込まれており、北九州市における地域の担い手としての大学生の位置づけがなされている。

このように、地域の正式な担い手として大学・学生が位置付けられつつあり、そのことが地域を志向する大学としてのポジションの確立に寄与しているのではないかと考える。北九州市立大学が日本経済新聞社による「大学地域貢献のランキング」にて例年上位の評価を得ていることがその証左であろう[21]。

### (3) 学修の成果と就職

地域活動を行っている学生の成長を測定する指標として「実践活動力」が設定されている[22]。そもそも成長とは何かや、それを可視化することは非常に困難である。しかし、学生自身が自分の成長を実感できることが重要であり、それは社会人基礎力といった社会で求められていると考えられている能力指標を設定することが適当であるとの判断から「実践活動力」を指標をとした。「実践活動力」の得点は、地域活動を開始した前期と活動を終了した後期で有意に伸

218 第Ⅲ部 教育・人材育成を通じた地域活性化

長することが示されている［山崎・石谷 2016：82-83］。

　しかし、「実践活動力」は自己評価であるため客観的とは言い難い。そこで並行して「PROG」テストも導入している[23]。この結果からみても、学年が上がるにつれて有意に各能力が伸長しているという結果を確認することができる。

　地域活動を経験した学生たちの就職活動や就職結果は一般的な大学のそれとは一線を画している。就職先としては、全国規模の大手企業より地元大手・中堅企業をめざす学生が多く、就職する業種や職種が多岐にわたる。これは、元々は地域創生学群に進学する際に「自分の地元の活性化に関わりたい。その為の手法、技術、知識を学びたい」という入学動機を持っている学生が多いことから容易に想像できる。加えて、北九州に残る学生も30％程度である[24]。北九州市近郊でまちづくりの正式な「担い手」として長期間活動することで、北九州への愛着が生まれ人脈が形成される。その結果北九州への就職を選択する可能性が高まるのである。

　別の側面で面白い現象が発生している。就職活動に積極的ではない学生が多くみられることである。就職情報サイトを運営している業者からのデータを見ると、他学部生と比較してエントリー社数やアクティブに使用している学生が少ない。この現象について学生から話を聞いてみた。すると、在学中に地域のさまざまな社会人と関わり、学生自身もある意味地域活動としての「仕事」を長期間行っている。その中で自分は何がやりたいのか、自分の得意不得意とは何か、どのように生きていきたいのかといった職業観やキャリア意識が醸成されるようである。結果として、就職活動当初から職種や業種、地域を絞り込んだ活動を展開している学生が多いようである。つまり、地域で活動する数年間が実質的な進路探索活動を意味しているのである。

　2018年度末時点で地域創生学群では7期生まで卒業生を輩出しているが、企業等からの評価がどのようなものであるのかについては今後の検証を待ちたい。しかしながら、就職した卒業生の声にその一端を垣間見ることができる。地域創生学群の学修のどのような点が仕事に役立っているかを聞いてみると「多様な背景や考え方を持つ人とコミュニケーションする能力」「アイデアを企画書に落とし込む力」「今何をすべきかを考えて行動に移す感性」「電話することや日報記入などの社会人としてのベース」といった回答が得られた。大学教育の成果は卒業後直ちに現れるものでもないが、社会人初期キャリアに対しては、多少なりとも学修の成果を反映できていることがうかがえる。

## おわりに

　本章では、北九州市立大学の地域実践教育を中心に地域と大学の関係や地域での実践教育の在り方について考察した。大学・学生が地域の日常を共有することの重要性、実践的な学修による学生の成長促進などが示され、ある一定の成果に結びついていることが示唆された。しかし、日々移り行く社会のニーズや地域の現状、学生の質など、変動的な要素も多く、確立された「成功メソッド」を示しにくいのが現状である。地域には課題が山積しており、それらを大学・学生の「知」「力」を駆使して地域の方とともに解決に向けて行動すること自体が地域の資源であり、今後ますますそのような場の創出が求められる。

### 注

1）住民基本台帳人口移動報告 2018 年結果　総務省統計局（https://www.stat.go.jp/data/idou/2018np/kihon/youyaku/index.html、2019 年 6 月 1 日閲覧）。

2）北九州市総務企画局地方創生推進室『北九州市の現状』資料（https://www.city.kitakyushu.lg.jp/page/kitakyushulife/topics/2016/docs/072701-02.pdf、2019 年 6 月 1 日閲覧）。

3）「2019 年版『住みたい田舎』ベストランキング」シニア世代部門（『田舎暮らしの本』2019 年 2 月号）で全国第 1 位となった。

4）NPO 法人エガリテ大手前が実施した「次世代育成環境ランキング」では、88 自治体のうち 2011 年度から 7 年連続して第 1 位となっている。

5）リノベーションスクールは 2011 年 7 月に北九州市でスタートした。有休不動産を保有するオーナーが参画し、その土地活用を参加者が検討する合宿型のイベントである。

6）「持続可能な開発のための 2030 アジェンダ」。2030 年までに達成すべき 17 のゴール、169 のターゲットが設定されている。日本政府も SDGs 達成に力を入れており地方創生の起爆剤としても考えられている。

7）同答申では「21 世紀型市民」を「専攻分野についての専門性だけでなく、幅広い教養を身に付け、高い公共性・倫理性を保持しつつ、時代の変化に合わせて積極的に社会を支え、あるいは社会を改善していく資質」としている。

8）地域側には「世代間ギャップを前提に意見の違いを許容する」「学生を無償の労働力として扱わない」等、学生には「地域では学ばせていただいているという謙虚な姿勢をとる」「社会人としての基本的マナーを順守する」といった基本的な合意事項。

9）2019 年度の新カリキュラムから「地域創生実習」は 1 年次から 2 年次の 2 年間となった。

10) 地域創生学群では、地域における実践活動を「実習」として必修科目としている。2018 年度時点で実習は 16 のチームからなる。

11) 必ずしも正式な「地位」や「役職」を得ていることに限定しない。

12) 正統的周辺参加とは、学習とは共同体への参加の過程であると考え、その共同体に参加することは、周辺的なものから始まり次第に共同体への関与が深くなるにしたがってより高度に複雑になること。

13) 国立教育政策研究所「大学生の学習実態に関する調査研究について（概要）」2016 年（http://www.nier.go.jp/05_kenkyu_seika/pdf06/gakusei_chousa_gaiyou.pdf、2019 年 6 月 1 日閲覧）。

14) 「2018 年度 新卒採用に関するアンケート調査結果」日本経済団体連合会（https://www.keidanren.or.jp/policy/2018/110.pdf、2019 年 6 月 1 日閲覧）。

15) リクルート Works129 号では、「性別や国籍、年齢などを超えて多様な個人が能力を発揮することで、継続的な価値創出が可能となる」とダイバーシティの推進について指摘している。

16) 多様、集団、仲間、没頭、重層、目標、失敗、教員という 8 つのトリガー（眞鍋和博・石谷百合加「大会地域活動における『一皮むけた経験』とは」（日本インターンシップ学会 第 14 回発表、2013 年 9 月）。

17) 猪倉実習の学生は総勢 30 名程度であり 4 チームに分かれているため個人としての学生はおおよそ月 1 回の宿泊活動となる。

18) 「ATB」は「遊ぼう」「食べよう」「勉強しよう」の頭文字から命名された。

19) ESD は、2002 年ヨハネスブルグサミットにて日本が提唱しスタート。2005-2014 年は「ESD の 10 年」として全世界で ESD が推進された。

20) COC（Center of Community）事業は、文部科学省の「地（知）の拠点整備事業」として 2013 年度に開始された。大学が地域の拠点となる取組みに対して補助金が提供される事業であった。2015 年からは COC＋事業となり、学生の地元就職促進等が盛り込まれ、大学が地方創生の拠点となることが期待されている。

21) 2016 年度の大学の地域貢献活動を対象とした調査では北九州市立大学は 514 校中 5 位にランクされている。本調査 11 回中 10 回が 10 位以内、うち 5 回は 3 以内である。

22) 実践活動力は、課題発見力、コミュニケーション力、市民力、計画遂行力、自己管理力の 5 能力から構成されている。

23) PROG テストは、河合塾と株式会社リアセックが共同開発した汎用的能力測定アセスメント。リテラシーとコンピテンシーの 2 つの側面を測定する。全国で数十万人の受験実績を有し、自己能力の客観化がある程度可能である。

24) 地域創生学群は、入学時における北九州市内出身者の割合は、年度によっても異なるが概ね 20% であるため、北九州市に定着する割合が若干高くなっていると言える。

**参考文献**

岩崎保道［2016］「国立大学における地域学系学部の動向——国立大学改革を背景として——」『関西大学高等教育研究』7。

坂本毅啓［2019］「『高齢化団地』における子どもへの支援活動の実践とその成果及び課題の分析」『地域創生学研究』（北九州市立大学）、2。

矢田俊文［2010］『北九州市立大学改革物語』九州大学出版会。

山崎芙美子・石谷百合加［2016］「実践型教育活動による成長の可視化の試み」『基盤教育センター紀要』（北九州市立大学）、26。

Lave, J. and Wenger, E.［1991］ *Situated Learning: Legitimate Peripheral Participation*, New York : Cambridge University Press（佐伯胖訳『状況に埋め込まれた学習——正統的周辺参加——』産業図書、1993 年）.

# 索　引

## あ

EARTHHiroshima　43,46
アーリーアダプター　30
アーリーマジョリティ　30
アウト・キャンパス　180
アクション・マトリクス　27
新しい公共　67
アニュアル・レポート　178
　学生版――　178
新たなネットワーク　120,123
ESD　217
異業種交流会　169
一村一品運動　5
田舎のコンビニ　53
イノベーション　154
イノベーター　30
イン・キャンパス　180
インキュベータ　40
インターネット　132
SNS　134
エスノグラフィー　8
大阪エコ農産物　145
オーベルジュ　108

## か

学修成果の可視化　178
革新性　80
学生支援GP　178
課題解決能力　179,180
観光カリスマ　52
官民協働　154
「官・民」連携　99
官民連携　110
地域活性化　1,67,111,116,154,175,183,184,

187-189
企業間連携　169
帰納的教育手法　175,181,182
キャズム理論　30
京都試作ネット　123,125,126,128,134
草の根的　2,7,11,12
クラウドファンディング　141
グリーンツーリズム　52
グローバル化　129
黒川温泉　21
　――第二村民　32
黒もみじ　39,41,42
経済産業省　92,100
経済的な波及効果　96
経済の循環　183
研究開発　106
健康づくり　184,186
現代版ブローカー　131,133
耕作放棄地　105
高度経済成長期　139
公民連携　111
交流人口　110
高齢化　105,113
国際競争力　116
個別企業視点のレント　130
コミュニケーション　72
　――能力　213,214
コミュニティ・ビジネス　67
コラボレーション　165
コンパクトシティ　87

## さ

サービスラーニング　216
参加・体験型観光　32
産業クラスター　110

産業集積　120,165
産業振興　159
産消提携　141
参与観察　8,102
残留率　188,189
CSR　110
CSA　142
COC　184-186
　——事業　14
COC＋　217,220
　——事業　14
市街化区域　139
時間軸　9,21,25,126
事業性　80
事業の採算性　97
資源循環　139
思考コード　183
自己組織化　64,129
市場の支持　89,96
下請型加工体制　156
実践活動力　217,218,220
シビックプライド　217
地元密着型　62
社会性　80
社会的課題　67
社会福祉士　214
商店街　217
商品開発　109,111
将来の課題解決レント　131
食育教育プログラム　148
食料・農業・農村基本法　140
女性活躍推進法　50
女性起業　50
女性経営者　35
女性リーダー　32
人材育成　117
ステークホルダー　61
生活研究グループ　53
生産緑地法　139
税制猶予　140
正統的周辺参加　221

全国総合開発計画　3
全体視点のレント　130
戦略キャンパス　27
ソアラサービス　35,39,40,43,45,46
創出過程　89
創発的まちづくり　98,101
ソーシャル・イノベーション論　88
ソーシャル・ビジネス　67
SOHO　35-39

## た

大学間連携共同教育推進事業　217
大学教育・学生支援推進事業　216
滞在型市民農園　52
ダイバーシティ　35
宅地需要　139
多面的機能　138
多様なステークホルダー　76
　——の巻き込み　89
地域おこし　63
地域格差是正　3
地域活性学会　6
地域活動　217
地域経済　65
地域経済の活性化　114,116
地域貢献　178,182,186
地域貢献型株式会社　40
地域コミュニティ再生　67
　——ビジネス　75
地域再生　4
　——法　4
地域資源　110
地域実習　212-214,216
地域振興　157
地域中核施設　73
地域づくり考房『ゆめ』　178
地域デザイン学会　6
地域ネットワーク　73
地域の"教育力"　177,179
地域連携活動　175,178
地産地消　50,143

地産地創　150
地産地贈　150
チタンクリエーター福井　134
地方創生　208,219,220
地方大学　176,184,189,190
中活法の見直し　92
中小企業振興条例　157,159
中小企業ネットワーク　122
中心市街地活性化　101
　——基本計画　87
　——活性化法　87
地理的表示　116
TMO　93
デプスインタビュー　8
東京一極集中　6
当面の課題解決レント　131
特色GP　175,179
都市計画法　139
都市農家　138
都市農業　138
都市農村交流　52
都市緑地法　140

## な

日欧EPA　104,115,116
日本地域政策学会　5
日本地域創生学会　6
ネーブルタウン　94,99
農業　215

## は

働き方改革関連法　108
パブリックセクター　67
PM理論　64
P2M　62
PBL　216
ビジネスモデル　27,71,125,134
ひとづくり　184
ヒューマンネットワーク　77
品種改良　106
ファームマイレージ運動　143

普及過程　89
副業　108
ヒトの循環　183,189
負のロックイン　120
プライベートセクター　67
プラットフォーム　138
富良野市の中心市街地活性化基本計画　95
ふらのまちづくり株式会社　91
フラノマルシェ　94
ブランド価値　106,109,113,114
ブルー・オーシャン　27
ブログ　134
PROG　218

## ま

マーケティング　76
マイスター工房八千代　51
増田レポート　4
MACHICOCO　132
まち育て　99
まちづくり　185
　——会社　99
　——協議会　92
　——の「ハブ」　99
まちなか活性化補助金　100
まちの活性化　158
まち・ひと・しごと創生法　4
マルシェ　96,97
見える化　147
「未知」を「既知」に　181
観る型観光　32
民泊施設　108
ものづくり　154

## や・ら・わ

八尾市産業振興会議　157
ライフヒストリー　55
リーダーシップ　213,214
理念　12,28,32,129
レント　130
ロールモデル　36,47,80

6次産業　187, 188
　——化　111

ワインツーリズム　111

## ■ 編著者紹介

### 池 田 　 潔 (いけだ　きよし)【はしがき、序章、第1章、第7章】

1957年生まれ。大阪市立大学経済学部卒業。博士（経営学）。

日立製作所、大阪府立商工経済研究所主任研究員、北九州市立大学産業社会研究所助教授、兵庫県立大学経営学部教授を経て、現在、大阪商業大学総合経営学部・大学院地域政策学研究科教授、兵庫県立大学名誉教授。専門は中小企業論、中小企業経営論、地域振興論。

**主要業績**

『中小企業研究序説』（共編著）同友館、2019年。

『現代中小企業の経営戦略と地域・社会との共生──「知足型経営」を考える
　　──』ミネルヴァ書房、2018年。

『現代中小企業の自律化と競争戦略』ミネルヴァ書房、2012年。

『地域中小企業論』ミネルヴァ書房、2002年。

### 前 田 啓 一 (まえだ　けいいち)【第2章】

1951年生まれ。同志社大学大学院商学研究科博士課程（後期）満期退学。博士
（経済学）。

現在、大阪商業大学経済学部・大学院地域政策学研究科教授、同大学比較地域研究所所長。専門は中小企業論、国際経済論。

**主要業績**

『中小企業研究序説』（共編著）同友館、2019年。

『ベトナム中小企業の誕生──ハノイ周辺の機械金属中小工業──』御茶の水
　　書房、2018年。

『溶解するEU開発協力政策』同友館、2012年。

『EUの開発援助政策──ロメ協定の研究：パートナーシップからコンディショ
　　ナリティーへ──』御茶の水書房、2000年。

### 文 能 照 之 (ぶんのう　てるゆき)【第9章】

1963年生まれ。大阪大学大学院国際公共政策研究科博士後期課程修了。博士
（国際公共政策）。

大阪府立産業開発研究所（旧：大阪府立産業能率研究所）主任研究員を経て、現在、近畿大学経営学部教授、同大学経営イノベーション研究所所長。元タマサート大学客員教授。専門は中小企業論、ベンチャー企業論。

**主要業績**

『中小企業研究序説』（共著）同友館、2019年。

*Asian Journal of Technology Innovation*, (Co-author), Routledge, 2017.

*The Smart Revolution Towards the Sustainable Digital Society*, (Co-author),
　　Edward Elgar, 2015.

『ベンチャービジネス論』（共編著）実教出版、2007年。

和田聡子（わだ さとこ）【第6章】

1971 年生まれ。神戸大学大学院経済学研究科博士後期課程単位取得満期退学。
博士（経済学）。
現在、大阪学院大学経済学部教授。専門は産業組織論、競争政策、EU 経済論。

**主要業績**

『EU 経済入門』（共著）文眞堂、2019 年。

『シティプロモーション：地域創生とまちづくり――その理論と実践――』（共
　　編著）同文舘出版、2017 年。

『産業経済の発展と競争政策』晃洋書房、2016 年。

『EU とフランスの競争政策』NTT 出版、2011 年。

■ **執筆者紹介**（執筆順）

中 村 貴 子（なかむら　たかこ）【第3章】
　1971年生まれ。神戸大学大学院自然科学研究科博士課程後期課程中途退学、博士（農学）。
　現在、京都府立大学大学院生命環境科学研究科准教授。専門は農業経営論。
　**主要業績**
　『戦後日本の食料・農業・農村　第8巻　食料・農業・農村の六次産業化』（共著）農林統計協会、
　　2018年。
　"Protection of Kyo-yasai（heirloom vegetables in Kyoto）from extinction: a case of Sabaka-daikon
　　（Japan's heirloom white radish, Raphanus sativus）in Maizuru, Japan"（Co-author）, J. Ethn.
　　Foods, 4, 2017.
　『「農」の付加価値を高める六次産業化の実践』（共著）、筑波書房、2013年。

田 代 智 治（たしろ　ともはる）【第4章】
　1978年生まれ。兵庫県立大学大学院経営学研究科博士後期課程修了、博士（経営学）。
　現在、長崎県立大学経営学部講師、公益財団法人アジア成長研究所客員研究員、同志社大学中小企
　業マネジメント研究センター嘱託研究員。専門は中小企業論、中小企業経営論、経営戦略論。
　**主要業績**
　「SDGsと中小企業の成長発展──「企業家的機会に対する知覚─行動モデル」による事例研究
　　──」商工総合研究所『商工金融』71(5)、2021年。
　「国内主要都市におけるSDGsの取り組み状況と課題──北九州市・横浜市・さいたま市の比較と
　　SDGs推進にむけた方向性──」アジア成長研究所『東アジアの視点』31(2)、2020年。
　「地域産業クラスター再生と戦略的ネットワーク──中小企業の内発的取り組みによる地域活性化
　　──」アジア成長研究所『東アジアの視点』30(1)、2019年。

加 藤 　 司（かとう　つかさ）【第5章】
　1954年生まれ。神戸商科大学大学院経営学研究科後期博士課程中退、博士（商学）。
　現在、大阪商業大学総合経営学部教授。専門は流通システム論。
　**主要業績**
　『フラノマルシェはまちをどう変えたか──「まちの滞留拠点」が高める地域内経済循環──』（共
　　著）学芸出版社、2017年。
　『地域商業の競争構造』（共編著）中央経済社、2008年。
　『日本的流通システムの動態』千倉書房、2006年。

中 塚 華 奈（なかつか　かな）【第8章】
　1970年生まれ。神戸大学大学院自然科学研究科博士課程後期課程修了、博士（農学）。
　現在、摂南大学農学部准教授。専門は農業経済学、食農教育論、都市農業論。
　**主要業績**
　『農業・農村の資源とマネジメント（地域づくりの基礎知識3）』（共著）神戸大学出版会、2019年。
　『戦後日本の食料・農業・農村　第8巻　食料・農業・農村の六次産業化』（共著）農林統計協会、
　　2018年。
　『「農」の付加価値を高める六次産業化の実践』（共著）筑波書房、2013年。

住 吉 廣 行（すみよし　ひろゆき）【第 10 章】

1948 年生まれ。九州大学大学院理学研究科博士課程修了、博士（理学）。

松本大学名誉学長、名誉教授。専門は理論物理学、大学教育論。

**主要業績**

『大学を変える──教育・研究の原点に立ちかえって──』（共著）大学教育出版、2010 年。

『信州の観光と松本大学』（編著）松本大学出版会、2004 年。

*Progress of Theoretical Physics Supplement 97B ─MULTIPARTICLE PRODUCTION IN PARTCLE AND NUCLEAR COLLISIONS.II─*（共編著）理論物理学刊行会、1989 年。


西 井 進 剛（にしい　しんごう）【第 11 章】

1974 年生まれ。神戸商科大学大学院経営学研究科博士後期課程単位取得退学、博士（経営学）。

現在、兵庫県立大学大学院社会科学研究科経営専門職専攻教授。専門は国際経営論、産業クラスター論。

**主要業績**

『安室憲一の国際ビジネス入門』（共著）白桃書房、2019 年。

『地域マネジメント戦略』（共著）同友館、2014 年。

『知識集約型企業のグローバル戦略とビジネスモデル──経営コンサルティング・ファームの生成・発展・進化──』同友館、2013 年。


眞 鍋 和 博（まなべ　かずひろ）【第 12 章】

1970 年生まれ。九州大学大学院人間環境学府教育システム専攻修了、修士（教育学）。

株式会社リクルートを経て、北九州市立大学基盤教育センター教授（地域創生学群担当）。

**主要業績**

『まちがキャンパス　アクティブ・ラーニングが学生と地域を強くする』梓書院、2019 年。

『自ら学ぶ大学の秘密──地域課題にホンキで取り組む 4 年間──』九州大学出版会、2015 年。

地域活性化のデザインとマネジメント
——ヒトの想い・行動の描写と専門分析——

| | |
|---|---|
| 2019 年 11 月 24 日　初版第 1 刷発行 | ＊定価はカバーに |
| 2021 年 8 月 25 日　初版第 2 刷発行 | 表示してあります |

編著者　池　田　　　潔
　　　　前　田　啓　一　ⓒ
　　　　文　能　照　之
　　　　和　田　聡　子

発行者　萩　原　淳　平

印刷者　田　中　雅　博

発行所　株式会社　晃　洋　書　房

〒615-0026　京都市右京区西院北矢掛町 7 番地
電話　　075(312)0788番代
振替口座　01040-6-32280

装丁　野田和浩　　　　　印刷・製本　創栄図書印刷(株)

ISBN978-4-7710-3263-7

JCOPY　〈(社)出版者著作権管理機構　委託出版物〉
本書の無断複写は著作権法上での例外を除き禁じられています.
複写される場合は,そのつど事前に,(社)出版者著作権管理機構
(電話 03-5244-5088, FAX 03-5244-5089, e-mail: info@jcopy.or.jp)
の許諾を得てください.

岩崎 達也・高田 朝子 著　　　　　　　　　　　　A 5 判 136 頁
**本 気 で、地 域 を 変 え る**　　　　　　定価1,650円（税込）
──地域づくり3.0の発想とマネジメント──

足立 基浩 著　　　　　　　　　　　　　　　　A 5 判 160 頁
**新 型 コ ロ ナ と ま ち づ く り**　　　　定価2,090円（税込）
──リスク管理型エリアマネジメント戦略──

杉山 友城 著　　　　　　　　　　　　　　　　A 5 判 240 頁
**地 域 創 生 と 文 化 創 造**　　　　　　定価3,850円（税込）
──人口減少時代に求められる地域経営──

徳田 剛・二階堂 裕子・魁生 由美子 編著　　　A 5 判 234 頁
**地方発　外国人住民との地域づくり**　　　定価2,640円（税込）
──多文化共生の現場から──

藤稿 亜矢子 著　　　　　　　　　　　　　　　A 5 判 186 頁
**サ ス テ ナ ブ ル ツ ー リ ズ ム**　　　定価2,420円（税込）
──地球の持続可能性の視点から──

竹内 裕二 著　　　　　　　　　　　　　　　　四六判 238 頁
**地 域 メ ン テ ナ ン ス 論**　　　　　　定価2,640円（税込）
──不確実な時代のコミュニティ現場からの動き──

濱田 恵三・伊藤 浩平・神戸 一生 編著　　　　A 5 判 160 頁
**地 域 創 生 の 戦 略 と 実 践**　　　　定価2,090円（税込）

南保 勝 著　　　　　　　　　　　　　　　　　A 5 判 222 頁
**地 域 経 営 分 析**　　　　　　　　　　定価3,080円（税込）
──地域の持続的発展に向けて──

田中 滋・寺田 憲弘 編著　　　　　　　　　　A 5 判 342 頁
**聖 地・熊 野 と 世 界 遺 産**　　　　　定価3,520円（税込）
──宗教・観光・国土開発の社会学──

**晃 洋 書 房**